レクラム版
聖書人名小辞典

ハンス・シュモルト

高島市子
［訳］

創元社

Lexikon der biblischen Personen und Gestalten
von Hans Schmoldt

序　文

聖書には人物や集団もしくは民族などの、約2000の名称が登場する。その中には、アッシリア人、バビロニア人、ペルシア人、ローマ人のように古代の強大な諸民族や、もはや忘れ去られてしまった部族や氏族もある。今もなおその名がよく知られている集団（例えばファリサイ派）もあり、その名がほとんど聞かれなくなった集団（例えばエピキュリアン）もある。しかしながら、聖書の面白味は個々の人物たちに関することに在る。読者の目の前に、様々な人物たちの、波瀾に満ちた出来事が次から次へと展開される。たとえば王様と乞食、英雄とならず者や臆病者、羊飼いと職人、預言者と祭司、リベカやルツのような気品のある婦人たち、イゼベルやアタルヤのような良からぬ女たち、デボラやユディトのような女傑たち。ダビデやソロモンのように、聖書における描写が広範囲にわたっている人物も多い。また、『士師記 **10 : 4**、**12 : 8〜14**』における士師たちのように、何はともあれ彼らの娘たちの数、息子たちの数、ロバの数だけは記録しておく価値があると思われたような人物も多々ある。だが、ほとんどの人物は、ただ無味乾燥に列挙された名簿や系図の成員にすぎない。ところが、名簿や系図の背後には、『創世記 **10**』に記された諸民族の系譜におけるように、ときには考え尽くされた体系が潜んでいることもある。けれども、多くの場合その意味は明かされていない。

こうした多様な人物の名称が、本書のテーマとなっている。その際、あらかじめ与えられた枠の許す限りにおいて、完璧を目指す。それ故、（地上と天上の）すべての個々の人名を挙げるだけでなく、同名異人もすべて網羅する（とはいえ、その厳密な数は突き止め得ないのである。そのため、「多分、おそらく…と同一人物であろう」という指摘をもって十分としなければならないことも稀ではない）。さらに外国語の称号（例えば、ファラオや四分領主）、俗名（例えば、ユストやニゲル）、また民族、部族、集団の名称も挙げてある。といっても、後者に関しては、ある人物や場所から派生した名称のような、例外的な場合のみになる。

同名異人の番号は聖書の各文書の順に従っているが、その場合、旧約聖書続編（外典）は旧約聖書の正典の末尾に接続していることを喚起しておきたい。

本来は、個人名であれ、団体や民族名であれ、いかなる名前にも意味があったと考えてよい。それが時を経るにつれて、しばしば失われていき、それを再発見するための研究にたいへんな努力と洞察力が費やされたのである。そのようなとき、どれほど多様な説が引き出されうるか、その例としてはミリアム→①という名前が役に立ちそうだ。また、本書では、確定されているとみなしてよい名前の説明のみを提供することをつけ加えておく。

聖書の人名の大多数は旧約聖書中にあり、主としてヘブライ語に由来する。ヘブライ語の名前は二つの大きなグループに分かれる。一語からなる語ないしは表示の名称と、一文を縮約した形の文約名である。表示名称は、例えばデボラ（「蜂」）、スサンナ（「百合」）、タマル（「椰子」）などだ。誕生の際に両親によって与えられたものではなく、後に他人から付けられたあだ名あるいはニックネームもこれに属する。例えばバクブク（「瓶」即ち、太っちょ）、ハルマフ（「裂けた鼻」）、ラハド（「ゆっくりした」即ち、怠け者）などである。

それよりずっと数の多い文約名は、ほとんどが賛美や感謝、信仰告白などをめぐる神への言明なのである。この場合、特に頻繁に神の名ヤーウェ Jahwe や、エル El（神）、アブ Ab（父）などの言葉が使われる。また、しばしば互いに結び付く。例えば、ヨアブ Joab とアビヤ Abija（「ヤーウェは父」即ち、保護者）、ヨエル Joêl とエリヤ Elija（「わが神はヤーウェ」）、ヨナタン Jonatan とネタンヤ Netanja（「ヤーウェは与えた」）などのように。最後の二つの名前には、短縮形のナタン Natan もある。そもそも短縮形の人名がかなり多いのである（例えば、アビ Abi やバニ Bani）。

文約名は、上記の例が示すように、二つの部分からなる（当然ながら短縮形を除いて）。これには、一つの名詞が一つの動詞と結合した型（ヨナタン Jonatan）のほかに、二つの名詞が結合した型（ヨエル Joêl）、あるいは一つの名詞に形容詞が結合した型（ヨラム Joram「ヤーウェは高貴」）がある。後者の型もまた文である。ヘブライ語においては繋辞「〜だ、〜である」がしばしば欠落するからである（いわゆる体言文）。特にこの型の場合、二つの構成要素（名詞）の間に、通常は「i」が挿入される（アビメレク Abimelech、エリヤ Elija）。この「i」は、所属を表すことが可能である（いわゆる所有代名詞）。だからエリメレク Elimelech という名は、「わが神は王」と解釈することができる。しかし、明らかに「i」が単なる結合の音韻（いわば接合母音）であることも往々にしてある。そこでアブディエル Abdiêl なら、単に「神の僕」を意味する（「わが僕は神」ではない）。本書でも「i」は、しばしば接合母音として使われている。

ヘブライ語の人名の大部分は、名前の所有者が死去した身内を新たに具現する、つまりその人の内に生き返っているという考え方を表現する代理名なのである。それに属するのは、嘆きの語→「イ」〈どこにいるのか〉と組み合わされた名前か、またはヤショブアム Jaschobam（「おじは帰って来る」）、エルヤシブ Eljaschib（「わが神は（死者）を連れ戻す」）、エルヤキム Eljakim（「わが神は（死者を再び）起き上がらせる」）、メシェレムヤ Meschelemja（「ヤーウェは埋め合わせてくださる」）、ネヘムヤ Nehemja（「ヤーウェは慰めた」）のような名前だ。

統計を少々挙げるなら、聖書にもっとも頻繁に出て来る名前はヤーウェ（6800回）である。続いてイスラエル（2760回）、ダビデ（1150回）、そしてイエス（925回）だ。同名異人がもっとも多い名前は、ゼカルヤ（29回、加えてゼカリヤが1回）、シェマヤ（26回）、アザルヤ（13回、加えてアザリア2回）、メシュラム（21回）、マアセヤ（20回）、ヨナタンとヨハナン（18回）、シムイ（17回）である。

本書の内容は、『レクラム版聖書事典』（1978年、1987年刊行）に依拠する。その中で私自身が書いた解説文を——時には少し修正して——取り入れている。また、『レクラム版聖書事典』の中で新約聖書に関するほとんどの解説文を書かれたユルゲン・ロロフ教授から（本書では惜しくも少々短縮しなければならないことがあったが）、その記述を受け継ぐお許しをいただいた。そのことに対し、心から感謝の意を表する。『レクラム版聖書事典』の他の共著者たち（ユルゲン・エーバッハ教授、クラウス・コッホ教授、上級研究員マルティン・クラウゼ博士、ヘルムート・メルケル教授、エッカート・オットー教授、私講師ウド・リュータースヴェルデン博士、そしてグスタヴ・S・ヴェント氏）にも、彼らの記述を——抜粋の形で、または少し変更して、または短縮して——受け継ぐ許可をいただいたことに感謝する。

ハンス・シュモルト

訳者序

聖書は新約聖書、旧約聖書ともに、物語の宝庫である。ことに旧約聖書やその続編などは、宗教書という観点を離れても物語そのものに魅せられる。奇想天外なヴィジョン、謀略奸計、色恋沙汰、合戦に次ぐ合戦、オリエント史などを舞台背景にさまざまな人生模様が繰り広げられ、まさに幾多の波瀾万丈の小説を読む思いがする。聖書が欧米文学の源泉たるゆえんである。

しかしながら、聖書を読むにあたって、難点が一つある。聖書には膨大な数の人物が登場するため、「これは誰だったか」という問題にしばしば直面するのだ。そのようなときに、本書が読者の方々の一助になれば訳者としてこれ以上の喜びはない。また、専門的な解説も少なからず施されているので、聖書を学ばれる方、研究される方にも適している一書ではないかと思う。

最後に、この場をお借りして本書の翻訳を薦めてくださった創元社の矢部敬一氏に心からお礼申し上げたい。また、文や用語を丁寧にチェックして適切なコメントをくださった山崎正浩氏、そして専門的なアドヴァイスをいただいたマルティン・クラアツ博士にも深く謝意を表したい。

高島市子

日本語版凡例

一、本書では、見出し語、用語、本文の翻訳は原則として新共同訳聖書に準じた。その際に生じた原書との齟齬は、適宜修正を施した。
一、原書本文中の、ドイツ語聖書、マルティン・ルター訳聖書に準拠した細かい解説文は省いた。
一、原書本文中の解説文に関し、日本語版読者の便を図り、一部言葉を補った。
一、見出し語は、新たに五十音順に並べ替えた。
一、日本語表記で同名の人物が複数存在する場合は、同一の見出し語にまとめ、原則として時代順に番号（①②③…）を振った。
一、別項を参照すべき場合は矢印（→）で示した。

㊎　→アビシャグ（「アビシャグ」の項を参照）
　　ヤコブ→①（「ヤコブ」の項の①を参照）

一、聖書の各書名の表記は、目次に準じた。ただし、一項目中に同じ出典が頻出する場合は、一部略号を用いた。

㊎『マタイによる福音書 **1:1**』→『マタイ **1:1**』

一、聖書の章節の表記は、以下の原則にのっとった。

㊎　『創世記 **1:1**』は「創世記１章１節」を示す。
　　『創世記 **1 - 2**』は「創世記１章から２章まで」を示す。
　　『創世記 **1:2 〜 3**』は「創世記１章２節から３節まで」を示す。
　　『創世記 **1:2・4**』は「創世記１章２節および４節」を示す。
　　『創世記 **1:2・4、3:5**』は「創世記１章２節、４節、および３章５節」を示す。

一、［＊］は、訳者注を示す。

聖書の目次

旧約聖書

創世記
出エジプト記
レビ記
民数記
申命記
ヨシュア
士師記
ルツ記
サムエル記（上）
サムエル記（下）
列王記（上）
列王記（下）
歴代誌（上）
歴代誌（下）
エズラ記
ネヘミヤ記
エステル記
ヨブ記
詩編
箴言
コヘレトの言葉
雅歌
イザヤ書
エレミヤ書
哀歌
エゼキエル書
ダニエル書
ホセア書
ヨエル書
アモス書
オバデヤ書
ヨナ書
ミカ書
ナホム書
ハバクク書
ゼファニヤ書
ハガイ書
ゼカリヤ書
マラキ書

旧約聖書続編

トビト記
ユディト記
エステル記（ギリシア語）
マカバイ記一
マカバイ記二
知恵の書
シラ書（集会の書）
バルク書
エレミヤの手紙
ダニエル書補遺
アザルヤの祈りと三人の若者の賛歌
スザンナ
ベルと竜
エズラ記（ギリシア語）
エズラ記（ラテン語）
マナセの祈り

新約聖書

マタイによる福音書
マルコによる福音書
ルカによる福音書
ヨハネによる福音書
使徒言行録
ローマの信徒への手紙
コリントの信徒への手紙一
コリントの信徒への手紙二
ガラテヤの信徒への手紙
エフェソの信徒への手紙
フィリピの信徒への手紙
コロサイの信徒への手紙
テサロニケの信徒への手紙一
テサロニケの信徒への手紙二
テモテへの手紙一
テモテへの手紙二
テトスへの手紙
フィレモンへの手紙
ヘブライ人への手紙
ヤコブの手紙
ペトロの手紙一
ペトロの手紙二
ヨハネの手紙一
ヨハネの手紙二
ヨハネの手紙三
ユダの手紙
ヨハネの黙示録

ア

ア

アイネア

言伝えによれば、ペトロに中風を癒されたリダに住む男（使徒言行録**9:32〜34**）。

アウグストゥス（ラテン語、「尊厳ある者」）

初代ローマ皇帝ガイウス・オクタヴィアヌス・カエサル（B.C.63〜A.C.14）の尊称。長い間戦いに苦しめられたローマ帝国を平定し、前31年以降、専制君主となる。『ルカによる福音書**2:1**』には、皇帝アウグストゥスによる住民登録の勅令について記述されている。

アウラノス

前170年頃にエルサレムで暴力行為を行った一団の頭（マカバイ記二**4:40**）。

アカイコ（ギリシア語、「アカイア人」）

エフェソに滞在していたパウロに、ステファナとフォルトナトと一緒に手紙を届けたコリントの教会の信徒（コリントの信徒への手紙一**16:17**）。

アガグ

遊牧の民アマレク人の王。アマレク人との戦いを制したサウル王は、主の命令に背いてアガグを生かしておいた。そのことでサウルは預言者サムエルと対立し、結局サムエルはアガグを切り殺した（サムエル記上**15**）。

アガグ人

ユダヤ人の迫害者ハマンに添えられる名称（エステル記**3:1**）。アガグが場所の名称か、部族の名称かについては不明。

アガボ

キリスト教の預言者。ローマ皇帝クラウディウスの時代に実際に襲った大飢饉をアンティオキアで預言していた（使徒言行録**11:28**）。またカイサリアで、パウロの逮捕を預言した（同**21:10〜**）。

アカン

①エリコを征服した折に戦利品を盗んだため、アコルの谷で家族と共に石打の刑に処されたユダ族の人（ヨシュア記 7）。

②セイルの孫で（創世記 36 : 27、歴代誌上 1 : 42）、エドム（セイル）の一氏族の祖。

アキオル（ヘブライ語、「兄弟は光」）

『ユディト記』に登場する人物の一人。それによれば、アキオルはアッシリア軍の総司令官ホロフェルネスに仕えていたアンモン人の指揮官で、ユダヤ人と彼らを守る神のことをホロフェルネスに話して警告し、怒りを買った（同 5 : 5〜21）。イスラエル人に引き渡されたアキオルは、彼らにホロフェルネスの危険な計略について知らせた（同 5 : 22 - 6 : 17）。イスラエル人の勝利の後、アキオルはユダヤ教に改宗した（同 14 : 6〜10）。

アキシュ

ペリシテの都市ガトの王。ダビデはサウル王から逃れて、この王のもとに移った（サムエル記上 27 : 1〜22。なお同 21 : 11〜16 の話は史実ではない）。後に、シムイの 2 人の下僕たちもアキシュのもとへ逃がれた（列王記上 2 : 39〜41）。

アキトブ（ヘブライ語、「わたしの兄弟は善良」）

ユディトの祖先の一人（ユディト記 8 : 1）。

アキム

イエスの系図による先祖（マタイによる福音書 1 : 14）。

アキラ（と→プリスカ〈またはプリスキラ〉）

クラウディウス帝のユダヤ人に対するローマ追放令（A.C.49）によって、コリントへ追われて来たユダヤ人クリスチャン夫婦。パウロは彼らのもとに宿泊し、テント造りとして働いた（使徒言行録 18 : 2〜）。夫婦はパウロに同行してエフェソまで行き、共に宣教活動に熱心に参加した（同 18 : 18・26、ローマの信徒への手紙 16 : 3〜5、コリントの信徒への手紙一 16 : 19、テモテへの手紙二 4 : 19）。

アクサ（ヘブライ語、「足首の飾り」）

カレブ→②がオトニエル→①に妻として与えた自分の娘（ヨシュア記 15 : 16〜、士師記 1 : 12〜、歴代誌上 2 : 49）。

アクブ（ヘブライ語、「守る者」または「守られる者」）

①→ヨヤキン王の子孫（歴代誌上3:24）。
②捕囚期後のエルサレムにおける、門衛の一人（エズラ記2:42、ネヘミヤ記12:25）。
③神殿の使用人の家系の祖（エズラ記2:45）。
④律法を民に説明したレビ人（ネヘミヤ記8:7）。

アクボル（ヘブライ語、「二十日鼠」）
①エドムの王バアル・ハナン→①の父（創世記36:38〜、歴代誌上1:49）。
②ユダ王国の王ヨシヤが女預言者フルダのもとに送った代表団の一員（列王記下22:12・14）。『歴代誌下34:20』では、アブドンと誤記されている。このアクボルは③と同一人物であろう。
③エルナタン→④の父（エレミヤ書26:22、36:12）。

アグリッパ
①アグリッパ1世。ヘロデ大王の孫。後41〜44年には、全パレスチナの王だった。ヤコブ→③を処刑させ、ペトロを投獄させたが、自らも無惨な死を遂げた（使徒言行録12では、ヘロデと通名で呼ばれている）。
②アグリッパ2世。1世の子。後53〜95年頃まで北東パレスチナの王だった。王がカイサリアの総督フェストゥスを訪問したとき、監禁されていたパウロが王の前に引き出されて、弁明を許された（使徒言行録25:13 - 26:32）。

アグル
アラビアのマサ族の賢人 。『箴言30:1〜14』を書いたとされる（同30:1）。

アゲ
ダビデ王の軍の勇士シャンマ→③の父（サムエル記下23:11）。

アサ
①南王国ユダの王（B.C.908〜B.C.868）。北王国イスラエルのバシャ王は、アサ王との戦いを当初は優勢に進めていたが、アサ王がダマスコの王ベン・ハダドをイスラエル攻略の味方に引き入れることに成功したため、退却を余儀なくされた。その他に、アサ王が偶像崇拝を排除したことが報告されている（列王記上15:9〜24）。

②レビ人（歴代誌上 9 : 16）。

アサエル（ヘブライ語、「神がお造りになった」）

①ダビデ王の軍の優れた戦士30人の一人で（サムエル記下 23 : 24）、ヨアブ→①とアビシャイの兄弟。サウル王の司令官アブネルとの戦いで殺された（同 2 : 18～23）。

②ユダの町々で律法を教えるためにヨシャファト王が遣わしたレビ人の一人（歴代誌下 17 : 7～9）。

③ユダの王ヒゼキヤの時代のレビ人（歴代誌下 31 : 13）。

④ヨナタン→⑪の父（エズラ記 10 : 15）。

アザス（ヘブライ語、アザズヤの短縮形）

ルベンの子孫の一人（歴代誌上 5 : 8）。

アザズヤ（ヘブライ語、「ヤーウェは強さを示した」）

①レビ人で楽士（歴代誌上 15 : 21）。

②エフライム族の指導者ホシェア→③の父（歴代誌上 27 : 20）。

③ヒゼキヤ王の時代に、神殿で奉仕したレビ人（歴代誌下 31 : 13）。

アザゼル

おそらくは荒れ野の悪霊の固有名詞。贖罪の日に、アロンはイスラエル人のすべての罪責を背負わせた雄山羊を荒れ野のアザゼルのもとへ追いやった（レビ記 16 : 8・10・26）。

アサフ（ヘブライ語、「彼〈神〉は受け入れた」）

①ユダの王ヒゼキヤの役人ヨア→①の父（列王記下 18 : 18）。

②捕囚期後のエルサレムにおける神殿詠唱者の主要な一団「アサフの子孫」の始祖（歴代誌上 6 : 24～28、エズラ記 2 : 41）。アサフの名は『詩編 50、73 - 83』の表題にも見られる。

③ペルシア王アルタクセルクセス１世の森林管理者（ネヘミヤ記 2 : 8）。

アサヤ（ヘブライ語、「ヤーウェが創った」）

①ユダの王ヨシヤの家臣（列王記下 22 : 12～）。

②シメオン族の長の一人（歴代誌上 4 : 36）。

③レビ人（歴代誌上 6 : 15）。

④捕囚期後、エルサレムに住んだユダの子孫の人（歴代誌上 9 : 5）。

アザリア（ヘブライ語、「ヤーウェは助けた」）

①天使ラファエルがトビトに名乗った名前（トビト記 5 : 13）。
②マカバイ時代のユダヤの民の指導者（マカバイ記一 5 : 18）。エレアザル→④（同二 8 : 23）や、エスドリス（同二 12 : 36）などと同一人物。

アサルエラ
ダビデの時代の神殿の詠唱者（歴代誌上 25 : 2）。

アザルエル（ヘブライ語、「神は喜んだ」と「神は助けた」の二通りの意味がある）
①ユダの子孫（歴代誌上 4 : 16）。
②サウル王から逃れるダビデの側についた戦士（歴代誌上 12 : 7）。
③ダビデ王の時代の、詠唱者の一グループの長（歴代誌上 25 : 18）。ウジエル→④と同一人物。
④ダン族の長（歴代誌上 27 : 22）。
⑤捕囚期後に異民族の妻を離縁したイスラエル人の一人（エズラ記 10 : 41）。
⑥祭司アマシュサイの父（ネヘミヤ記 11 : 13）。
⑦城壁の奉献式に参加したレビ人（ネヘミヤ記 12 : 36）。

アザルヤ（ヘブライ語、「ヤーウェは助けた」）
①ツァドク→①の息子で、ソロモン王の治世の祭司（列王記上 4 : 2、歴代誌上 5 : 34～35 ではツァドクの孫とされているが、おそらく誤り）。
②ソロモン王の知事たちの監督（列王記上 4 : 5）。
③南王国ユダの王（ウジヤ→①）。
④ユダの子孫の人（歴代誌上 2 : 8）。
⑤もう一人のユダの子孫（歴代誌上 2 : 38）。
⑥祭司ツァドク→①の先祖の一人（歴代誌上 5 : 36～）。
⑦祭司ツァドク→①の子孫の一人（歴代誌上 5 : 39～）。
⑧レビ人の詠唱者（歴代誌上 6 : 21）。
⑨ユダの王アサの時代の預言者（歴代誌下 15 : 1～8）。
⑩⑪ユダの王ヨシャファトの息子２人の名（歴代誌下 21 : 2）。
⑫⑬ユダの女王アタルヤに対する謀反の企てに参加した２人の百人隊長（歴代誌下 23 : 1）。

⑭ユダの王ウジヤの時代の祭司（歴代誌下 26 : 17）。
⑮ユダの王アハズの時代の、北王国におけるエフライム人の頭の一人（歴代誌下 28 : 12）。
⑯ユダの王ヒゼキヤの治世に、神殿を清めたレビ人の一人（歴代誌下 29 : 12）。
⑰ユダの王ヒゼキヤの時代の祭司長（歴代誌下 31 : 10）。
⑱エルサレムの城壁再建の際に修復を手伝った人（ネヘミヤ記 3 : 23）。
⑲捕囚の地バビロンから帰還した民の頭の一人（ネヘミヤ記 7 : 7）。
⑳エズラの時代のレビ人で、律法を民に説明した人（ネヘミヤ記 8 : 7）。
㉑律法を順守する誓約に捺印した人（ネヘミヤ記 10 : 3）。『同 12 : 33』に登場するラッパを持った祭司アザルヤと同一人物であろう。
㉒南王国ユダの滅亡時の軍の長（エレミヤ書 42 : 1、43 : 2）。エザンヤとも呼ばれる。
㉓バビロンの宮廷に仕えたダニエルの友の一人（ダニエル書 1 : 7）。

アザン（ヘブライ語、「彼〈神〉は力強かった」）
イサカル族の指導者パルティエルの父（民数記 34 : 26）。

アザンヤ（ヘブライ語、「ヤーウェは耳を傾けた」）
律法順守の誓約に捺印したレビ人の一人（ネヘミヤ記 10 : 10）。

アシェラ
西方セム人の豊饒と多産の女神。旧約聖書では時に女神アシュトレトと混同されて、バアル神に結びつけられる（列王記上 18 : 19）。旧約聖書の中において禁忌されていたアシェラ崇拝は、イスラエルでもまた行われていたのである（同下 23 : 4）。この女神と並んで、旧約聖書では、アシェラ崇拝と結びついた木の柱（例えば「聖木」、「聖なる柱」、「アシェラの彫像」など＊）がアシェラとみなされていたのである。こうしたアシェラの類いは、イスラエルにおいては破壊されるべきものであったにもかかわらず（出エジプト記 34 : 13、申命記 7 : 5）、偶像崇拝の対象として度々その名が挙げられるのである（士師記 6 : 25、列王記上 14 : 15、エレミヤ書 17 : 2）。
［＊日本語の聖書では、聖木などの言葉はほとんどの場合、「アシェ

ラ像」と訳されている。]

アシエル

①シメオン族の人（歴代誌上 **4:35**）。

②トビトと息子トビアの先祖（トビト記 **1:1**）。

アシェル（～族）

イスラエルの12部族のうちの一部族。ガリラヤの丘陵の西側に住んだ。初期の頃はおそらくカナン人に対し賦役の義務があった思われる（士師記 **1:32**）。この部族の祖は、ヤコブとレアの召使いジルパとの息子アシェルとされる（創世記 **30:12**～）。

アジエル　→ヤアジエル

アジザ

エズラの時代に、異民族の妻を離縁したイスラエル人（エズラ記 **10:27**）。

アシマ

シリアの女神。アシマ信仰は前721年にハマトからの移住者によってサマリアへもたらされた（列王記下 **17:30**）。

アシュケナズ

『創世記 **10:3**』『歴代誌上 **1:6**』によれば、ヤフェト（ノアの息子）の孫。『エレミヤ書 **51:27**』に記されたアシュケナズは、おそらくスキタイ人を指している。

アシュトレト

カナン人にとって重要な、愛と豊饒の女神（バビロンの女神イシュタールに相当する）。アシュトレト崇拝はイスラエル人の間でも行われていた（列王記上 **11:5**、同下 **23:13**）。アシュトレトの複数形は、一般にカナン地方の諸女神の総称である（士師記 **2:13**、**10:6**）。

アシュフル

ユダの子孫（歴代誌上 **2:24**、**4:5**）。

アシュペナズ

バビロンの王ネブカドネツァルの侍従長（ダニエル書 **1:3**）。

アシュベル（ヘブライ語、「長い上唇」）

ベニヤミンの息子たちの一人（創世記 **46:21**、民数記 **26:38**、歴代誌上 **8:1**）。

アシュル

①『創世記 10 : 22』によると、アシュルはセム（ノアの息子）の次男で、アッシリア人の祖となった 。アッシリア（人）の代わりにしばしばアシュルとも記されている。

②パレスチナ南部に住む一アラブ族（詩編 83 : 9）。

［＊なお、日本語の聖書ではアッシリアと記されている。］

アシュル人

アラビアの部族で、アブラハムとケトラの子孫（創世記 25 : 3）。

アシュワト

アシェルの子孫の一人（歴代誌上 7 : 33）。

アシル

①レビ人コラの息子（出エジプト記 6 : 21・24、歴代誌上 6 : 7、なお、両引用文にはコラの父の名に関して違いがある）。

②前出のコラの孫（歴代誌上 6 : 8・22）。

アシンクリト（ギリシア語、「比類なき者」）

ローマの教会の信徒の一人（ローマの信徒への手紙 16 : 14）。

アズガド

バビロン捕囚から帰還した一族の先祖（エズラ記 2 : 12、ネヘミヤ記 10 : 16）。

アスティアゲス

メディア王国の最後の王。前550年に、ペルシア人キュロスが戦いに勝利して王国を継いだ（ダニエル書補遺ベルと竜 1）。

アスナ

捕囚の地バビロンから帰還した神殿の使用人一族の長（エズラ記 2 : 50）。

アズバ（ヘブライ語、「見捨てられた女」）

①カレブ→①の妻（歴代誌上 2 : 18～）。

②ユダの王ヨシャファトの母（列王記上 22 : 42、歴代誌下 20 : 31）。

アスパタ

ユダヤ人の迫害者ハマンの息子たちの一人（エステル記 9 : 7）。

アズブク

エルサレムの城壁再建の際、作業に参加したネヘムヤ→②の父（ネヘミヤ記 3 : 16)。

アズマベト

①ダビデ王の軍の戦士（サムエル記下 23 : 31、歴代誌上 11 : 33）。

②サウル王の子孫（歴代誌上 8 : 36、9 : 42）。

③サウル王から逃れるダビデに協力した２人の戦士の父（もしくは出身地？）（歴代誌上 12 : 3）。

④ダビデ王の治世の、王室貯蔵庫の管理責任者（歴代誌上 27 : 25）。

アスモダイ

『トビト記』に登場する悪魔。サラが花嫁になるや否や、次々と計７人の花婿を殺した（同 3 : 8・17）。

アスリエル（ヘブライ語、「神はわが助け」）

マナセの息子（民数記 26 : 31、ヨシュア記 17 : 2、歴代誌上 5 : 24、7 : 14）。

アズリエル（ヘブライ語、「神はわが助け」）

①ナフタリ族の指導者エリモトの父（歴代誌上 27 : 19）。

②ユダの王ヨヤキムの側近セラヤ→⑨の父（エレミヤ書 36 : 26）。

アズリカム（ヘブライ語、「わたしの助けは立ち上がった」）

①→ヨヤキン王の子孫（歴代誌上 3 : 23）。

②サウル王の子孫（歴代誌上 8 : 38、9 : 44）。

③捕囚期後に、エルサレムに住んだレビ人の一人（歴代誌上 9 : 14、ネヘミヤ記 11 : 15）。

④ユダの王アハズの侍従長（歴代誌下 28 : 7）。

アズル（ヘブライ語、「助けた者」もしくは「助けられた者」）

①捕囚期後に、律法順守の誓約に捺印した民の頭の一人（ネヘミヤ記 10 : 18）。

②偽りを言う預言者ハナンヤ→⑫の父（エレミヤ書 28 : 1）。

③民の指導者ヤアザンヤ→④の父（エゼキエル書 11 : 1）。

アセナト（エジプト語、「〈女神〉ネイトに属する」）

ヨセフ（ヤコブの息子）がエジプトで娶った妻（創世記 41 : 45・50、46 : 20）。

アゾル

イエスの系図による先祖（マタイによる福音書 1 : 13〜）。

アダ

①レメクの第一の妻で、ヤバルとユバルの母（創世記 4 : 19〜23）。

②エサウの妻の一人（創世記 36 : 2・4・10・12・16）。

アタイ

①ユダの子孫の一人（歴代誌上 2 : 35〜）。

②サウル王から離れて、ダビデとともに戦った戦士（歴代誌上 12 : 12）。

③ユダの王レハブアムの息子（歴代誌下 11 : 20）。

アダム（ヘブライ語、「人」）

アダムとは人間を意味する言葉であり、同時に人間の始祖の名でもある。「人類」という集合的な意味合いにも度々使われる。ヘブライ語の言葉アダマ（土）に関連があると考えられる。

『創世記 2 - 3』に書かれた、より古い天地創造物語によれば、神は最初の被造物として土（アダマ）の塵で人（アダム）を形づくり、息を吹き入れて生命を与え、彼に地を耕すように命じている。また、彼のあばら骨の一部から、生きる助け手としてエバが創られる。それゆえアダムは人間として両性を包含する。『同 1』に書かれた、より新しい天地創造物語によるなら、アダムは一番最後の被造物として、男と女の二元性のもとに創られ、またその同じ創造行為のうちに、神によってその似姿として創られたとされる。アダム（人）は特異な地位にある。地を支配することを課せられているからである。また、彼は神と特別な関係にある。創造に対する責任を内包しているからである（同 1 : 28〜）。

新約聖書ではパウロが、堕罪物語をほのめかしつつ、アダムをキリストのネガティブな対照像として、またキリストが登場する前の人間の代表として描いている（ローマの信徒への手紙 5 : 12〜21、コリントの信徒への手紙一 15 : 22〜・45〜）。つまり、アダムの不従順によって、この世に罪と死がもたらされたが、一方キリストの従順によって義と命がもたらされたと。ここに原罪についての教会教義の起点がある。

アタヤ

捕囚期後のエルサレムに住んだユダ族の人（ネヘミヤ記 11 : 4）。

アダヤ（ヘブライ語、「ヤーウェは飾った」）
①ユダの王ヨシヤの祖父（列王記下 **22:1**）。
②レビ人、詠唱者アサフ→②の先祖の一人（歴代誌上 **6:26**）。
③ベニヤミン族の人（歴代誌上 **8:21**）。
④マアセヤ→②の父（歴代誌下 **23:1**）。
⑤捕囚期後、エルサレムに住んだ祭司（歴代誌上 **9:12**、ネヘミヤ記 **11:12**）。
⑥バニ→⑤の子孫（エズラ記 **10:29**）。
⑦ビヌイ→①の子孫（エズラ記 **10:39**）。
⑧マアセヤ→⑭の先祖（ネヘミヤ記 **11:5**）。

アタラ（ヘブライ語、「冠」）
エラフメエル→①の妻たちの一人（歴代誌上 **2:26**）。

アタルヤ
①イスラエルの王アハブと妃イゼベルの娘で、ユダの王ヨラムの妃（列王記下 **8:18**）。また、ユダのアハズヤ王の母（同 **8:26**）。息子アハズヤの死後、アタルヤはユダ王国の王族を殲滅し、王権を奪い取ったが（B.C.845～B.C.840）、ひとり孫のヨアシュだけが隠れて難を逃れた。６年後に女王アタルヤは殺害され、少年ヨアシュが王位に就いた（同 **11**）。
②サウル王の先祖の一人（歴代誌上 **8:26**）。
③バビロンから帰還したエシャヤ→④の父（エズラ記 **8:7**）。

アダルヤ
ユダヤ人の迫害者ハマンの息子たちの一人（エステル記 **9:8**）。

アタロス
ペルガモン王国の王（B.C.159～B.C.138）で、ローマの執政官ルキウスの友人（マカバイ記一 **15:22**）。

アツァルヤ（ヘブライ語、「ヤーウェは気高さを示した」）
ユダの王ヨシヤの書記官シャファン→①の父（列王記下 **22:3**、歴代誌下 **34:8**）。

アツェル（ヘブライ語、「上品な、高貴な」）
サウル王の子孫（歴代誌上 **8:37**～、**9:43**～）。

アッシリア人

メソポタミア上流地域の民族（今日のイラク北部）。アッシリア人は前1300年以降、強大なアッシリア王国を形成し、その衰退期――前1000年頃ダビデは自らの王国を建てることができた――を経て、前9世紀に再び興隆し、前7世紀の中頃までオリエントで最強の国家権力を誇った（B.C.671にエジプトを征服）。アッシリア人はまず、征服した民族の上層階級を強制移住させることで支配権を確かなものとした。前735年に北王国イスラエルが、少し遅れて南王国ユダが、アッシリアに貢ぎ物を納める義務を課せられた（列王記下 **15:29**、**16:7**〜）。前722年には独立国家としての北王国を終わらせたが（同 **17:3**〜**6**）、南王国ユダに対しては、ヨシヤ王の時代まで宗主権を保持していた。アッシリアはたびたび預言者たちの警告の対象となった（イザヤ書 **10:5**〜**16**、**14:24**〜**27**）。

アディ

イエスの先祖（ルカによる福音書 **3:28**）。

アディエル（ヘブライ語、「神は飾り」）

①シメオン族の長（歴代誌上 **4:36**）。

②祭司マサイの父（歴代誌上 **9:12**）

③アズマベト→④の父（歴代誌上 **27:25**）。

アディナ（ヘブライ語、「豊富な」）

ダビデ王の軍の戦士の一人（歴代誌上 **11:42**）。

アディン（ヘブライ語、「豊富な」）

家系の頭で、その子孫は総督ゼルバベルや祭司エズラとともにバビロンから帰還した（エズラ記 **2:15**、**8:6**、ネヘミヤ記 **7:20**、**10:17**）。

アテノビオス

アンティオコス7世の「友人」。ユダ・マカバイの兄弟シモン→②のもとへ使者として遣わされた（マカバイ記一 **15:28**・**32**・**35**）。

アテル（ヘブライ語、「背中の丸くなった」もしくは「左利きの」）

①バビロンから帰還した一族の先祖（エズラ記 **2:16**、およびネヘミヤ記 **7:21** では、ヒズキヤ→②と同一人物視されている）。一族の頭が律法順守の誓約書に捺印した（ネヘミヤ記 **10:18** ではヒズキヤと並び、別人として挙げられている）。

ア

②神殿の門衛一族の祖（エズラ記 2 : 42、ネヘミヤ記 7 : 45）。

アドエル

トビトと息子トビアの先祖（トビト記 1 : 1・9）。

アドナ

①ユダの王ヨシャファトの隊長の一人（歴代誌下 17 : 14）。

②異民族の妻を離縁したイスラエル人（エズラ記 10 : 30）。

③バビロンから帰還した祭司の家の家長（ネヘミヤ記 12 : 15）。

④サウル王から逃れるダビデを支援したマナセ族の隊長の一人（歴代誌上 12 : 21）。

アドニカム（ヘブライ語、「主は〈助けるために〉立ち上がった」）

バビロンから帰還した一族の先祖（エズラ記 2 : 13、8 : 13、ネヘミヤ記 7 : 18）。

アドニ・ツェデク（ヘブライ語、「主は正義」）

エルサレムのカナン人の王（ヨシュア記 10 : 1・3）。カナン地方の王たちによるカナン連合のメンバーとして、ヨシュア率いるイスラエル人の軍と戦い、敗れた（同 10 : 5〜11）。

アドニ・ベゼク（ヘブライ語、「ベゼクの主人」）

カナン人の王。ベゼクでユダヤ人との交戦に敗れ、手足の親指を切断され、エルサレムへ移送されて死んだ（士師記 1 : 5〜7）。

アドニヤ（ヘブライ語、「ヤーウェは主なり」）

①ダビデ王の 4 番目の息子。兄たちの死後、正当な王位候補者だったアドニヤは、ダビデ王の晩年に王位への自己の権利を表明したが、ソロモンの王位継承を支持する人たちに阻まれ、その結果、ソロモンが王位に就いた（列王記上 1 : 1）。ダビデ王の死後、ソロモンは→アビシャグを妻に望んだアドニヤを殺害させた（同 2 : 13〜25）。

②ユダの町々に律法を教えるためにヨシャファト王が遣わしたレビ人の一人（歴代誌下 17 : 8）。

③ネヘミヤの時代に、律法を守る誓約に捺印した民の頭の一人（ネヘミヤ記 10 : 17）。

アドニラム（ヘブライ語、「主は崇高」）

ダビデ王とソロモン王の治世下において、労役の監督官だった（サ

ムエル記下 **20 : 24**、列王記上 **4 : 6**、**5 : 28**)。ソロモン王の死後、レハブアム王によって交渉使節として遣わされたシケムで、北イスラエルの人々に石で打ち殺された。『サムエル記下 **20 : 24**』『列王記上 **12 : 18**』ではアドラム、『歴代誌下 **10 : 18**』ではハドラムと呼ばれている。

アドベエル

イシュマエル部族の12人の首長の一人で、イシュマエルの息子(創世記 **25 : 13**、歴代誌上 **1 : 29**)。

アドマタ

ペルシア王クセルクセスに仕えた大臣で賢者(エステル記 **1 : 14**)。

アドミン

イエスの先祖(ルカによる福音書 **3 : 33**)。

アトライ

エズラの勧めに従い、異民族の妻を離縁したイスラエル人(エズラ記 **10 : 28**)。

アドライ

シャファト→⑤の父親(歴代誌上 **27 : 29**)。

アドラム　→アドニラム

アドラメレク

①アッシリア人によって北イスラエルに強制移住させられたセファルワイム(シリアの町)の住民が崇めていた神。その神に彼らは子供を生け贄として捧げていた(列王記下 **17 : 24・31**)。

②アッシリアのセンナケリブ王を殺した2人の息子たちの一人(列王記下 **19 : 37**、イザヤ書 **37 : 38**)。

アドリエル(ヘブライ語、「神は助け」)

サウル王の長女メラブの夫。メラブは先にダビデに嫁ぐことになっていた(サムエル記上 **18 : 19**)。彼女は、夫アドリニルとの間に5人の息子を得たが、彼らは後にギブオン人の手に渡され処刑された(同下 **21 : 8** ではメラブではなく、ミカルと呼ばれている)。

アドン

ヘブライ語の「主人」。物の支配者バアルに対し、人間の支配者を表す語。フェニキア語では植物の神の名前でもある(ギリシア語のアドニス)。

アナ

ツィブオンの息子で、セイルの孫、エサウの妻の一人オホリバマ→①の父(創世記 **36 : 2・14・18・24**〜、歴代誌上 **1 : 40**〜)。つまり、アナは、エドム(セイル)に住む一氏族の祖である。それとは別に、アナはセイルの息子で、ツィブオンの兄弟として登場する伝承もある。その場合、アナはエドムにおける一部族の祖である(創世記 **36 : 20・29**、歴代誌上 **1 : 38**)。しかし、これについては様々な伝承がある。

アナエル

アッシリア王国の財政管理者アヒカルの父(トビト記 **1 : 21**)。

アナク(〜人)

ヘブロンとその周辺の、巨人のように思われていた先住民アナク人の始祖(民数記 **13 : 22・28**〜**33**、申命記 **1 : 28**)。イスラエル人に滅ぼされた後、アナク人はペリシテ人の地だけにわずかに残った(ヨシュア記 **11 : 22**)。

アナト

士師シャムガルの父または母(士師記 **3 : 31**、**5 : 6**)。この名前は、おそらく、西方セム族の愛と戦いの女神で、バアル神の姉妹とされるアナトと関連があると思われる。

アナニ(ヘブライ語、「〈神は〉聞き入れてくださった」)

→ヨヤキン王の子孫(歴代誌上 **3 : 24**)。

アナニア(ヘブライ語のハナンヤのギリシア語形)

①詐欺が原因で妻サフィラともども命を失ったエルサレムのキリスト教徒(使徒言行録 **5 : 1**〜**10**)。

②盲目になったパウロを癒し、洗礼を施したダマスコのキリスト教徒(使徒言行録 **9 : 10**〜**19**、**22 : 12**〜**16**)。

③最高法院でパウロに対する審問を主導した大祭司(使徒言行録 **23 : 2**、**24 : 1**)。

アナネヤ(ヘブライ語、「ヤーウェは聞いてくださった」)

エルサレムの城壁再建の際に、修復を手伝ったアザルヤ→⑱の祖父。(ネヘミヤ記 **3 : 23**)。

アナミム人

エジプトに属するハム系の民族（創世記 10:13、歴代誌上 1:11）。

アナメレク

アドラメレク神→①と並んで、セファルワイム（シリアの町）の住民に崇められた神（列王記下 17:31）。

アナヤ（ヘブライ語、「ヤーウェは答えた」、すなわち「聞き届けた」）

捕囚期後の２人のイスラエル人。

①律法の書を朗読するエズラの脇に立った民の代表格の人（ネヘミヤ記 8:4）。

②律法順守の誓約に捺印した民の頭の一人（ネヘミヤ記 10:23）。

アナン

捕囚期後の時代に、律法を守る誓約に捺印した民の頭の一人（ネヘミヤ記 10:27）。

アニアム（ヘブライ語、「私はおじである」）

マナセ族の人（歴代誌上 7:19）。

アヌブ

ユダの子孫の一人（歴代誌上 4:8）。

アネル

『創世記 14:13・24』の伝説的な伝承によれば、アネルはアブラハムと同盟を結んでいた。

アパイム（ヘブライ語、「〈大きな〉鼻」）

ユダの子孫の一人（歴代誌上 2:30～）。

アバグタ

ペルシア王クセルクセスの宮殿の宦官（エステル記 1:10）。

アハシュエロス　→クセルクセス

アハシュタリ

ユダの子孫（歴代誌上 4:6）。

アハズ（ヘブライ語、ヨアハズの短縮形）

①南王国ユダの王（B.C.741～B.C.725）。アハズが、アッシリアに対する同盟を北王国イスラエルの王およびアラムの王と結ぶことを拒否すると、両国はユダに攻め入った。預言者イザヤの言葉を聞いてヤーウェのみを信頼する代わりに、アハズはアッシリアの

王ティグラト・ピレセルに助けを求めた（列王記下 **16 : 5～9**、イザヤ書 **7 : 1～17**）。それによってユダは自発的にアッシリアの属国になり下がった。その結果、アハズはアッシリアの異教祭儀をエルサレムの神殿に導入せねばならなかった。

②サウル王の子孫（歴代誌上 **8 : 35～**、**9 : 42**）。

アハスバイ

ダビデ王の軍の勇士エリフェレト→②の父（サムエル記下 **23 : 34**）。

アハズヤ（ヘブライ語、「ヤーウェは〈守るために〉捕えた」）

①北王国イスラエルの王（B.C.852～B.C.851）。落下事故で病気になったアハズヤは、回復の見込みを伺うためにペリシテ人の町エクロンの神バアル・ゼブブに使者を遣わそうとして、預言者エリヤから警告を受けた（列王記下 **1**）。

②南王国ユダの王（B.C.845 年、列王記下 **8 : 16 - 9**）。アハズヤ王が伯父である北王国イスラエルの王ヨラムを尋ねた丁度その時にイエフが謀反を起こし、逃げたアハズヤも殺された。

アバドン（ヘブライ語、「底なしの淵、死者の場所」）

『ヨハネの黙示録 **9 : 11**』では、アバドンは奈落の王の名前として擬人化されている。また、アバドンという名は、「滅ぼす者」を意味するギリシア語のアポリオンに相当する。

アハブ（ヘブライ語、「父の兄弟」＝「父にそっくり」、→アフを参照）

①北王国イスラエルの卓越した王だった（B.C.871～B.C.852、列王記上 **16 : 29 - 22 : 40**）。アハブの巧妙な同盟政策は、南王国ユダとの争いを収拾して、その王太子ヨラムに自分の娘アタルヤを嫁がせたことや、またアッシリアに対する防衛のためのシリア・パレスチナ大同盟軍成立に決定的な役割を果たしたこと、フェニキアのシドンの王の娘イゼベルを妻に迎えたことなどからも明らかだ。王妃のためにアハブは、首都サマリアに異教の神バアルの神殿を建てた。王がカルメル山上でバアル礼拝を維持しようとしたとき、またぶどう畑の所有者ナボトを刑死させたときに、預言者エリヤと衝突した（同 **18**、**21**）。

②預言者エレミヤの時代の偽預言者（エレミヤ書 **29 : 21～**）。

アハルヘル

ユダの子孫（歴代誌上 4:8）。→ハルム

アヒ

ガド族の人で、家系の長（歴代誌上 5:15）。

アビ（ヘブライ語、アビヤの短縮形）

ユダの王ヒゼキヤの母（列王記下 18:2、歴代誌下 29:1）。アビヤとも呼ばれる。

アビアサフ（ヘブライ語、「父は受け入れた」）

レビの子孫（出エジプト記 6:24、歴代誌上 6:8・22、9:19、26:1）。エブヤサフとも呼ばれている。

アビアタル（ヘブライ語、「父は豊かに与えた」）

アヒメレク→①の息子で、ノブの祭司。サウルによる大殺戮を逃れた唯一の人間で、ダビデにつき従った（サムエル記上 22:20〜23）。ダビデの後継争いの際に、アドニヤ→①を支持し、そのためソロモンに追放された（列王記上 1:7、2:26）。

アヒアム

ダビデ王の軍の勇士の一人（サムエル記下 23:33、歴代誌上 11:35）。

アビ・アルボン

ダビデ王の軍の勇士たちの一人（サムエル記下 23・31）。『歴代誌上 11:32』ではアビエルと誤記されている。

アビウド（ヘブライ語、「父は栄光」）

ゼルバベルの息子で、イエスの系図による先祖（マタイによる福音書 1:13）。

アヒエゼル（ヘブライ語、「わが兄弟は助け」）

①ダン族の指導者（民数記 1:12）。

②サウル王から逃れるダビデに味方したベニヤミン人の勇士の頭（歴代誌上 12:3）。

アビエゼル（ヘブライ語、「わが父は助け」）

①ギレアドの息子（ヨシュア記 17:2）。『民数記 26:30』では誤ってイエゼルと呼ばれている。『歴代誌上 7:18』では誤ってギレアドの甥とされている。

②ダビデ王の軍の勇士の一人（サムエル記下 23:27、歴代誌上 11:

28、27:12)。

アビエル(ヘブライ語、「神はわが父」)

①サウル王と司令官アブネルの祖父(サムエル記上 9:1、14:51)。

②『歴代誌上 11:32』のアビエルは、アビ・アルボンの間違い。

アビガイル(ヘブライ語、「父は喜んだ」)

ナバルの聡明な妻。夫の死後、ダビデの妻となった(サムエル記上 25:3〜42)。

アヒカム(ヘブライ語、「わたしの兄弟は〈戦いのために〉立ち上がった」)

ユダの王ヨシヤが女預言者フルダのもとへ遣わした使節団の一員(列王記下 22:12・14)。ヨヤキム王の統治下、神殿で国の将来について預言した言葉が原因で、生命の危機に瀕したエレミヤをアヒカムが保護した(エレミヤ書 26:24)。

アヒカル

『トビト記』によれば、アヒカルはアッシリアの2代の王たちセンナケリブとエサルハドンの財政管理者だった(同 1:21〜)。またトビトの甥でもあり、失明したトビトの世話をした(同 2:10)。ナダブの陰謀の犠牲になって、一旦は地下の墓に閉じ込められたが、赦免された(同 14:10)。

アビガル(アビガイルの変形)

ツェルヤとともにダビデの姉妹。『歴代誌上 2:16〜』によれば、ダビデの父エッサイの娘であるが、『サムエル記下 17:25』では、ナハシュ→②の娘とされる。その場合、ダビデの異父姉妹になる。

アヒサマク(ヘブライ語、「兄弟は支えた」)

工芸師オホリアブの父(出エジプト記 31:6)。

アビシャイ

ツェルヤの息子で、ヨアブの弟、ダビデの甥(歴代誌上 2:16)。30人の精鋭隊の長。戦いにおいては、兄ヨアブ→①の次に重要な指揮を担った(サムエル記下 10:9〜10、18:2、23:18〜)。ダビデ王のための出撃であったにもかかわらず、王はアビシャイとヨアブ兄弟の情け容赦の無さに何度も苦情を言った(同 3:39、16:10、19:22〜)。

アビシャグ

年老いたダビデ王の世話をした若く、美しい、シュネム生まれの娘

（列王記上 1 : 3・15）。ダビデ王の死後、アドニヤ→①が彼女を娶ることを望んだが、それは王座を要求することに等しかったため、ソロモン王によって死に追いやられた（同 2 : 17〜25）。

アヒシャハル（ヘブライ語、「兄弟は朝焼け」）

ベニヤミン族の人（歴代誌 7 : 10）。

アヒシャル

ソロモン王の宮廷長（列王記上 4 : 6）。

アビシャロム　→アブサロム②

アビシュア（ヘブライ語、「わが父は助け」）

①祭司ツァドク→①の先祖（歴代誌上 5 : 30〜）。

②ベニヤミンの長男ベラ→②の息子（歴代誌上 8 : 4）。

アビシュル（ヘブライ語、「わが父は〈守りの〉壁」）

ユダの子孫の一人（歴代誌上 2 : 28〜）。

アビダ（ヘブライ語、「父は気づいた」）

ミディアンの子で、アブラハムとケトラの孫（創世記 25 : 4、歴代誌上 1 : 33）。

アビタル（ヘブライ語、「父は露」）

ダビデの妻の一人（サムエル記下 3 : 4、歴代誌上 3 : 3）。

アビダン（ヘブライ語、「父は裁いた」）

ベニヤミン族の指導者（民数記 2 : 22）。

アヒトブ（ヘブライ語、「わたしの兄弟は善良」）

大祭司エリの孫で、アヒメレク→①とアヒヤ→①の父（サムエル記上 22 : 9、14 : 3）。このアヒトブは――おそらく誤りであろうが――ツァドク→①の父（同下 8 : 17）、または祖父（歴代誌上 9 : 11）と記されている。

アビトブ（ヘブライ語、「父は善良」）

ベニヤミン族の人（歴代誌上 8 : 11）。

アヒトフェル

ダビデ王の顧問だったが、アブサロム→①が蜂起した際にその味方に付いた。だが自らの作戦提案がアブサロムに斥けられると、自害した（サムエル記下 15 : 12、16 : 15 - 17 : 23）。ダビデ王の軍の勇士エリアムの父（同 23 : 34）。

アヒナダブ（ヘブライ語、「兄弟は寛大」）

ソロモン王の知事の一人（列王記上 4:14）。

アビナダブ（ヘブライ語、「父は寛大」）

①ダビデの兄（サムエル記上 16:8）。

②サウル王の３番目の息子（サムエル記上 31:2、歴代誌上 8:33）。

③キルヤト・エアリムに住む人。彼の家に契約の箱が一時的に預けられていた（サムエル記上 7:1、同下 6:3〜）。

④ソロモン王の治世の一知事の父。息子の名前は伝わっていない（列王記上 4:11）。

アヒノアム（ヘブライ語、「兄弟は慈愛」）

①サウル王の妻（サムエル記上 14:50）。

②ダビデ王の一番目の妻（サムエル記上 25:43）、アムノン→①の母（同下 3:2）。

アビノアム（ヘブライ語、「父は慈愛」）

バラク→②の父親（士師記 4:6）。

アビハイル（ヘブライ語、「わが父は力」）

①レビ人（民数記 3:35）。

②ガド族の一家系の長（歴代誌上 5:14）。

③ペルシア王妃になったエステルの父（エステル記 2:15、9:29）。

④ユダ族のアビシュルの妻（歴代誌上 2:29）。

⑤ユダの王レハブアムの姑（歴代誌下 11:18）。

アビフ（ヘブライ語、「彼は父である」）

アロンの息子で、ナダブ→①の兄弟。『レビ記 10:1〜5』によれば、２人は規定に反して焚いた香をささげたために、命を落とした。

アヒフド（ヘブライ語、「兄弟は栄光」）

①カナンの土地分配の際、アシェル族を代表した指導者（民数記 34:27）。

②ベニヤミン族の人（歴代誌上 8:7）。

アビフド（ヘブライ語、「父は栄光」）

ベニヤミンの長男ベラの息子（歴代誌上 8:3）。

アヒマアツ

①サウル王の妻アヒノアム→①の父（サムエル記上 14:50）。

②祭司ツァドク→①の息子。アブサロム→①の蜂起の際にはダビデ王のために尽くした（サムエル記下 15:27・36、18:19）。

③ソロモン王の娘婿で、知事の一人（列王記上 4:15）。

アビマエル

ヨクタン（セムの子孫）の息子たちの一人（創世記 10:28、歴代誌上 1:22）。アビマエルは南アラビアに住む部族の、または地域の名称となった。

アヒマン

①アナク人の子孫の一人（民数記 13:22）。

②捕囚期後のエルサレムにおける神殿門衛の一人（歴代誌上 9:17）。

アビム人

ガザの近辺に住んでいた半遊牧民族（申命記 2:23、ヨシュア記 13:3）。

アヒメレク（ヘブライ語、「わが兄弟は王」）

①アヒトブの子で、アビアタルの父。ノブの祭司 。ダビデを支援したためにサウル王に殺された（サムエル記上 21:2〜10、22:9〜22）。『同下 8:17』では、誤ってアビアタルの息子と記されている。

②サウル王から逃れるダビデに同行していたヘト人（サムエル記上 26:6）。

アビメレク（ヘブライ語、「わが父は王」）

①ゲラルの王。イサクは飢饉の折に、ゲラルのアビメレク王のもとに移住した（創世記 26）。後の伝承によれば（同 20、21:22〜34）、父アブラハムもそこに滞在していた。

②『士師記』に登場する人物。彼はシケムに住む自分の兄弟たち70人を殺害した後、自らを王に任命させた。3年後に反旗を翻したその町を破壊したが、攻囲の際に殺された（同 9）。

アヒモト

レビの子孫で、サムエルの先祖（歴代誌上 6:10・12）。

アヒヤ（ヘブライ語、「ヤーウェはわが兄弟」）

①祭司。エリの子孫（サムエル記上 14:3・18）。

②ソロモン王の書記官（列王記上 4:3）。

③シロの預言者。アヒヤは、北部の諸部族（→イスラエル）を治める権限がヤロブアム→①に割譲されることを彼に告げ（列王記上**11:29～39**）、また、そのヤロブアム王朝も後に滅亡することを告げた。それは的中した（同**14:1～18**、**15:29**）。

④北王国イスラエルの王バシャの父（列王記上**15:33**）。

⑤ユダの子孫の一人（歴代誌上**2:25**）。

⑥ベニヤミンの子孫の一人（歴代誌上**8:7**）。

⑦ダビデ王の軍の勇士の一人（歴代誌上**11:36**）。

⑧ネヘミヤの時代に、律法に従う誓約に捺印した民の頭の一人（ネヘミヤ記**10:27**）。

アビヤ（ヘブライ語、「ヤーウェはわが父」）

①預言者サムエルの次男で、兄ヨエル→①とともに賄賂を取る士師だった（サムエル記上**8:2・3**）。

②幼くして死んだ、ヤロブアム王→①の息子（列王記上**14:1～18**）。

③南王国ユダ（B.C.910～B.C.908）の２代目の王。北王国イスラエルと戦い、勝利した。アビヤムとも呼ばれる（列王記上**15:7**、歴代誌下**13:2～20**）。

④ベニヤミンの孫（歴代誌上**7:8**）。

⑤アビ参照

⑥総督ゼルバベルと共にバビロン捕囚から帰還した祭司（ネヘミヤ記**10:8**、**12:4**）。『歴代誌上**24:10**』に記されているアビヤと同一人物であろう。

アビヤム　→アビヤ③

アヒラ

ナフタリ族の長（民数記**1:15**、**2:29**）。

アヒラム（ヘブライ語、「わたしの兄弟は讃えられた」）

ベニヤミンの３番目の息子（民数記**26:38**）。『歴代誌上**8:1**』ではアフラと誤記されている。

アビラム（ヘブライ語、「父は高められた」、アブラムと同義）

①ダタンの兄弟（民数記**16**）。

②ヒエルの長子。エリコの再建の折に（工事事故で？）死んだ（列王記上**16:34**）。

アヒルド

①ダビデ王の補佐官ヨシャファト→①の父（サムエル記下 8:16)。

②ソロモン王の知事バアナ→③の父（列王記上 4:12)。

アフ（ヘブライ語、「兄弟」）

ヘブライ語の人名に度々使われる構成要素（例：アフヤン、アフヨ)。しばしば、アヒに変形する。

アブ（ヘブライ語、「父」）

ヘブライ語の人名の構成要素として頻繁に使われる。（例：アビメレク、ヨアブ)。 ほとんどの場合、父とは、「保護者」の意味合いで神を指している。

アフィア

①（ヘブライ語で「大きな前頭部を持った」の意味）

ベニヤミン族の人で、サウル王の先祖（サムエル記上 9:1)。

②コロサイの教会の女性信徒の名（フィレモンへの手紙二)。

アフザイ

祭司アマシュサイの祖父（ネヘミヤ記 11:13)。『歴代誌上 9:12』ではアフザイの代わりにヤフゼラと呼ばれている（おそらく表記法の変形であろう)。

アフザト

アビメレク王→①の参謀（創世記 26:26)。

アフザム

ユダの子孫（歴代誌上 4:6)。

アブサロム（ヘブライ語、「父は平和」、アビシャロムと同義）

①ダビデ王の３番目の息子（サムエル記下 3:3)。その美しさと魅力で名高かった（同 14:25～)。陵辱された妹タマルの名誉のために復讐すべく、異母兄アムノンを殺害させて、国外へ逃亡した（同 13)。後にアブサロムは王宮に戻ることを許されたものの、父王ダビデに対して反逆を企み、その過程でまずエルサレムを占領し、ダビデを追い出すことに成功する。だが結局、自分の指揮する軍がダビデの傭兵隊に敗北したため、命を落とした。ダビデはこれを深く嘆き悲しんだ（同 15 - 19)。

②ユダの王レハブアムの義父であり、アビヤ王の祖父（歴代誌下

11 : 20〜、列王記上 15 : 2・10)。アビシャロムとも呼ばれる。
③リシアス長官→①のもとに遣わされたユダヤ人の使者の一人(マカバイ記二 11 : 16〜)。

アフス
ヨナタン→⑰の別名(マカバイ記一 2 : 5)。

アブダ(アラム語、「しもべ」)
①アドニラムの父(列王記上 4 : 6)。
②レビ人の詠唱者(ネヘミヤ記 11 : 17、歴代誌上 9 : 16)。オバドヤ→⑤と同一人物(ネヘミヤ記 12 : 25)。

アブディ(ヘブライ語、アブディエルの短縮形)
①レビ人で、詠唱者(歴代誌上 6 : 29)。
②神殿を清めたレビ人(歴代誌下 29 : 12)。
③バビロン捕囚から帰還した人(エズラ記 10 : 26)。

アブディエル(ヘブライ語、「神の僕」)
ガド族の人(歴代誌上 5 : 15)。

アブデエル(ヘブライ語、「神の僕」)
シェレムヤ→⑥の父。ユダの王ヨヤキムの廷臣(エレミヤ書 36 : 26)。

アブドゥ(ヘブライ語、「しもべ」、エベドの形でも用いられる、→エベド、オバドヤ、オベド)
ヘブライ語の人名の構成要素であり、この要素を含んだ名前の所有者が、神に仕えつつ、その保護の下にあることを示す。

アブドン(ヘブライ語、「しもべ」)
①士師(士師記 12 : 13〜15)。
②ベニヤミン族の家系の長(歴代誌上 8 : 23)。
③もう一人のベニヤミン族の人(歴代誌上 8 : 30、9 : 36)。
④『歴代誌下 34 : 20』に記されているアブドンは、アクボル→②の間違いであろう。

アブネル(ヘブライ語、「父は灯り」)
サウル王の従兄弟で、軍の司令官(サムエル記上 14 : 50〜)。サウル王の死後、アブネルは王の息子イシュ・ボシェトをイスラエル北部の王に擁立した。だが、間もなくアブネルは、ユダの王になっていたダビデと密かに結びつく（同下 2:8〜10、3:6〜21）。ところがダビデを全イスラエルの王とする最終的な協定に至る前に、アブネルはダビデの軍の最高司令官ヨアブ→①に殺害された。ダビデはその死を兵士たちとともに悼んだ（同下 3:22〜39）。

アフバン

ユダの子孫（歴代誌上 2:29）。

アブボス

指揮官プトレマイオス→⑤の父（マカバイ記一 16:11・15）。

アフマイ

ユダの子孫（歴代誌上 4:2）。

アフヤン（ヘブライ語、「弟」）

マナセ族の人（歴代誌上 7:19）。

アフヨ（ヘブライ語、「弟」）

①アビナダブ→③の息子。兄弟ウザ→①とともに、父の家から契約の箱を載せた車をエルサレムへ御した（サムエル記下 6:3〜、歴代誌上 13:7）。

②ベニヤミン族の人（歴代誌上 8:31、9:37）。

アフラ

『歴代誌上 8:1』では、アヒラムであるべき名前がアフラと誤記されている。

アフライ

①ユダの子孫（歴代誌上 2:31）。

②ダビデ王の軍の戦士ザバド→③の父（歴代誌上 11:41）。

アブラハム（アブラムの方言風の別名、語意については『創世記 17:5』で民間語源説によって「多くの国民の父」と説明されている）

イスラエル人の最初の族長。アブラハムについて『同 11:10 - 25:10』に記録されているものは、その大部分が、多重の伝承過程でまとまった伝説物語の集積である。聖書の記録によれば、アブラハムはユーフラテス川近辺の出身であり、神の命令で妻のサラと甥のロトと一緒にパレスチナ地方へ移住した（同 12:1〜5）。そこでロトと別れ（同 13）、メルキゼデクと出会った後（同 14）、アブラハムに神が顕現する。神は多くの子孫を約束し（同 15）、アブラハムと契約を結び、割礼の義務を課した（同 17）。サラの女奴隷ハガルはアブラハムの子イシュマエルを産んだ（同 16）。しばらく後、ヘブロンのアブラハムのもとに神が現われる（同 18 : 1〜15）。その後、ブラハムとサラはゲラルのアビメレク→①王のもとに滞在し（同 20）、そこでサラにアブラハムの子イサクが生まれた（同 21 : 1〜7）。それによって、アブラハムはハガルを追い出すに至った（同 21 : 8〜21）。アブラハムの従順さを試すため、神はイサクを生け贄として献げるよう、彼に命じる（同 22）。サラの死後、アブラハムは墓地をヘブロンに買って埋葬し（同 23）、また、イサクのために嫁を故郷から呼び寄せた（同 24）。

歴史上のアブラハムは、おそらく南パレスチナで家畜を飼う遊牧民だったと思われる。後になってから、アブラハムは系譜上でイサクと結びつけられたのである。

アブラハムの信仰が述べられた『同 15 : 1〜6』に基づき、アブラハムは新約聖書の中で信仰深い人間の模範とされている（例えば、ローマの信徒への手紙 4 、ヘブライ人への手紙 11 : 8〜19）。

アブラム（ヘブライ語、「父は高められた」、アビラムと同義）

アブラハムの改名以前の名前（創世記 11 : 27、17 : 5）。

アベド・ネゴ（おそらくアラム語のアベド・ネボ「ネボ〈バビロンの神〉の僕」の変形であろう）

ダニエルの友アザルヤに与えられたバビロン名（ダニエル書 1 : 7）

アヘル（ヘブライ語、「他の人」、死者に対する代用語）

ベニヤミンの子孫（歴代誌上 7 : 12）。

アベル（ヘブライ語のヘベル、「息、はかなさ」）

アダムとエバの息子で、羊飼い（創世記 4 : 1〜16）。アベルの献げ物が神に受け入れられたため、嫉妬した兄カインに殺される。

アペレ（ギリシア語、アポロニオスの短縮形）

ローマの教会の一信徒の名（ローマの信徒への手紙 16 : 10）。

アホア

ベニヤミンの子孫（歴代誌上 8 : 4）。

アポリオン（ギリシア語、「滅ぼす者」）

これは、『ヨハネの黙示録 9 : 11』に記されている語で、ヘブライ語の→アバドンを意味する。

アポロ（ギリシア語、アポロニオスの短縮形）

原始キリスト教の宣教者。最初は洗礼者ヨハネ→⑥の弟子の一人だったが（使徒言行録 **18 : 24〜**）、後にコリントやエフェソにおけるパウロの協力者となった（コリントの信徒への手紙一 **3 : 6**、**4 : 6**）。この人物が『テトスへの手紙 **3 : 13**』に挙げられたアポロと同一人物だとの見方には、かなり疑問がある。

アポロニオス（ギリシア語、「〈神〉アポロンに属する」）

①セレウコス４世のコイレ・シリアとフェニキア総督（マカバイ記二 **3 : 5**、**4 : 4**）。

②総督アポロニオス→①の息子。デメトリオス２世のコイレ・シリア総督で、軍司令官（マカバイ記一 **10 : 69〜83**）。

③シリアの王アンティオコス４世の命令で、エルサレムにおいて大量殺戮を行った部隊の指揮官（マカバイ記二 **5 : 24〜26**）。

④アンティオコス５世の軍司令官（マカバイ記二 **12 : 2**）。

アポロファネス

シリアの士官（マカバイ記二 **10 : 37**）。

アマサ（ヘブライ語、アマスヤの短縮形）

①アブサロム→①の軍の司令官（サムエル記下 **17 : 25**）。アブサロムの死後、ダビデ王に司令官として迎えられた（同 **19 : 14**）。だが、シェバ→②の反乱の際に役に立たず、ヨアブ→①に刺し殺された（同 **20 : 1〜13**）。

②ユダの王アハズの時代の、北王国イスラエルにおけるエフライム人の頭の一人（歴代誌下 **28 : 12**）。

アマサイ（ヘブライ語、アマスヤの短縮形）

①レビの子孫（歴代誌上 **6 : 10・20**、歴代誌下 **29 : 12**）。

②ダビデ王の軍の勇士（歴代誌上 **12 : 19**）。

③ダビデ王の時代の祭司（歴代誌上 **15 : 24**）。

アマシュサイ

捕囚期後のエルサレムに住んだ祭司の一人（ネヘミヤ記 **11 : 13**）。マサイと同一人物（歴代誌上 **9 : 12**）。

アマスヤ（ヘブライ語、「ヤーウェは〈守るようにして〉担った」）

ユダの王ヨシャファトの隊長（歴代誌下 **17 : 16**）。

アマツヤ（ヘブライ語、「ヤーウェは強い」）

①南王国ユダの王（B.C.801～B.C.733）。エドム人に勝利して思い上がり、北王国のヨアシュ王を戦いに挑発し、敗北した。ヨアシュは彼を捕らえてエルサレムへ連行し、その神殿を略奪し、凱旋した。その後、謀反が企てられたためアマツヤはラキシュへ逃げたが、追手に殺された（列王記下 **14 : 1～20**）。

②シメオン族の人（歴代誌上 **4 : 34**）。

③レビ人（歴代誌上 **6 : 30**）。

④預言者アモスを国外に追放したベテルの祭司（アモス書 **7 : 10～17**）。

アマル

アシェル族の人（歴代誌上 **7 : 35**）。

アマルヤ（ヘブライ語、「ヤーウェは話した」、つまり「約束した」もしくは「創り出した」）

①祭司ツァドク→①の祖父（歴代誌上 **5 : 33**）。

②ダビデ王の時代に、神殿に仕えたレビ人の一人（歴代誌上 **23 : 19**）。

③ユダの王ヨシャファトの時代の祭司長（歴代誌下 **19 : 11**）。

④ユダの王ヒゼキヤの時代のレビ人の一人（歴代誌下 **31 : 15**）。

⑤エズラの時代に、異民族の妻を離縁したイスラエル人（エズラ記 **10 : 42**）。

⑥ユダの一族の人で、ペレツの子孫（ネヘミヤ記 **11 : 4**）。

⑦バビロンから帰還した祭司（ネヘミヤ記 **12 : 2**）。

⑧預言者ゼファニヤの先祖（ゼファニヤ書 **1 : 1**）。

アマレク（～人）

『創世記 **36 : 12～16**』では、アマレクはエサウの孫で、エドムの首長の一人。子孫のアマレク人は、シナイ半島北部の遊牧民族であり、初期の頃のイスラエル人の絶え間なき敵であった（士師記 **3 : 13**、**6 : 3**）。アマレク人は、『出エジプト記 **17 : 8～16**』によればモーセに敗北し、『サムエル記上 **15**』によればサウルに敗北し、遂にダビデの下に隷属するに至った（同下 **8 : 12**）。

アミ

①→アムを参照

②バビロン捕囚から帰還したソロモン王の使用人一族の家長（エズラ記 2:57）。『ネヘミヤ記 7:59』のアモン→③と同一人物。

アミエル（ヘブライ語、「神はわたしのおじ、神の民」）

①ダン族に属する一氏族の長（民数記 13:12）。

②サウル王の周辺にいた人物マキル→②の父親（サムエル記下 9:4〜、17:27）。

③バト・シェバの父（サムエル記下 11:3、歴代誌上 3:5）。エリアム→①とも呼ばれる。

④ダビデ王の時代の、エルサレムの神殿門衛の一人（歴代誌上 26:5）。

アミザバド（ヘブライ語、「おじが贈った」）

ダビデ王に仕えた軍の指揮官（歴代誌上 27:6）。

アミシャダイ

ダン族の家系の長アヒエゼル→①の父（民数記 1:12）。

アミタイ（ヘブライ語、「彼〈神〉は誠実」）

預言者ヨナの父（列王記下 14:25、ヨナ書 1:1）。

アミナダブ（ヘブライ語、「おじは寛大だった」）

①ダビデの先祖（ルツ記 4:19〜）。

②サムエルの先祖（歴代誌上 6:7）。

③「契約の箱」をエルサレムへ運ぶ手伝いをしたレビ族の家系の長（歴代誌上 15:10〜）。

アミフド（ヘブライ語、「おじは偉大」）

①シメオン族の人で、シェムエル→①の父（民数記 34:20）。

②ナフタリ族の人で、ペダフエルの父（民数記 34:28）。

③ダビデ王の義父タルマイ→②の父（サムエル記下 13:37）。

④ヨシュアの祖先（歴代誌上 7:26）。

⑤ユダの子孫（歴代誌上 9:4）。

アム

ヘブライ語の言葉。元は「父方のおじ」を意味したが、次に「親族、氏族」、遂には「民」を意味するようになった。元の意味は一連のヘブライ語の人名に残っている。例えば、ある名前の最初の構成部分に「アミ…」があるとき、それから2番目の部分が「…アム」となっているときがそれである（例えばアミエル、アニアム、ヤロブアム）。

アムツィ（ヘブライ語、アマツヤの短縮形）
①レビ人で、詠唱者（歴代誌上 6:31）。
②祭司アダヤ→⑤の先祖（ネヘミヤ記 11:12）。

アムノン（ヘブライ語、「忠実な」）
①ダビデの長男。異母姉妹タマル→②を陵辱したため、彼女の兄アブサロム→①に殺害された（サムエル記下 13:1〜33）。
②ユダの子孫の一人（歴代誌上 4:20）。

アムラフェル
『創世記 14:1・9』によれば、シンアル（バビロニア）の王。ソドムとゴモラの王に敵対して、同盟者とともに進撃し、アブラハムの甥ロトを捕えた。この伝承の歴史的背景は定かではない。

アムラム（ヘブライ語、「父の兄弟は高められた」）
①レビ族の人（民数記 3:19）。モーセ、アロン、ミリアムの父（同 26:59）。
②エズラの時代に、異民族の妻を離縁したイスラエル人（エズラ記 10:34）。

アモク（ヘブライ語、「深い」、すなわち「巧みな」）
バビロン捕囚より帰還した祭司の一人（ネヘミヤ記 12:7・20）。

アモス（ヘブライ語、「〈神に〉担われた者」）
①ユダのテコアで農牧を営んでいた預言者（アモス書 1:1、7:14）。経済の全盛期にあった前750年頃、ヤーウェの命令で北王国イスラエルに赴き活動した。アモスは北王国でとりわけ指導者層の非社会的な行動を鋭く批判した。小作農業者層は、彼らに所有地や自由を奪われていたのである（同 4:1〜3、6:1〜6）。アモスは、イスラエル史はおろか、世界史の根源でさえあると悟ったヤーウェの名において（同 1:3〜8、2:1〜3、9:7）、民族全体がこの社会的破壊行為の結果として破滅に至ることを預言した（同 7:7〜9、8:2）。この過激な不運の通告がもとで、アモスはベテルの祭司アマツヤ→④によって北王国から追放された（同 7:10〜17）。

②イエスの先祖（ルカによる福音書 **3:25**）。

アモツ（ヘブライ語、アマツヤの短縮形）

預言者イザヤの父（イザヤ書 **1:1**、列王記下 **20:1**）。

アモリ人

旧約聖書では、カナン地方に住んでいたイスラエルの先住民の名称。一方ではカナン地方の諸部族の総称であるが（ヨシュア記 **7:7**、士師記 **1:34**～）、他の箇所では、（例えばヘト人、ヒビ人…といったように）個別の一民族グループの名称である（申命記 **7:1**、ヨシュア記 **24:11**）。アモリの意味は、前14～前13世紀に存在したことが立証されているシリアの王国の一つアムルと関連がある。

アモン（ヘブライ語、「忠実な」）

①北王国イスラエルの王アハブの治世のサマリア町長（列王記上 **22:26**）。

②南王国ユダの王（B.C.641～B.C.640）。２年間統治した後、家臣たちに殺害された（列王記下 **21:19**～**26**）。『マタイによる福音書 **1:10**』では、イエスの先祖の中にこの人物がアモスとして登場する。

③バビロンから帰還したソロモン王の使用人一族の家長（ネヘミヤ記 **7:59**）。アミと同一人物（エズラ記 **2:57**）。

④（エジプト語の「隠れた」）

様々な人間像や動物像で表されるエジプトの神。テーベ（＝ノ）の町の守護神（エレミヤ書 **46:25**）。

アヤ

①セイルの孫（創世記 **36:24**）で、同時にエドム（セイル）の一氏族の名称。

②サウル王のそばめリツパの父（サムエル記下 **3:7**）。

アラ

①アシェルの子孫の一人（歴代誌上 **7:38**）。

②もう一人のアシェルの子孫（歴代誌上 **7:39**）。

③バビロン捕囚から帰還したイスラエル人の一族の先祖（エズラ記 **2:5**、ネヘミヤ記 **7:10**）。

アラウナ

『サムエル記下 24 : 16〜25』『歴代誌上 21 : 15〜28』の伝承によれば、アラウナはエルサレムに麦打ち場を所有していたエブス人。ダビデ王は祭壇を建てるために、その麦打ち場を買い上げた。『同下 3 : 1』によれば、後にソロモン王はその場所に神殿を築いた。『サムエル記下 24 : 23』のヘブライ語文には、おそらくアラウナがイスラエルの先住時代のエルサレム王だったとの言伝えが反映されている。なお『歴代誌』では、アラウナはオルナンと呼ばれている。

アラド

サウル王の先祖の一人（歴代誌上 8 : 15）。

アラビア人（アラブ人）

旧約聖書においては、アラビア人とはパレスチナの南部、南東部に隣接する荒れ野の住民を指す（イザヤ書 13 : 20、エレミヤ書 3 : 2）。イスラエル人は自らを彼らと同種族であると心得ていた（創世記 25 : 2〜4）。

アラム

①セムの５番目の息子で、→アラム人の祖（創世記 10 : 22〜23、歴代誌上 1 : 17）。

②アシェルの子孫の一人（歴代誌上 7 : 34）。

③イエスの系図の先祖（マタイによる福音書 1 : 3〜）。ラム→①と同一人物。

アラム人

おそらく――遊牧民として――メソポタミアの下流地域から出て、北パレスチナに定着した民族の呼称（アモス書 9 : 7）。『申命記 26 : 5』の記述（「わたしの先祖は、滅びゆく一アラム人である」）は、イスラエル人の先祖をアラム人だとしている。また、『創世記 24 : 10、28 : 2〜5、31 : 20』でも、アラム人はイスラエル人の族長たち（アブラハム、イサク、ヤコブ）の親族である。前約1200年頃からアラム人たちが断続的にシリアの諸国家世界に押し寄せ、これがアラム人の諸小国家形成に至った。ダビデ王はアラム人を制覇したが（サムエル記下 8 : 3〜11）、ソロモン王の時代に彼らは再びイスラエルから離反し、ダマスコを中心とする一つの王国に合体した（列王記上 11 : 23〜25）。前９世紀以降、この王国はイスラエル人の最も危険な敵となったが、前732年にアッシリア人によってアラム人の独立性は消滅した。

アラン

セイルの孫（創世記 **36 : 28**、歴代誌上 **1 : 42**）。また、エドム（セイル）に定住する一氏族の名称でもある。

アリアラテス

アンティオコス７世シリア王の時代の（小アジア中部の）カッパドキアの王（マカバイ記一 **15 : 22**）。

アリエル（ヘブライ語、「神の炉」または「〈神の〉獅子」）

①『サムエル記下 **23 : 20**』『歴代誌上 **11 : 22**』に、「モアブのアリエルの２人の息子」と記述されているが、これはテキストの誤謬に基づくものと思われる。

②エズラから、イド→⑥のもとに遣わされた使者（エズラ記 **8 : 16**）。

③エルサレムの祭壇の、もしくは市の尊称（イザヤ書 **29 : 1・2・7**）。

アリオク

エラム人の王（ユディト記 **1 : 6**）。

アリオス

スパルタの王。大祭司オニア１世に書簡で支持を表明した（マカバイ記一 **12 : 7・19～**）

アリサイ

ユダヤ人の迫害者ハマンの息子たちの一人（エステル記 **9 : 9**）。

アリスタルコ（ギリシア語、「優れた支配者」）

テサロニケ出身のマケドニア人。パウロの第三回宣教旅行およびローマへの旅行の同行者（使徒言行録 **19 : 29**、**20 : 4**、**27 : 2**）。

アリストブロス（ギリシア語、「助言に優れた」）

①アレキサンドリア在住のユダヤ人学者で、プトレマイオス６世王の顧問（マカバイ記二 **1 : 10**）。

②ローマのクリスチャン一家の家長（ローマの信徒への手紙 **16 : 10**）。

アリダイ

ユダヤ人の迫害者ハマンの息子たちの一人（エステル記 **9 : 9**）。

アリダタ

ユダヤ人の迫害者ハマンの息子たちの一人（エステル記 9:8）。

アルイエ（ヘブライ語、「獅子」）

『列王記下 15:25』によれば、北王国イスラエルのペカフヤ王とともに打ち殺された男の一人（→アルゴブ）。

アルエリ

ガドの息子（創世記 46:16、民数記 26:17）。

アルキ人

①フェニキア沿岸地域に住む部族（創世記 10:17）。

②おそらくベテル近辺に住むカナンの一氏族であり（ヨシュア記 16:2）、ダビデの友人フシャイもそれに属していた（サムエル記下 15:32、歴代誌上 27:3）。

アルキポ

コロサイの教会の信徒（コロサイの信徒への手紙 4:17）。フィレモンに宛てたパウロの手紙の受取人の一人（フィレモンへの手紙 2）。

アルキモス（ヘブライ語のエルヤキムのギリシア語形、「神はよみがえらせる」）

ユダヤにおける親ギリシア派の指導者。セレウコス朝シリアの王デメトリウス１世によって大祭司に任命された（B.C.162）。一方で、ユダ→⑧・マカバイを倒すべく闘っていた（マカバイ記一 7:5～25、同二 14:3・7 によれば、それ以前にもおそらく大祭司だったことがあると思われる）。彼は聖所の中庭にある仕切り壁を撤去させているときに、発作に襲われて死んだ（同二 9:54～56）。

アルケラオ（ギリシア語、「民の支配者」）

ヘロデ大王→①の息子。前４～後６年には、ユダヤ、サマリア、イドマヤの領主（厳密には民族統治者）だった（マタイによる福音書 2:22）。

アルゴブ

『列王記下 15:25』によれば、北王国イスラエルのペカフヤ王とともに、サマリアの宮殿で打ち殺された男の一人 。

アルサケス

ペルシアとメディア両国の王とされるが（マカバイ記一 14:2 - 15:22）、これはパルティア王国の建国者ミトラダテス１世・アルサケス6世（B.C.171〜B.C.138）のことである。

アルタクセルクセス

ペルシアの王たちの名前

①アルタクセルクセス1世（B.C.465〜B.C.425）。クセルクセス1世の息子。この王の下でネヘミヤは、前445から前433年までの間エルサレムの城壁再建の使命を果たした（ネヘミヤ記**2:1**、**5:14**）。

②アルタクセルクセス2世（B.C.404〜B.C.359）。祭司エズラ→②はおそらくこの王の下で、前398年、イスラエル人に律法を教えるために活動した（エズラ記**7:7〜10**）

アルタシャスタ　→アルタクセルクセス

アルツァ（ヘブライ語、「死番虫の幼虫」）

ティルツァの宮廷長。彼の家で、イスラエルのエラ王は謀反に遭い、殺された（列王記上**16:9**）。

アルテマス（ギリシア語、アルテミドロスの短縮形、「アルテミスの贈り物」）

初期キリスト教の宣教者（テトスへの手紙**3:12**）。

アルテミス

ギリシア神話の山野と狩猟の処女神。ゼウスの娘で、アポロンの双子の妹（ローマ神話のディアナに相当する）。アルテミスの名の下に昔から当然のごとく様々な土着の女神が一括りにされている。例えばエフェソのアルテミス（使徒言行録**19:24〜35**）は、元来は小アジアの偉大な女神だった。それは豊穣と多産の女神とされ、その彫像には多数の半円形の装飾が付いている。従来の理解では乳房と目されていたが、最近の研究では牡牛の睾丸と確認されている。

アルド（ヘブライ語、「猫背、こぶがある」）

ベニヤミンの息子（創世記**46:21**）。『民数記**26:40**』では（おそらく誤りであろうが）ベニヤミンの孫となっている。

アルドン

カレブ→①の息子（歴代誌上**2:18**）。

アルナン（ヘブライ語、「牡羊」）

→ヨヤキン王の子孫（歴代誌上**3:21**）。

アルニ

イエスの先祖（ルカによる福音書3:33）。

アルバ（ヘブライ語、「四」）

かつてキルヤト・アルバ、即ち「アルバ〈四〉の町」と呼ばれていたヘブロンを建設した人（ヨシュア記14:15、15:13、21:11）。

アルパクシャド

セムの息子の一人。また、バビロン民族を擬人化した名称（創世記10:22、11:10〜）。イエスの先祖とされる（ルカによる福音書3:36）。

アルファイ

①徴税人レビ→②の父（マルコによる福音書2:14）。

②イエスの使徒の一人ヤコブ→④の父（マルコ3:18、使徒言行録1:13）。

アルファクサド

メディア王国の、歴史上では未知の王。王はネブカドネツァルとの戦いで惨敗し討死にした（ユディト記1:1・5〜・13・15）。

アルモダド

ヨクタンの息子の名であり、南アラビア半島に住む部族名、もしくは地域名でもある（創世記10:26、歴代誌上1:20）。

アルモニ（ヘブライ語、「宮廷で生まれた」）

サウル王の、処刑された2人の息子の一人（サムエル記下21:8）。

アルヤン　→アルワン

アルヨク

①エラサルの王アルヨクは、→アムラフェル王らと同盟を結び、ソドムやゴモラの王に対抗して進撃した（創世記14:1・9）。

②バビロンの王ネブカドネツァルの侍従長（ダニエル書2:14〜・24〜）。

アルワ

エドムの首長の一人。同時に一地域の名称でもある（創世記36:40、歴代誌上1:51）。

アルワン

セイルの孫（創世記36:23、歴代誌上1:40）。同時にエドム（セイル）に住む一氏族の名称。アルヤンとも呼ばれる。

アレオパギタ

アテネ市の評議会アレオパゴスの議員（使徒言行録 **17:34**）。

アレキサンドロス

①アレキサンドロス大王（B.C.356～B.C.323、B.C.336 以降は王）。ギリシアからペルシア世界帝国、エジプト、そしてインドまで、またエルサレム（B.C.332）をも征服したマケドニアの王。聖書では『マカバイ記一 **1:1～8、6:2**』にのみ、その名前が記されている。バビロンの宮中でダニエルが見た数々の幻の中で、名指しはされていないものの、意図しているのは、ギリシア世界帝国の祖としてのアレキサンドロス大王のことである（ダニエル書 **2:33・40、7:7、8:5～・21～、11:3～**）。

②アレキサンドロス・バラス。シリアの王（B.C.150～B.C.145）。自称アンティオコス 4 世の子。一時期マカバイの兄弟ヨナタン→⑰と連携した（マカバイ記一 **10:1 - 11:17**）。

アレクサンドロ

①『マルコによる福音書 **15:21**』でのみ言及されているキレネ人シモン→⑨の息子。

②ペトロとヨハネ→⑦が取り調べを受けねばならなかった最高法院のメンバーである大祭司の一人（使徒言行録 **4:6**）。

③エフェソの銀細工師たちの騒動の際に、仲裁しようとして徒労に終わったユダヤ人（使徒言行録 **19:33**）。

④『テモテへの手紙一 **1:20**』によれば、真の教えから離反したために教会から除名された信徒。

⑤パウロを苦しめた銅細工人（テモテへの手紙二 **4:14**）。おそらく④と同一人物。

アレタ

ナバテア王国（今日のヨルダン南部）の王たちの名

①アレタ 1 世。前169年、大祭司ヤソンを投獄した（マカバイ記二 **5:8**）。

②アレタ 4 世。ヘロデ→②の義父。一時期、その支配権をダマスコまで拡大することに成功した（コリントの信徒への手紙二 **11:**

32)。

アレメト

①ベニヤミン族の住む土地の名称(歴代誌上 6:45)。だが、『同 7:8』には人名として登場する。

②サウル王の子孫の一人(歴代誌上 8:36、9:42)。

アロディ →アロド

アロド

ガドの息子の一人(創世記 46:16、民数記 26:17)。アロディとも呼ばれる。

アロン

①イスラエル初期の人物。旧約聖書の記述によれば、アロンはモーセの兄であり(出エジプト記 4:14)、エジプトに、神の山に、もしくはシナイに同行し(同 5 - 14、18:12、24:1・9〜11)、アマレク人との戦いでモーセを支援した(同 17:10〜12)。しかし民の圧力の下に、黄金の子牛を造り(同 32)、さらに姉妹ミリアムと結託して、クシュ人の女を妻にしているモーセを非難した(民数記 12)。モーセと同じく、彼も不信仰のため約束の地に入ることを許されず、ホル山の上で死んだ(同 20:12・23〜29)。――アロンは初代の大祭司とみなされている(出エジプト記 28、レビ記 8 - 10)。そのためバビロン捕囚の時期と、それ以後の時代のエルサレムの祭司職は、まずツァドク→①を、次にアロンをおのれの祖先とみなすことで、自らを正統化しようとしたのである(エズラ記 7:1〜5)。

歴史上のアロンは定かではない。『出エジプト記 17:10〜12』に基づくなら、彼は南の地に住んでいたイスラエル人の集団の民族的英雄だったのかもしれない。新約聖書では、『ヘブライ人への手紙』の中で、キリストにおける大祭司職をアロンのそれに比して、最高に完全なものであるとしている(同 5:4・5、9:4・11)。

②(ヘブライ語、「樫の木」)

シメオン族の一氏族の首長(歴代誌上 4:37)。

アワラン

ユダ→⑧・マカバイの兄弟エレアザル→①の別名（マカバイ記一 **2:5**）。

アンティオキス

アンティオコス4世王の側室（マカバイ記二 **4:30**）。

アンティオコス

①アンティオコス3世大王（B.C.223〜B.C.187）。→セレウコス朝シリアの王。エジプトに勝利した後（B.C.200）、王はパレスチナに対する統治権を獲得したが、ユダヤ民族には好意的だった。前189年にローマ人によって壊滅的な敗北を喫した（マカバイ記一 **8:6〜8**）。彼が、『ダニエル書 **11:10〜19**』に記された「北の王」である。

②アンティオコス4世エピファネス（B.C.175〜B.C.164）。彼はセレウコス王国の宗教上の統制に努めた結果、ユダヤ教を排除しようとした（マカバイ記一 **1:43〜53**）。前169年に王がエルサレムの神殿に、「憎むべき破壊者」ゼウス像（マカバイ記一 **1:54〜57**、ダニエル書 **12:11**）を建立させ、その異教祭祀を導入させたときに、マカバイ一家が反乱を起こしたのである（マカバイ記一 **2:15〜30**）。『ダニエル書』には、この王のことが度々暗示されている（同 **7:8**、**11:21〜45** には特に詳細な記述が見られる）。

③アンティオコス5世エウパトル（B.C.164〜B.C.161）。アンティオコス4世の息子。彼はユダヤ人に信教の自由を保証した（マカバイ記一 **6:55〜60**）。

④アンティオコス6世。シリア王アレキサンドロス→②・バラス（B.C.145〜B.C.142）の息子。ユダ・マカバイの弟ヨナタン→⑰を大祭司として承認した（マカバイ記一 **11:57**）。この若年の王は軍司令官トリフォンに欺かれて殺害された（同 **13:31〜**）。

⑤アンティオコス7世。シリア王デメトリオス1世（B.C.138〜B.C.129）の息子。彼については『マカバイ記一 **15:1〜36**』に記述されている。

⑥ローマへ派遣されたユダヤ人使者の一人ヌメニオスの父（マカバイ記一 **12:16**）。

アンティパス（ギリシア語、アンティパトロスの短縮形）

ペルガモンの殉教者（ヨハネの黙示録2:13）。

アンティパトロス（ギリシア語、「父の似姿」または「代理」）

スパルタとローマへ派遣されたユダヤ人の使者（マカバイ記一12:16、14:22）。

アンデレ（ギリシア語、「雄々しい人」）

兄弟のシモン・ペトロと一緒に、イエスに召命された最初の4人の弟子の一人（マルコによる福音書1:16〜18）。

アントティヤ

サウル王の先祖の一人（歴代誌上8:24）。

アンドロニコス（ギリシア語、「男たちの勝者」）

①アンティオコス4世の知事の一人。彼は大祭司オニア3世を殺害したが、激怒した王に処刑された（マカバイ記二4:31〜38）。

②アンティオコス4世の、もう一人の知事（マカバイ記二5:23）。

③ローマの教会のユダヤ人キリスト教徒（ローマの信徒への手紙16:7）。

アンナ

寡婦で女預言者。幼子イエスを拝するために、シメオン→③と同じように、神殿に来ていた（ルカによる福音書2:36〜38）。

アンナス（ヘブライ語ハナンヤのギリシア語形）

大祭司（A.C.6〜15）。自らの後継者カイアファの下でも、なお決定的な影響を与えていた（ルカによる福音書3:2、ヨハネによる福音書18:13・24、使徒言行録4:6）。

アンプリアト（ラテン語、「拡大された」）

『ローマの信徒への手紙16:8』の中で、パウロが挨拶の言葉を送った信徒。

アンモン人

アンモン人は前12世紀にヤボク川の上流に住み着いたアラム民族に属する。アンモン人による西部への領土拡大の動きは、早くから東ヨルダンに住むイスラエル人との争いの種になっていた。例えばエフタやサウル（士師記10-11、サムエル記上11）も彼らと戦った。最後にダビデが彼らを制圧した（同下10、12:26〜31）。ソロモンの死後、アンモン人はその主権を取り戻したように思われたが、アッシリアに貢ぎ物を納めねばならなかったのである。前582年にバビロニアに屈服し、その後はペルシア、次にギリシア、そしてローマの属国になった。なお、アンモン人の先祖は、→ベン・アミとされる。

イ

イ（ヘブライ語、「どこ」）
固有名詞の構成要素であり（例：イエゼル、イカボド、イゼベル）、こうした名前をもって「どこにいるのか」と訴えることにより、名前の所有者の内に今は亡き身内が再び生き返るのだとの願望を表現する。

イエシェブアブ（ヘブライ語、「ヤーウェは父を連れ戻してくださる」）
ダビデ王時代の祭司の一グループの長（歴代誌上 **24 : 13**）。

イエシェル（ヘブライ語、「彼〈神〉は正しい」）
カレブ→①の息子（歴代誌上 **2 : 18**）。

イエシュア（ヘブライ語、ヨシュアの短縮形）
①ダビデ王時代の祭司の一グループの長（歴代誌上 **24 : 11**）。
②ユダのヒゼキヤ王の時代のレビ人（歴代誌下 **31 : 15**）。
③バビロンから総督ゼルバベルと共に帰還した祭司（エズラ記 **2 : 2**、**3 : 2**、**10 : 18**、ネヘミヤ記 **12 : 1**）。バビロン捕囚から帰還後の最初の大祭司として、神殿の再建を指導した（ハガイ書 **1 : 12〜14**）。預言者ゼカリヤからメシア的人物と目された（ゼカリヤ書 **3 : 1〜10**）。なお、ハガイ書とゼカリヤ書ではヨシュアと呼ばれている。
④律法を民に説明したレビ人。③と同時代の人（エズラ記 **2 : 40**、**3 : 9**、ネヘミヤ記 **9 : 4〜**）。
⑤バビロンから帰還した一族の長（エズラ記 **2 : 6**）。おそらく⑥と同一人物。
⑥ヨザバド→⑨の父（エズラ記 **8 : 33**）。

⑦エゼル→④の父（ネヘミヤ記3:19）。

イエス（ヘブライ語のイエシュアもしくはヨシュアのギリシア語形、「ヤーウェは救い」）

①ナザレのイエス（→キリスト）。キリスト教の中心人物。

(1) イエスに関する標準的な文献は新約聖書の福音書、特に初めの3福音書である。それが、イエスの外的および内的展開を隙間なく叙述するという意味でのイエス伝の作成を可能にするわけではないが、信頼に足る伝記の骨子を得ることは可能である。イエスはヘロデ大王（B.C.37〜A.C.4）の治世の末期に生まれた（マタイによる福音書**2:1**、ルカによる福音書**1:5**）。イエスの故郷で生誕の地はガリラヤ地方のナザレであった。生誕地がベツレヘムであるという伝承は（マタイ**1-2**、ルカ**2**）、教義上の動機によって打ち出されたものなので、歴史的には疑わしい。それに反し、イエスがダビデの家系の出自である事については十分裏付けされる（マタイ**1:1〜17**、ローマの信徒への手紙**1:3〜**、マルコによる福音書**10:47〜**）。イエスは、皇帝ティベリウスの治世第15年（A.C.28頃）、自主的な活動をもって公的生活に入る前に、洗礼者ヨハネ→⑥を中心とする終末論的贖罪運動（「悔い改めよ。天の国は近づいた」と説き、洗礼を施すもの）につかの間加わっていたようである（ルカ**3:1〜**、ヨハネによる福音書**1:29**、マタイ**3:2**）。イエスが1年半〜2年間ほど公的に活動したことは多くの事象が物語っている。イエスの活動の重要な拠点はガリラヤ地方のゲネサレト湖（別名ガリラヤ湖）の近辺だった。デカポリス北部（フィリポ・カイサリア地方）への旅も明らかにされている（マルコ**8:27〜39**）。初めてエルサレムに公的に登場したのは生涯の最後の数日のことだった。ユダヤの最高法院（サンヘドリン）の謀略によるイエスの逮捕や、政治的煽動および救世をうたう煽動という——明らかに間違った——咎で、ローマ総督ポンティオ・ピラトにより宣告された死刑の判決は、ここエルサレムで起きたことだった。磔刑は、最も真実性のある日付では、後30年の過越祭の準備の日（金曜日）に執行された。すなわち、後30年のニサンの月の14日の金曜日だった（ヨハネ **19:31**）。

(2) イエスは宗教の創始者ではなかった。イエスは新種の救済教義を告げるつもりも、新しい宗教組織を設立するつもりもなかった。むしろイエスのメッセージとその活動は、専らイスラエルに係わることだったのだ。旧約聖書に始まった神の物語とその民の終末論的成就を目標としていた。イエスの告げることばの、特に際立った3つの特徴は次の点にある。

a．**継承への呼びかけ**。イエスは自らのイニシアチブで選び出した弟子の一団に囲まれていた（マルコ **1:16〜20**、**2:14**）。彼らに一族や家族との結びつきを徹底して断つように求めた（マタイ **8:21〜**、**10:37**）。イエス自身もまた活動の初めにこのような結びつきから距離を置いていた（マルコ **3:31〜35**）。

b．**神の支配についての告知**の中で、イエスは、間近に迫る神の到来に関しては、それを過激な律法遵守と精進だけが救うことのできる審判だと見なすのではなく、むしろ現在の状況を救いに満ちたものに変え、神の共同体へと人々を導く働きだととらえた。このような働きはすでにイエスの言葉や行いに密かに現存していた（マタイ **11:2〜5**）。ゆえに、天の国（マタイ **13:1〜52**）についてのたとえ話は、イエスに身近な神のみ業を成す余地を与える、またとなく迫力のある呼びかけだったのである。放蕩息子の再発見のたとえ話（ルカ **15**）は、イエスによって行われる事柄について理解を得ようとするものだった。即ち、罪の許しを与え、自らの交わりに受け入れようと、イエスが収税人や罪人、下層に転落した人や、社会の隅にいる人に向かうとき、それによって神自身が無条件に与える善意と（マタイ **20:15**）見失った者を再発見する喜びを以て働いているのであると（ルカ **15:7・10・32**）。また教団の伝承において、かなり後に形成されたにもかかわらず、確かな歴史的核心を持つイエスの癒しと悪魔の追放物語は、全ての被造物の来るべき救済を予告する点では、神による支配の到来の予兆だったのである。

c．イエスをファリサイ派の支配的宗教グループとの紛争に陥れたものは、何よりもまずユダヤ人の律法や、サバト（ユダヤ教の安息日）および神殿などの神聖視された制度に対するイエスの姿勢で明らかになるその**全権能の主張**だった。イエスは、「しかし、わたしは言っておく」（マタイ **5:21〜48**）という言葉を以て、根本的かつ明白な創造者の意志を直接的権威に基づいて告げた。それは、これまでの律法解釈の限界を粉砕し、また隣人に無条件に向き合うことを人々に義務づけた（ルカ **10:25〜37**）。ユダヤ人の指導者たちの眼には神への冒涜と映ったに違いないこうした主張が、イエスに対して高まってきた敵意を形成する根本原因だったのであろう。結局それがイエスに非業な最期をもたらすべく、彼らを動かしたのである。

⑶　イエス自身は少なくとも活動の最終段階で、自らの最期を予測し、自覚を持って受け入れていたようである（マルコ **8:31**、**9:31**）。処刑の数日後、不安に脅えてガリラヤに逃げた弟子たちは、復活した人としてのイエスの出現に圧倒された（コリントの信徒への手紙一 **15:4**〜）。その出来事は歴史的に明らかに証されたものの、その骨子となる諸条件に関しては、歴史家の通常のやり方をもって再現されうるものではない。けれどもこの出来事は、弟子たちをして、神自身がイエスを支持し、イエスの主張を認めたことを確信させたのである。

②別名をユスト→③と呼ばれるパウロの協力者（コロサイの信徒への手紙 **4:11**）。

イエスス（ヘブライ語のイエシュアもしくはヨシュアのギリシア語形、「ヤーウェは救い」）

シラの子で、エレアザル→⑤の孫。イエスス・ベン・シラ（シラの子イエスス）と呼ばれる。旧約聖書続編（外典）に属するヘブライ語の『シラ書〈集会の書〉』の著者（同 **50:27**）。この書は、前190〜前170年の間に書かれ、孫によって前135年頃にギリシア語に翻訳された。この『エクレシアスティクス（ギリシア・ラテン語で「教会の本」の意味）』がラテン語聖書の一部分になった。新約聖書はシラ書に多くの示唆を受けている（ヤコブの手紙 **1:19** とシラ書 **5:13** を比較）。シラ書はユダヤ人の知恵文学の中でもっとも印象深い一書であろう。大部分が警告と格言から成っており、その中心テーマは知恵だ。とはいえ、明確な構成は見きわめ難い。本書の主要な意義は、擬人化された知恵への2つの賛歌（シラ書 24 : 1〜22、42 : 15 - 43 : 33）と、『先祖たちへの賛歌』（同 44 : 1 - 50 : 26）に明白に現われている。→シラ

イエゼル（ヘブライ語、「助けはどこにあるか」、→ イ）

『民数記 26 : 30』に記されたイエゼルはアビエゼル→①の誤り。

イエツェル（ヘブライ語、「彼〈神〉が創った」）

ナフタリの息子（創世記 46 : 24、民数記 26 : 49、歴代誌上 7 : 13）。

イエテル（ヘブライ語、「彼〈神〉は豊かに与えた」）

①ギデオンの長子（士師記 8 : 20）。

②司令官アマサ→①の父（サムエル記下 17 : 25、列王記上 2 : 5・32、歴代誌上 2 : 17）。イトラとも呼ばれる。

③エラフメエル→①の子孫（歴代誌上 2 : 32）。

④カレブ→②の子孫（歴代誌上 4 : 17）。

イエド（ヘブライ語、「彼〈神〉は飾る」）

先見者（歴代誌下 9 : 29）。イド→④と同一人物であろう。

イエフ

①北王国イスラエルのバシャ王およびその王家の滅亡を予告した預言者（列王記上 16 : 1〜4）。

②北王国イスラエルの王（B.C.845〜B.C.818）。イスラエル軍の将軍だったイエフは、謀反によって王位に就いた。急激かつ血みどろな経過をたどって、イスラエルの王ヨラムと、その甥でユダの王アハズヤを殺害し、イスラエル王家につながる全ての人を滅ぼした（列王記下 9 - 10）。『同 9 : 1〜10』によれば、預言者エリシャの従者から王になるための油を注がれたイエフは、バアル崇拝に対抗する純粋なヤーウェ信仰の擁護者だったのであろう。イエフはイスラエルを一世紀の間支配した王朝の樹立者となった。

③エラフメエル→①の子孫（歴代誌上 2 : 38）。

④シメオンの子孫（歴代誌上 4 : 35）。

⑤サウル王から逃れるダビデの側についた勇士（歴代誌上 12 : 3）。

イエフデヤ（ヘブライ語、「ヤーウェは喜ばれる」）

① レビの子孫（歴代誌上 24 : 20）。

② ダビデ王の雌ろばの管理責任者（歴代誌上 **27 : 30**）。

イエラ

ヨクタンの息子（創世記 **10 : 26**、歴代誌上 **1 : 20**）。同時に、南アラビアの部族名、もしくは地名。

イエレド

①アダムの子孫（創世記 **5 : 15**）。イラドと同一人物（→セトの系図を参照）。

②ユダの子孫（歴代誌上 **4 : 18**）。

イカボド（ヘブライ語、「栄光はいずこに」、→イ）

祭司エリの孫。イカボドはイスラエルとエリの家族に災厄が降りかかった日に生まれた。この名前は通俗語源説では――誤りによって――「栄光は失われた」と説明されている（サムエル記上 **4 : 21**、**14 : 3**）。

イグアル（ヘブライ語、「彼〈神〉は救い出す」）

①カナンの土地偵察に遣わされたイサカルの部族の代表者（民数記 **13 : 7**）。

②ダビデ王の軍の戦士（サムエル記下 **23 : 36**）。ヨエル→⑦と同一人物（歴代誌上 **11 : 38**）。

③→ヨヤキン王の子孫（歴代誌上 **3 : 22**）。

イグダルヤ（ヘブライ語、「ヤーウェは偉大なり」）

「神の人」ハナン→⑨の父（エレミヤ書 **35 : 4**）。

イケシュ（ヘブライ語、「逆の、常軌を逸した」）

ダビデ王の軍の戦士イラ→②の父（サムエル記下 **23 : 26**、歴代誌上 **11 : 28**）。

イサカル（～族）

①イスラエルの12部族の一つ。彼らは、ゲネサレト湖の南西の、小さくとも肥沃なガリラヤの一地域に住み着いた。イサカルという名前は賃金労働者と解釈される。『創世記 **49 : 14**』に、イサカル族は「苦役の奴隷」と記されている。それゆえ、この部族は賦役に従事し、政治的独立を断念して入植地を獲得しなければならなかったと想像される。その場合、宗主権は、カナンの都市国家に、おそらくイサカル族の居住地域内のシュネム市にあったものと考

えられる。この部族の始祖は、ヤコブとレアの息子イサカルとされる（同 **30 : 14〜18**）。

②レビ人で、エルサレムの神殿の門衛（歴代誌上 **26 : 5**）。

イサク（ヘブライ語、下記を参照）

イスラエルの族長の一人。イサクは、聖書の記述によれば、アブラハムとサラが非常に年老いていたにも拘らず、神の約束により予期に反して生まれた息子だった（創世記 **18 : 9〜14**、**21 : 1〜7**）。イサクは、神からアブラハムに与えられた祝福と誓いを受け継いだ（同 **26 : 2〜5**）。初めの頃イサクは、アブラハムと女奴隷ハガルとの息子イシュマエルと一緒に育った。しかしサラの要望でアブラハムはハガルとイシュマエルを追い出す（同 **21 : 8〜21**）。神はアブラハムの信仰を試すため、イサクを生け贄としてささげるように命じたが、最後の瞬間にこれを防いだ（同 **22 : 1〜19**）。成人したイサクのために、アブラハムは故郷ユーフラテス流域から一人の女性を連れて来させた。それがイサクと結婚したアブラハムの姪のリベカである(同 **24**)。彼らには２人の息子エサウとヤコブが生まれた（同 **25 : 21〜28**）。ゲラルの王アビメレク→①のもとで、イサクとリベカが辛うじて飢饉を逃れる一方で、井戸を巡る争いがあったが、イサクとアビメレク王はベエル・シェバの町で契約を交わし、イサクはそこにヤーウェの祭壇を建てた（同 **26**）。年を取り、目が見えなくなったイサクは、ヤコブの策略にかかり、エサウに与えるべき祝福をヤコブに与えてしまう(同 **27 : 1 - 28 : 5**)。イサクは高齢で世を去った(同 **35 : 27〜29**)。

歴史上のイサクは、家畜を引き連れて、パレスチナ南部に暮らす遊牧民だったと思われる。後に、イサクは系図上でアブラハム、エサウ、ヤコブと結びつけられたのである。イサクという名前は、「彼（神）は笑う（笑いかける）」という意味になる。だがこの名前は物語の語り手によって——当を得ずして——サラの（同 **18 : 12**）、もしくはアブラハムの（同 **17 : 17**）、もしくは人々の（同 **21 : 6**）疑わしげな笑いであると説明されている。

イザヤ（ヘブライ語、「ヤーウェは助けた」、ヘブライ語でエシャヤと同義）

前8世紀の後半にエルサレムで活動した預言者。イザヤの伝える言葉で主要な2つのテーマの一つは、経済的弱者からの搾取のゆえに、ヤーウェはエルサレムの上層階級に災いをもたらすであろうとの警告である。これをイザヤは、「ぶどう畑の歌」で（イザヤ書**5:1〜7**）、また一連の悲嘆の叫びで（同**5:8〜14・17〜24**、**10:1〜3**）、また威嚇の言葉で（例えば、主の日〈同**2:12〜17**〉、間近に迫った無政府状態〈同**3:1〜7**〉、純化の裁きにおけるエルサレム〈同**1:21〜26**〉、エルサレムの女たちの高慢に対して〈同**3:16〜24**〉）、更にまた弾劾的な警告の言葉で（同**1:10〜20**）、展開する。もう一つの主要テーマは、前703〜前701年のヒゼキヤ王の政治である。王はエジプトの助けを借りて、アッシリアの支配を振り払おうと目論んでいたのである。預言者イザヤはこの政策が完全に破綻するであろうと預言する。この預言の言葉は、『同**28:14 - 31:3**』に収められている。『同**10:5〜9・13〜15**』におけるアッシリアに関する悲嘆の叫び、および『同**10:27〜32**』における敵のエルサレム進軍の記述も、おそらく同時期のものであろう。その政治の結果（すなわち前701年のアッシリアに対するヒゼキヤ王の降伏）は、『同**1:4〜8**、**22:1〜14**』に表されている。更に、イザヤの初期の頃のもので、『同**7:1 - 8:18**』におけるシリアとエフライムの戦いの中で（B.C.734〜B.C.733頃）アハズ王とエルサレムの住民に向けた警告と勧告の言葉や、『同**9:7〜20**、**5:25〜29**、**17:1〜6**、**28:1〜4**』における北王国イスラエルへの警告の言葉が伝えられている。イザヤの真筆性に異論の余地のあるテキスト文の中では、『同**29:1〜7**、**31:4〜8**（敵に苦しむエルサレムに対するヤーウェの助けが預言されている）』および『同**9:3〜6**、**11:1〜10**（メシアについて預言されている）』が傑出している。

イシヤ

①イサカルの子孫（歴代誌上**7:3**）。

②サウル王を逃れるダビデを支援した戦士（歴代誌上**12:7**）。

③ダビデの時代のレビ人（歴代誌上**23:20**、**24:25**）。

④別のレビ人（歴代誌上**24:21**）。

⑤エズラの勧めで、異民族の妻を離縁したイスラエル人（エズラ記

10:31)。

イジヤ（ヘブライ語、「ヤーウェは注ぐ」、すなわち「罪を清める」の意）
異民族の妻を離縁したイスラエル人（エズラ記 10 : 25)。

イシュイ（ヘブライ語、エシャヤ＝イザヤの短縮形）
①エラフメエル→①の子孫（歴代誌上 2:31)。
②ユダの子孫（歴代誌上 4:20)。
③シメオンの子孫（歴代誌上 4:42)。
④マナセ族に属する氏族の長（歴代誌上 5:24)。

イシュタール　→アシュトレト

イシュバ（ヘブライ語、「彼〈神〉が静める」）
ユダの子孫（歴代誌上 4:17)。

イシュパ
ベニヤミンの子孫の一人で、家系の長（歴代誌上 8:16)。

イシュバアル（ヘブライ語、「バアルは存在する」）
ダビデ王の軍の三勇士の頭（サムエル記下 23 : 8)。『歴代誌上 11 : 11、27:2』では誤ってヤショブアムと呼ばれている。

イシュバク
アブラハムとケトラの息子。同時に、アラビアの一民族または土地の名称でもある（創世記 25:2、歴代誌上 1:32)。

イシュパン
ベニヤミンの子孫の一人で、家系の長（歴代誌上 8:22)。

イシュビ
①アシェルの息子の一人（創世記 46 : 17、民数記 26 : 44、歴代誌上 7:30)。
②サウル王の息子の一人（サムエル記上 14:49)。
③『サムエル記下 21 : 16』によれば、ダビデの敵対者イシュビ・ベノブ。

イシュ・ボシェト（ヘブライ語、「恥の人」、→エシュバアル）
サウル王の息子。サウル王の死後、司令官アブネルはイシュ・ボシェトを北の諸部族の王に擁立したが、王は2年の治世の後、暗殺された（サムエル記下 2:8 - 4:12)。

イシュホド（ヘブライ語、「生命力にあふれた」

マナセの子孫（歴代誌上 7:18）。

イシュマ（ヘブライ語、イシュマエルの短縮形）

ユダの子孫（歴代誌上 4:3）。

イシュマエル（～人）（ヘブライ語、「神は聞いてくださる」）

①イシュマエル人とは12の部族から成るアラビア砂漠の遊牧民の集団である（創世記 25:12～18）。旧約聖書では、時としてイスラエル民族の敵（詩編 83:7）、もしくは敵対的な商人（創世記 37:25～27）と呼ばれる。イシュマエル人の始祖は、アブラハムと妻サラの女奴隷→ハガルとの息子イシュマエルで、→イサクの異母兄弟とされる（同 16、21:1～21）。

②ユダの軍の司令官。エルサレムの陥落後、バビロニア人に抵抗し、その後、バビロン王によってユダの総督に任命されたゲダルヤを殺害した（列王記下 25:23～25、エレミヤ書 40:8・14～16、41）。

③サウル王の子孫（歴代誌上 8:38、9:44）。

④部族の指導者ゼバドヤ→⑦の父（歴代誌下 19:11）。

⑤王妃アタルヤに対する謀反の企てに参加した南王国ユダの隊長（歴代誌下 23:1）。

⑥エズラの時代に、異民族の妻を離縁したイスラエル人（エズラ記 10:22）。

イシュマヤ（ヘブライ語、「ヤーウェは聞いてくださる」）

①サウル王から逃れるダビデに味方した戦士（歴代誌上 12:4）。

②ゼブルン族の指導者（歴代誌上 27:19）。

イシュメライ（ヘブライ語、「彼〈神〉は守る」）

ベニヤミンの子孫の一人で、家系の長（歴代誌上 8:18）。

イシュワ

アシェルの息子の一人（創世記 46:17、歴代誌上 7:30）。

イスカ

ハラン→①の娘で、アブラハムの姪（創世記 11:29）。

イスカリオテ

イエスの12人の弟子の一人でありながら、イエスを裏切ったユダ→⑪（マタイによる福音書 10:4）と、その父シモン→⑪（ヨハネによる福音書 6:71）の別名であるが、その意味は確定されていない。

だが、ラテン語のシカリウス「短刀の男、山賊」からの派生語であるとはまず考えられない。イスカリオテがヘブライ語に由来する「ケリヨト出身の人」という意味である方が、より真実味がある（つまりモアブの町ケリヨト・ヘツロンのこと、ヨシュア記 **15:25**）。

イスマエル　→イシュマエル

イスマクヤ（ヘブライ語、「ヤーウェは支える」）

ヒゼキヤ王の治世に、神殿で献納物の監督をしたレビ人（歴代誌下 **31:13**）。

イスラエル（～人）（ヘブライ語）

神からヤコブに与えられたイスラエルという名称は、『創世記 **32:29**』と『ホセア書 **12:4**』で、ヤコブが神（エル）と闘ったこと（ヘブライ語のサラ）に由来すると説明されているが、実際には「神は闘う」、もしくは「神は支配する」という意味なのかもしれない。

旧約聖書の、『出エジプト記』から『ヨシュア記』までの文書の叙述によれば、イスラエルは、エジプトにおいてヤコブの子孫である12の部族の集団からおこった。この部族集団は、モーセの指導の下にエジプトを逃亡するようにして去り、荒れ野を長く彷徨し、その間シナイ山に至り、ヨシュアの指導でカナンの土地、即ちパレスチナを一気に侵略した。こうした叙述は――旧約聖書自体が、たとえ隠された形でしかないにしても、何度も悟らせるように――歴史に基づくものではなく、長い伝承の過程の結果なのであり、それは様々な伝承が全体像へと統合されたものなのである。

イスラエルの成立の詳細は確定していない。いずれにしてもイスラエル民族の先祖は、前13世紀から前11世紀の間に徐々にパレスチナに住み着いて、次第により大きな集団、諸部族を形成していった遊牧民だった。諸部族は当初は互いにゆるくつながっていたが、地理的条件から２つのグループに分かれた。南部のユダ部族と、残りの北部の諸部族とである。殊にペリシテ人の圧迫の下で、前1000年頃サウルによる軍事王国が興った。サウル王が敗北し死んだ後、ユダ族のダビデがまずユダ族の王になり（サムエル記下 **2:1～42**）、次に、イスラエルとしてユダ王国に対立していた北の諸部族の王になった（同 **5:1～5**）。ダビデ王の息子で後継者であるソロモン王が前926年に崩御すると、北の諸部族はユダ部族から離れて独自の王国を形成し、それをイスラエルと称した（列王記上 **12 : 1**〜**20**）。この北王国は前722年にアッシリアによって、また南王国は前587〜前586年にバビロニアによって国家の独立性を失い、ユダ族の上層階級の一部はバビロンに捕囚として連れ去られた。

従ってイスラエルとは、南王国ユダに対する北王国の、政治上、および国法上の名称だった。だが同時に、イスラエルという名称は、北王国と南王国に存続した神の民（イザヤ書 **8 : 14**）に対して、更にはバビロン捕囚のユダヤ人に対してや（同 **45 : 4**）、バビロンから帰還したユダヤ人（エズラ記 **2 : 70**）に対しても使われた。

イズラフヤ（ヘブライ語、「ヤーウェは〈光として〉輝き出る」）

①イサカルの子孫（歴代誌上 **7 : 3**）。

②エルサレムの城壁の奉献式で詠唱者たちの監督を務めた人（ネヘミヤ記 **12 : 42**）。

イズリア

ベニヤミンの子孫で、家系の長（歴代誌上 **8 : 18**）。

イゼベル（ヘブライ語、「殿下もしくは王子はどこにいるか」、→イ）

①フェニキアのシドン市の王の娘で、北王国イスラエルのアハブ王の妃（列王記上 **16 : 31**）。聖書の記述では、イゼベルはバアル崇拝を奨励し、また、ぶどう畑の所有者ナボトを偽証によって殺害するよう指示したことで、預言者→エリヤの敵対者となった（同 **18 - 19**、**21**）。最終的にイゼベルは将軍イエフに殺害された（同下 **9 : 30**〜**37**）。

②ティアティラの教会の女預言者で、——イゼベル→①と関連した——象徴的な名前を持っていた（ヨハネの黙示録 **2 : 20**）。

イタイ

①ダビデ王に仕えた傭兵隊の長。アブサロム→①の蜂起の際に、ダビデ王を支援した（サムエル記下 **15 : 19**〜**22**、**18 : 2・5・12**）。

②ダビデ王の軍の勇士（サムエル記下 **23 : 29**、歴代誌上 **11 : 31**）。

イタマル

エルサレムの祭司の家系の先祖（歴代誌上 **24 : 2**〜**6**、エズラ記 **8 : 2**）。アロン（モーセの兄）の息子とされる（出エジプト記 **6 : 23**）。

イツハル（ヘブライ語、「彼〈神〉は輝く」）

レビの孫の一人（出エジプト記 **6:18**、歴代誌上 **23:12**）。彼の子孫は裁判官のような、神殿以外の場所で働く官職を担った（歴代誌上 **26:29**）。

イツリ　→ツェリ

イティエル

①『箴言 **30:1**』に記されている名前だがその意味は、明らかではない。

［＊なお、この名前は新共同訳聖書には記されていない。］

②捕囚期後のエルサレムに住んだベニヤミン族の人（ネヘミヤ記 **11:7**）。

イド

①ソロモン王の知事アヒトブの父（列王記上 **4:14**）。

②（ヘブライ語の「彼〈神〉は知っている」を意味する語）
マナセ族の指導者（歴代誌上 **27:21**）。

③ユダの王ヒゼキヤの時代のレビ人。エデン→①と同一人物（歴代誌上 **6:6**、同下 **29:12**）。

④ユダの王レハブアムと息子アビヤ王の年代記を書いたとされる先見者（歴代誌下 **12:15**、**13:22**）。イエドと同一人物であると思われる（同 **9:29**）。

⑤預言者ゼカリヤの祖父（ゼカリヤ書 **1:1・7**、エズラ記 **5:1**、**6:14**）。

⑥バビロニアのカシフヤという所の神殿使用人の頭。エズラは神殿の使用人を得るために、イドのもとに使者を遣わした（エズラ記 **8:17**）。

⑦バビロン捕囚から帰還した祭司で家長（ネヘミヤ記 **12:4・16**）。

イドバシュ（ヘブライ語、「蜂蜜のように甘い」）

ユダの子孫（歴代誌上 **4:3**）。

イトマ

ダビデ王の軍の戦士（歴代誌上 **11:46**）。

イドマヤ（～人）

エドム人に対するヘレニズム時代の呼称（マカバイ記二 **10:15**～）。

彼らは、元は死海の南に定住していたが、前587年以降から北東のヘブロン周辺地域に侵入した。そのため、その地域はイドマヤと呼ばれるようになった。

イトラ　→イエテル②

イドラフ

ナホル→②の息子で、アブラハムの甥（創世記 22:22）。

イトラン（ヘブライ語、「彼〈神〉は豊かに与えた」）

①セイルの孫。また、エドム（セイル）に住む一氏族の名称でもある（創世記 36:26、歴代誌上 1:41）。

②アシェルの子孫（歴代誌上 7:37〜）。

イトレアム

ダビデの息子（サムエル記下 3:5、歴代誌上 3:3）。

イブサム（ヘブライ語、「芳香を放つ」）

イサカルの孫（歴代誌上 7:2）。

イブツァン

士師（士師記 12:8〜10）。

イフデヤ（ヘブライ語、「ヤーウェが救い出す」）

ベニヤミンの子孫（歴代誌上 8:25）。

イブニヤ（ヘブライ語、「ヤーウェが創り出す」）

捕囚期後のエルサレムに住んだベニヤミンの子孫（歴代誌上 9:8）。

イブネヤ（ヘブライ語、「ヤーウェが創り出す」）

捕囚期後のエルサレムに住んだベニヤミンの子孫（歴代誌上 9:8）。

イブハル（ヘブライ語、「彼〈神〉が選ぶ」）

ダビデ王の息子の一人（サムエル記下 5:15、歴代誌上 3:6、14:5）。

イブリ（ヘブライ語、「ヘブライ人」と同義）

レビ人の一人（歴代誌上 24:27）。

イマルクエ

アンティオコス 6 世の幼少期の養育係だったアラビア人（マカバイ記一 11:39）。

イムナ

①アシェルの息子（創世記 46:17、民数記 26:44、歴代誌上 7:30）。

②アシェルの子孫（歴代誌上 7:35）。

③レビ人コレ→②の父（歴代誌下 31 : 14）。

イムラ

①アシェルの子孫（歴代誌上 7 : 36）。

②預言者ミカヤ→②の父（列王記上 22 : 8～、歴代誌下 18 : 7～）。

イムリ（ヘブライ語、アマルヤの短縮形）

①捕囚期後にエルサレムに住んだユダ族の人（歴代誌上 9 : 4）。

②ザクル→⑤の父（ネヘミヤ記 3 : 2）。

イメル（ヘブライ語、「子羊」）

①ダビデ王時代の祭司の一グループの長（歴代誌上 24 : 14）。その子孫が捕囚の地バビロンから帰還した（エズラ記 2 : 37、10 : 20）。

②ツァドク→④の父（ネヘミヤ記 3 : 29）。

イラ（ヘブライ語、「ロバの子」）

①ダビデ王の祭司（サムエル記下 20 : 26）。

②ダビデ王の軍の戦士（サムエル記下 23 : 26、歴代誌上 11 : 28、27 : 9）。

③ダビデ王の軍の別の戦士（サムエル記下 23 : 38、歴代誌上 11 : 40）。

イライ

ダビデ王の軍の戦士（歴代誌上 11 : 29）。『サムエル記下 23 : 28』ではツァルモンと呼ばれている。

イラド

エノク（アダムの子孫）の息子（創世記 4 : 18）。イエレドと同一人物（→セトの系図を参照）。

イラム

エドムの首長の一人で、同時にエドムの一地域の名称（創世記 36 : 43、歴代誌上 1 : 54）。

イル（ヘブライ語、「ロバの子」）

①ベニヤミンの子孫（歴代誌上 7 : 7）。

②別のベニヤミンの子孫の一人（歴代誌上 7 : 12）。

③カレブ→②の息子（歴代誌上 4 : 15）。

イルイヤ（ヘブライ語、「ヤーウェは見ている」）

エレミヤを捕縛したゼデキヤ王→①の守備隊長（エレミヤ書 37 : 13

～)。

イルメヤ（ヘブライ語、「ヤーウェは築く」、ヘブライ語でエレミヤと同音）

①ハムタルの父（列王記下 **23 : 31**、**24 : 18**、エレミヤ書 **52 : 1**）。

②マナセ族に属する一氏族の長（歴代誌上 **5 : 24**）。

③～⑤サウル王から逃れるダビデを支持した3人の戦士（歴代誌上 **12 : 5・11・14**）。

⑥バビロンから帰還した祭司で、家長（ネヘミヤ記 **10 : 3**、**12 : 1・12**）。

⑦エルサレムの城壁の奉献式に参加した人（ネヘミヤ記 **12 : 34**）。

⑧レカブ人ヤアザンヤ→②の父（エレミヤ書 **35 : 3**）。

インド人

『マカバイ記一 **6 : 37**』では、おそらく象の住む国ゆえであろうが、象使いの名称となっている。

インマヌエル

ヘブライ語のインマヌエルという語は、「神は我らと共に」という意味であり、——類似の表現「万軍の主はわたしたちと共にいます」（詩編 **46 : 8・12**）や「神が我らと共におられる」（イザヤ書 **8 : 10**）などによって想像されるように——エルサレムの神殿祭儀の歓呼の声だったようだ。これは、『同 **7 : 14**』に登場するインマヌエルという名前と関係があると言えるであろう。『同 **7 : 10～17**』によれば、預言者イザヤは、イスラエル北王国の王とダマスコの王とによる威嚇を恐れた南王国ユダの王アハズに対し、神による「しるし」として、ひとりの乙女が男の子を産み、その子をインマヌエルと名付けるであろう、それから間もなく、敵対的なこの2人の王の領土は荒廃するであろう、だがユダ王国にもいずれは災いがやってくるであろうと預言した。救いに満ちたインマヌエルという名前は、——つかの間にしても——預言されたエルサレムの安寧と確実に関係しており、それはすぐにもやって来るので、ある妊婦が自分の子をインマヌエルと名付けることもできるであろうと言っているのかもしれない。この女性は、例えば王の妃、または預言者の妻、もしくは神話の人物であると推測されているが、最終的な結論にまでは至っていない。

ウ

ウエル

エズラの勧めにより、異民族の妻を離縁したイスラエル人（エズラ記 10 : 34）。

ウザ（ヘブライ語、「彼〈神〉はわが力」）

①契約の箱を父アビナダブの家からエルサレムに運ぶ際に手で箱を押さえたために死んだ人（サムエル記下 6 : 3〜8、歴代誌上 13 : 7〜11）。→アフヨ

②ユダのマナセ王とその息子アモン王は「ウザの庭園」に埋葬された（列王記下 21 : 18・26）。ウザは、おそらく庭園の前所有者だったと思われる。

③レビの子孫（歴代誌上 6 : 14）。

④ベニヤミンの子孫（歴代誌上 8 : 7）。

⑤バビロン捕囚から帰還した神殿の使用人一族の先祖（エズラ記 2 : 49、ネヘミヤ記 7 : 51）。

ウザイ

パラルの父（ネヘミヤ記 3 : 25）。

ウザル

ヨクタン（セムの子孫）の息子（創世記 10 : 27、歴代誌上 1 : 21）。また、南アラビアの部族名または地域名ともなった。

ウジ（ヘブライ語、ウジエルまたはウジヤの短縮形）

①祭司。アロンの子孫で、ツァドク→①の先祖（歴代誌上 5 : 31〜、6 : 36、エズラ記 7 : 4）。

②イサカルの孫（歴代誌上 7 : 2〜）。

③ベニヤミンの孫（歴代誌上 7 : 7）。

④ベニヤミン族のエラ→⑥の父（歴代誌上 9 : 8）。

⑤捕囚期後、エルサレムに住んだレビ人の監督（ネヘミヤ記 11:22）。

⑥バビロンから帰還した祭司の一族エダヤ→①家の家長（ネヘミヤ記 12:19）。

⑦エルサレムの城壁の奉献式に詠唱者として参加した祭司（ネヘミヤ記 12:42）。

ウジエル（ヘブライ語、「神はわが力」）

①レビの息子ケハトの息子（出エジプト記 6:18、民数記 3:19）。

②シメオン族の人（歴代誌上 4:42）。

③ベニヤミンの孫（歴代誌上 7:7）。

④神殿の詠唱者。アザルエル→③と同一人物（歴代誌上 25:4・18）。

⑤ユダのヒゼキヤ王の時代に、神殿を清めたレビ人（歴代誌下 29:14）。

⑥エルサレムの城壁の再建に協力した人（ネヘミヤ記 3:8）。

ウジヤ（ヘブライ語、「ヤーウェはわが力」）

①南王国ユダの王（B.C.787～B.C.736）。旧約聖書ではアザルヤ→③とも呼ばれている（列王記下 14:21）。らい病に冒されたので、息子のヨタムが国を治めた（同 15:1～7、歴代誌下 26）。

②レビの息子ケハトの子孫（歴代誌上 6:9）。

③ダビデ王の軍の戦士（歴代誌上 11:44）。

④長官ヨナタン→⑦の父（歴代誌上 27:25）。

⑤異民族の妻を離縁した祭司（エズラ記 10:21）。

⑥アタヤの父（ネヘミヤ記 11:4）。

ウタイ

①捕囚期後にエルサレムに住んだユダ族の人（歴代誌上 9:4）。

②バビロン捕囚から帰還した人（エズラ記 8:14）。

ウツ

①アラム→①の息子であり（創世記 10:23）、アラムの兄弟（歴代誌上 1:17）ではない。また、未解明の民族もしくは土地の名称。

②ナホル→②の息子で、アブラハムの甥（創世記 22:21）。また、おそらくエドムの一地域の名称でもある。

③セイルの孫（創世記 36:28、歴代誌上 1:42）。同時に、エドム（セ

イル）に住む一氏族の名称。ウツ②および③は、ヨブの故郷ウツの地と関連がある（哀歌4:21、エレミヤ書25:20、ヨブ記1:1）。

ウラ

アシェルの子孫（歴代誌上7:39）。

ウラム

①マキルの孫（歴代誌上7:16～）。

②サウル王の子孫（歴代誌上8:39～）。

ウリ（ヘブライ語、ウリエルまたはウリヤの短縮形）

①技術者ベツァルエル→①の父（出エジプト記31:2）。

②知事ゲベル→②の父（列王記上4:19）。

③異民族の妻を離縁した門衛（エズラ記10:24）。

ウリエル（ヘブライ語、「神はわが光」）

①サムエルの先祖のレビ人（歴代誌上6:9）。契約の箱のエルサレムへの運搬に携わった人（同15:5・11）。

②ユダの王レハブアムの妻ミカヤ→①の父（歴代誌下13:2）。

ウリヤ（ヘブライ語、「ヤーウェはわが光」）

①ヘト人の戦士。ダビデ王はウリヤの妻バト・シェバと姦淫を犯した。更に王は、彼を戦死させよとのヨアブ→①宛の書状を持たせて、ウリヤを戦地へ送り返した（サムエル記下11）。

②エルサレムの祭司（列王記下16:10～・15～）。預言者イザヤと同時代の人で、イザヤは彼を自らの預言の証人として立てた（イザヤ書8:2）。

③祭司メレモト→①の父（エズラ記8:33）。

④律法の書を朗読するエズラの脇に並んだ民の代表格の人（ネヘミヤ記8:4）。

⑤ユダの預言者。エルサレムの崩壊を預言するウリヤの言葉に怒ったヨヤキム王は、エジプトまで逃げたウリヤを追跡させて連れ戻し、剣で殺した。（エレミヤ書26:20～23）。

ウルバノ（ラテン語、「都会風、丁重な」）

ローマの教会の活動的な信徒（ローマの信徒への手紙16:9）。

ウンニ

①契約の箱がエルサレムに運ばれたときに、楽器を奏でたレビ人（歴

代誌上 15:18・20)。

②捕囚の地バビロンから帰還したレビ人（ネヘミヤ記 12:9)。

エ

エイエル

①ルベンの子孫（歴代誌上 5:7)。

②ダビデ王の軍の戦士（歴代誌上 11:44)。

③神殿の門衛で楽士（歴代誌上 16:5)。→ヤアジエル

④ヤハジエル→④の先祖（歴代誌下 20:14)。

⑤ユダの王ウジヤの書記官（歴代誌下 26:11)。

⑥ヒゼキヤ王の治世に、神殿を清めたレビ人の一人（歴代誌下 29:13)。

⑦ユダの王ヨシヤの時代のレビ人の指導者の一人（歴代誌下 35:9)。

⑧バビロン捕囚から帰還した人（エズラ記 8:13)。

⑨捕囚期後に、異民族の妻を離縁したイスラエル人（エズラ記 10:43)。

エウエル

捕囚期後のエルサレムに住んだユダ族の人（歴代誌上 9:6)。

エウエルゲテス（ギリシア語、「慈善家」）

エジプト王プトレマイオス 7 世の別称（シラ書の序言)。

エウシュ（ヘブライ語、「彼〈神〉は助ける」）

①エサウの息子で、エドムに住む部族の首長の一人（創世記 36:5・14・18、歴代誌上 1:35)。

②ベニヤミンの子孫（歴代誌上 7:10)。

③サウル王の子孫（歴代誌上 8:39)。

④レビ人（歴代誌上 23:10～)。

⑤ユダの王レハブアムの息子（歴代誌下 11:19)。

エウツ

ベニヤミンの子孫で、家系の長（歴代誌上 **8:10**）。

エウティコ（ギリシア語、「幸運な人」）
パウロの説教中に居眠りをして窓から落下したトロアスの青年（使徒言行録 **20:9**）。

エウニケ（ギリシア語、「勝利をおさめた女」）
テモテの母で、リストラでキリスト教徒になったユダヤ人女性（テモテへの手紙二 **1:5**）。

エウパトル
シリア王アンティオコス５世の別称（マカバイ記一 **6:17**）。

エウブロ（ギリシア語、「良き助言者」）
ローマの教会の信徒の一人（テモテへの手紙二 **4:21**）。

エウポレモス
ユダ→⑧・マカバイがローマに派遣した使者（マカバイ記一 **8:17**、同二 **4:11**）。

エウメネス
ペルガモンの王（B.C.197～B.C.160）。ローマの同盟者（マカバイ記一 **8:8**）。

エオトライ
レビの子孫（歴代誌上 **6:6**）。

エカムアム（ヘブライ語、「おじは再び立ちあがる」）
レビ人でヘブロンの息子（歴代誌上 **23:19**、**24:23**）。

エカムヤ（ヘブライ語、「ヤーウェはよみがえらせる」）
①エラフメエル→①の子孫（歴代誌上 **2:41**）。
②→ヨヤキン王の息子（歴代誌上 **3:18**）。

エクティエル（ヘブライ語、「神が養う」）
ユダの子孫（歴代誌上 **4:18**）。

エグラ（ヘブライ語、「若い牝牛」）
ダビデの妻の一人（サムエル記下 **3:5**、歴代誌上 **3:3**）。

エグロン
イスラエルの町を長年占領したモアブの王。エグロンの支配下、モアブ人はヨルダン川の西側にまで侵入していたが、エグロンがエフド→①に暗殺されてしまい、一万人のモアブ人が逃げ道を塞がれ殺された（士師記 **3:12〜30**）。

エケル

エラフメエル→①の孫（歴代誌上 **2:27**）。

エコルヤ（ヘブライ語、「ヤーウェは力強かった」）

ユダの王ウジヤ→①の母（列王記下 **15:2**、歴代誌下 **26:3**）。

エコンヤ（ヘブライ語、「ヤーウェは支える」）

→ヨヤキン王の別名（エレミヤ書 **24:1**）。

エサウ

聖書の記述によれば、ヤコブの双子の兄。ヤコブに長子の権利と父親イサクからの祝福とを奪われ、その後も何度かヤコブの策略にはまった（創世記 **25:19〜34、27、32-33**）。羊使いのヤコブに対し、エサウは狩人のタイプを代表する。また――後期の伝承によると思われるが――エサウはエドム人の祖とされる（同 **36:1〜19**、エレミヤ書 **49:8〜10**）。

エサル・ハドン（アッシリア語、「アシュル〈神〉は兄弟を与えた」）

アッシリアの王（B.C.681〜B.C.669）。彼の父センナケリブ王はニネベの神殿で礼拝中に他の２人の息子に殺された。２人は逃亡し、エサル・ハドンが後継者となった（列王記下 **19:37**、イザヤ書 **37:38**）。エサル・ハドンは北王国イスラエルの地域に異国の民を強制移住させた（エズラ記 **4:2**）。エサル・ハドンのことは『トビト記 **1:21〜**』に更に詳しく記述されている。

エザンヤ　→アザルヤ㉒

エシェク

ベニヤミンの子孫の一人（歴代誌上 **8:39**）。

エジエル

サウル王から逃れるダビデを支援した戦士（歴代誌上 **12:3**）。

エシシャイ（ヘブライ語、「老齢の」）

ガドの子孫（歴代誌上 **5:14**）。

エジプト人

ナイル河の下流地域の住民。旧約聖書ではエジプト人はまず、イスラエル人を奴隷にしていた民族として登場する。後のイスラエル人（の一団）は自らをその隷従から解放することに成功する（出エジプト記 7 - 14)。イスラエル人をエジプトから連れ出し導いた神としてのヤーウェに対する信仰告白が、旧約聖書のもっとも重要な神学的命題になっている（例えば、同 20 : 2、サムエル記上 10 : 18、詩編 136 : 11)。ソロモン王は、エジプト人と友好的関係を維持した(列王記上 9 : 16)。前925年にエジプトのファラオ・シシャクが、また前609年にファラオ・ネコが､南王国ユダに対する軍事攻撃を行った(同 14 : 25～ 、同下 23 : 29､→ヨシヤ)。エジプト人を政治的にアッシリア人やバビロニア人に対抗させて利を得ようとする試みは、預言者イザヤ及びエレミヤによって鋭く批判された（イザヤ書 20 : 1～6、30 : 1～5、エレミヤ書 37 : 5～10)。

エシミエル（ヘブライ語、｢神が立てる｣)

シメオンの子孫（歴代誌上 4 : 36)。

エシャヤ（ヘブライ語、｢ヤーウェは助けた｣、ヘブライ語でイザヤと同義)

①→ヨヤキン王の子孫（歴代誌上 3 : 21)。

②ダビデ王時代の神殿詠唱者の一グループの長（歴代誌上 25 : 3・15)。

③ダビデ王時代の神殿の宝物庫の保管係（歴代誌上 26 : 25)。

④バビロン捕囚から帰還した人（エズラ記 8 : 7)。

⑤エズラの時代のレビ人（エズラ記 8 : 19)。

⑥サル→②の祖先のベニヤミン人（ネヘミヤ記 11 : 7)。

エシュコル（ヘブライ語、｢葡萄の房｣)

葡萄が密生していたヘブロンの谷の名（民数記 13 : 23～)。アブラハムの伝説的な同盟者エシュコルの名は、これに由来すると思われる（創世記 14 : 13・24)。

エシュテモア

カレブ→②の子孫（歴代誌上 4 : 17・19)。

エシュトン

ケルブ→①の孫（歴代誌上 4 : 11～)。

エシュバアル（ヘブライ語、｢バアルの人｣)

『歴代誌上 8 : 33、9 : 39』に記されたエシュバアルという名前は、サウル王の息子→イシュ・ボシェトの別名。

エシュバン

セイルの孫（創世記 36 : 26、歴代誌上 1 : 41）で、エドム（セイル）に住む一氏族の名称でもある。

エシュルン

おそらくヘブライ語のヤシャル「まっすぐな、誠実な」の変形で、イスラエルに対する詩的な尊称語（申命記 32 : 15、33 : 5・26、イザヤ書 44 : 2）。

エショハヤ

シメオンの子孫（歴代誌上 4 : 36）。

エステル

『エステル記』の主人公。この文書には、若いユダヤ人女性エステルがペルシア王クセルクセス（アハシュエロスとも呼ばれる）の王妃にまで出世したこと、ペルシア帝国内のユダヤ人を絶滅せんとする大臣ハマンの計画を後見人モルデカイの支援を受けて阻止し、そのためハマンが死に至ったことが語られている。これによってユダヤ人たちはペルシア帝国内の敵を滅ぼす全権を得た。ユダヤ人のこの勝利を記念するプリム祭が慣例行事にまで格上げされている。またこの祭りを歴史的に『エステル記』に根拠づけようとしている。だが、エステルという女性は歴史上の人物ではない。『エステル記』は、前 3 〜前 2 世紀に書かれた民族主義的傾向の強い短編小説なのである。

エスドリス（ヘブライ語、「わが助け」）

マカバイの時代のユダヤ人指導者（マカバイ記二 12 : 36）。アザリア→②（同一 5 : 18）や、エレアザル→④（同二 8 : 23）と同一人物。

エズバイ

ダビデの軍の勇士ナアライの父（歴代誌上 11 : 37）。

エズラ（アラム語、「助け」、もしくはヘブライ語名アザルヤの短縮形）

①カレブ→②の子孫（歴代誌上 4 : 17）。

②捕囚の地バビロンにいた祭司。聖書の記述では、エズラはペルシア王アルタクセルクセスの第七年に（エズラ記 7 : 7）、王から「天にいます神の律法」の促進のために使命を受け（同 7 : 12）、男子1500人とその家族と共にエルサレムに戻り（同 8）、そこで異民

族の妻を持つイスラエル人の婚姻を解消させ（同 **9 - 10**）、また――その間ユダの長官ネヘミヤはエルサレムですでに活動していた――祝祭の集会でイスラエル人に律法を義務づけた（ネヘミヤ記 **8 - 10**）、と伝えられている。だが、おそらくエズラはネヘミヤの以前でも同時期でもなく、以後に活動したので、彼の使命はアルタクセルクセス２世の下で、前398年に託されたのであろう。エズラによって導入された律法とは、バビロンにおける捕囚期に集められ、文章化されたモーセ五書（創世記、出エジプト記、レビ記、民数記、申命記）の核心部分だったと思われる。エズラがそれを遵守すべき律法としたことによって、ユダヤ教を律法宗教とする後世の展開への前提が生み出されたのである。

③バビロン捕囚から帰還した祭司（ネヘミヤ記 **12 : 1・13**）。

④エルサレムの城壁の奉献式に参加した人（ネヘミヤ記 **12 : 33**）。

エズラ人

「知恵ある者」エタン→①（列王記上 **5 : 11**、詩編 **89 : 1**）とヘマン→②（詩編 **88 : 1**）に添えられる名称。今日その由来などは不明。

エスリ

イエスの先祖（ルカによる福音書 **3 : 25**）。

エズリ（ヘブライ語、「わが助け」）

ダビデの王室の畑作業に従事する者たちを監督する責任者（歴代誌上 **27 : 26**）。

エゼキエル（ヘブライ語、「神が強めて下さるように」、ヘブライ語のイェヘスケルと同義）

バビロン捕囚時代の、祭司の家庭出身の預言者。前597年にヨヤキン王とともにバビロンに捕囚として連行されたユダヤ人たちの一人。その地でエゼキエルは前593～前571年まで活動した。バビロンからエルサレムの崩壊（B.C.587）と南王国ユダの滅亡、更なるユダヤ人たちの流刑を見守った。エゼキエルの言葉は、『エゼキエル書』の中にほぼ年代順に収められている。この書は四つの主要部分に区分される。第一の部分（**1 - 24**）は召命のヴィジョンから始まり（**1 : 1 - 3 : 15**）、主にエルサレム攻略以前の時代（B.C.593～B.C.587）の言葉が収録されている。この言葉の中でエゼキエルは、エルサレムの町とパレスチナ（ほとんど通してイスラエルと呼んでいる）に居残ったユダヤ人たちに厄災を預言した。第二の部分（25 - 32）は７つの近隣諸国民に対する、殊に島の都市国家ティルスとエジプトに対する警告の言葉から成り立っている。この２国は、エゼキエルの確信するところでは、ヤーウェによってイスラエルに対する裁きの執行者と定められたバビロン王ネブカドネツァルに抵抗していたからである。第三の部分（33 - 39）は、エルサレム陥落後の捕囚の民を慰め、救いと新しい絆を告げるエゼキエルの言葉を収めている。第四の部分（40 - 48）は、エゼキエルの見た再建された神殿、新生エルサレム、イスラエルの新しい国土を描いた幻の物語が述べられている。

エゼル（ヘブライ語、「助け」）

①ユダの子孫（歴代誌上 4 : 4）。

②エフライムの息子（歴代誌上 7 : 21）。

③サウル王から逃れるダビデを支援した戦士（歴代誌上 12 : 10）。

④エルサレムの城壁の修復に協力した人（ネヘミヤ記 3 : 19）。

⑤エルサレムの城壁の奉献式に参加した祭司（ネヘミヤ記 12 : 42）。

エタム（ヘブライ語、「猛禽の場所」）

ユダの子孫として『歴代誌上 4 : 3』に挙げられているエタムという名前の付いた町（ヨシュア記 15 : 59）。

エダヤ（ヘブライ語、「ヤーウェは知っている」）

①シメオンの子孫（歴代誌上 4 : 37）。

②ネヘミヤの時代の祭司（歴代誌上 9 : 10、ネヘミヤ記 11 : 10）。

③エルサレムの城壁の再建を助けた人（ネヘミヤ記 3 : 10）。

④バビロンから帰還した別の祭司（ネヘミヤ記 12 : 7・21）。

⑤バビロン捕囚からの帰還者（ゼカリヤ書 6 : 10・14）。

エタン

①有名な知恵者（列王記上 5 : 11）。『歴代誌上 2 : 6・8』ではユダの子孫として登場し、『同 6 : 29、15 : 17・19』ではレビの子孫の、神殿の詠唱者として登場する（同じく詩編 89 : 1 において）。また→エドトンとも呼ばれる。

②神殿の詠唱者アサフ→②の先祖の一人（歴代誌上 6 : 27）。

エチオピア人（使徒言行録 8:27）→クシュ

エツェル

セイルの息子で（創世記 36:21・27・30、歴代誌上 1:38・42）、フリ人の首長の一人。同時にエドム（セイル）に住む部族の名称。

エッサイ（ラテン語のイエッセ）

ベツレヘムに住むエフラタ氏族の人。エッサイの末子がダビデだった（サムエル記上 16:1〜22）。それゆえ、待ち望まれたメシアは、『イザヤ書 11:1・10』では、「エッサイの株（切り株、根）から育つ若枝（新芽）」と呼ばれている。

エツボン

①ガドの息子（創世記 46:16）。『民数記 26:16』ではオズニと呼ばれている。

②ベニヤミンの孫（歴代誌上 7:7）。

エディアエル（ヘブライ語、「神に知られた者」）

①ベニヤミンの息子（歴代誌上 7:6・10〜）。

②ダビデ王の軍の勇士（歴代誌上 11:45）。

③サウル王から逃れるダビデを支援した戦士（歴代誌上 12:21）。

④ダビデの時代のエルサレム神殿の門衛（歴代誌上 26:2）。

エディダ（ヘブライ語、「最愛の人」）

ユダの王ヨシヤの母（列王記下 22:1）。

エディドヤ（ヘブライ語、「ヤーウェに愛された者」）

ソロモンの別名（サムエル記下 12:25）。

エテト

エドムの一地域の首長（創世記 36:40、歴代誌上 1:51）。

エデル（ヘブライ語、アドリエルの短縮形）

①ベニヤミンの子孫（歴代誌上 8:15）。

②レビ人（歴代誌上 23:23、24:30）。

エデン（ヘブライ語、「歓喜」）

①ヒゼキヤ王の時代のレビ人（歴代誌下 29:12）。『同上 6:6』のイド→③と同一人物。

②ヒゼキヤ王の時代のレビ人または祭司。（歴代誌下 31:15）。おそらく①と同一人物であろう。

エドトン

ダビデ王の詠唱者で、神殿の詠唱者や楽士たちの始祖（歴代誌上16:41〜、25:1、詩編39:1）。エタン→①と同一人物。

エドナ

ラグエルの妻で、サラ→②の母、トビアの姑（トビト記7:2〜）。

エトナン（ヘブライ語、「贈り物」）

ユダの子孫の一人（歴代誌上4:7）。

エトニ（ヘブライ語、エトナンの短縮形）

神殿の詠唱者アサフ→②の先祖（歴代誌上6:26）。

エトバアル（フェニキアのイトバアルに対するヘブライ語、「バアルは彼とともに」）

シドンの王で、イゼベル→①の父（列王記上16:31）。

エドム人

死海の南に住む民族。エドム人＊は当初イスラエルの南部諸部族と緊密な関係にあった。だが、ダビデ王がエイラトとエツヨン・ゲベルの都市や、エドムの金銀青銅などを手に入れようとしてエドム人を屈服させてから後、ユダへの敵意がエドムに生じ、その後の数々の戦いにつながった。前587年の、バビロンによるエルサレムの破壊後――これにはエドム人も加担していた（詩編137:7）――、エドム人は人口の減少した南ユダになだれ込んだ。前300年頃、エドムの地に後からナバテア人が押し寄せたことにより、エドム人の居住地はその地域（→イドマヤ）のみに制限されてしまった。

［＊ヤコブの兄弟エサウが→フリ人の地セイルの山地に定着した。エドム人はその子孫。エサウの別名がエドムだったため、セイルはエドムと呼ばれるようになった（創世記36:8）］

エトル

イシュマエル（アブラハムとハガルの子）の息子。その子孫はヨルダン東部に住む一アラブ族となる（創世記25:15、歴代誌上1:31、5:19）。

エトロ（ヘブライ語、「彼〈神〉は豊かに与えた」）

ミディアン人の祭司で、シナイ半島の地域に住むモーセの舅。モーセはエトロのもとに長く滞在していた（出エジプト記3:1、4:18）。

またエトロはモーセのために、生け贄を神に捧げ、共に食事をした（同 **18 : 1〜12**）。他の伝承では、モーセの舅は→ホバブまたはレウエル→②と呼ばれている。

エナン（ヘブライ語、「泉」）

ナフタリ族の指導者アヒラの父（民数記 **1 : 15**）。

エノク

①アダムとエバの長男カインの子（創世記 **4 : 17**）。

② 信仰の深さゆえ、生きたまま（365年間生きた）、「神が取られたのでいなくなった」とされる太古の人物（創世記 **5 : 18〜24**、ヘブライ人への手紙 **11 : 5**）。→セトの系図を参照

エノシュ（ヘブライ語、アダムと同じく「人」を意味するが、あまり使われない語）

有史以前の人物。セトの子で、アダムの孫（創世記 **4 : 26**、**5 : 6**）。

エバ（ヘブライ語のハッヴァ）

『創世記 **3 : 20**、**4 : 1**』では、人類最初の女の名前。『同 **3 : 20**』の記述では、ヘブライ語のハーイ chaj（生きている）と組み合わされたハッヴァ Chawwa（＝エバ）という名前は、様々に説明が試みられてきた（例えばアラム語のヒウヤ chiwja「蛇」）。だが確実な結論には至っていない。ヘブライ語の旧約聖書ではエバという名前についてはそれ以上言及されていない（他には『トビト記 **8 : 6**』に記述されているのみ）。また新約聖書ではエバという名前は単に付随的に挙げられているだけだ。例えば『コリントの信徒への手紙二 **11 : 3**』、『テモテへの手紙一 **2 : 13**』。

エパイネト（ギリシア語、「ほめ讃えられる者」）

アジア州の最初のキリスト教徒の一人（ローマの信徒への手紙 **16 : 5**）。

エパフラス（ギリシア語、エパフロディトの短縮形）

コロサイの教会で教えていた人で（コロサイの信徒への手紙 **1 : 7**、**4 : 12**）、パウロと共に監禁された（フィレモンへの手紙 **23**）。

エパフロディト（ギリシア語、「〈女神〉アフロディテに寵愛された」、「愛すべき」）

フィリピの教会の信徒で、教会からの使者として、囚人パウロに贈

り物を届けた人（フィリピの信徒への手紙 2：25〜30、4：18）。

エバル

①セイルの孫で（創世記 36：23、歴代誌上 1：40）、同時にエドム（セイル）に住む一氏族の名称。

②オバルを参照

エハレルエル（ヘブライ語、「神は光を放つ」）

①カレブ→②の子孫（歴代誌上 4：16）。

②レビ人アザルヤ→⑯の父（歴代誌下 29：12）。

エヒ

ベニヤミンの息子（創世記 46：21）。

エビ

荒れ野を彷徨中のイスラエル人に制圧されたミディアンの王たちの一人（民数記 31：8、ヨシュア記 13：21）。

エヒエル（ヘブライ語、「神よ、彼が生き長らえますように」）

①サウル王の先祖（歴代誌上 9：35）。

②レビ人。門衛で、琴の奏者（歴代誌上 15：18・20、16：5）。

③レビ人で、神殿の宝物庫の責任者の一人（歴代誌上 23：8、26：21〜、29：8）。

④ダビデ王の息子たちの養育係（歴代誌上 27：32）。

⑤ユダの王ヨシャファトの息子の一人（歴代誌下 21：2）。

⑥⑦ユダの王ヒゼキヤの治世のレビ人２人（歴代誌下 29：14、31：13）。

⑧ユダの王ヨシヤの時代の祭司（歴代誌下 35：8）。

⑨オバドヤ→⑩の父（エズラ記 8：9）。

⑩祭司（エズラ記 10：21）と、

⑪別のイスラエル人（エズラ記 10：2・26）の２人は、異民族の妻を離縁した。

エピクロス派

エピクロス（B.C.341〜B.C.270）によって築かれたアテネの学派。何にも煩わされない平静な生き方をその最高目的とした。エピクロス派については『使徒言行録 17：18』に言及されている。

エヒズキヤ（ヘブライ語、「ヤーウェは強める」）

北王国イスラエルの、エフライム人の頭の一人（歴代誌下 28 : 12）。

エピファネス（ギリシア語、「顕現〈神〉」）

次のシリア王たちの別名

①アンティオコス 4 世（マカバイ記一 1 : 10）。

②アレキサンドロス・バラス（マカバイ記一 10 : 1）。

エヒヤ

レビ人で、契約の箱を守った門衛（歴代誌上 15 : 24）。

エビル・メロダク（バビロニア語、「マルドゥクの崇拝者」→マルドゥク）

ユダの王ヨヤキンを捕囚生活37年目に出獄させたネブカドネツァルの息子のバビロン王（B.C.562～B.C.560）（列王記下 25 : 27～30、エレミヤ書 52 : 31～34）。

エファ（～人）

①エファ人は、アラビアに住む一部族で、ミディアン人と親族関係にあった（創世記 25 : 4、イザヤ書 60 : 6、歴代誌上 1 : 33）。

②カレブ→①の側女（歴代誌上 2 : 46）。

③そのひ孫（歴代誌上 2 : 47）。

エファイ（ヘブライ語、「小鳥」）

ユダ族の人。その息子たちは軍の長として、総督ゲダルヤ→①の下に結集した（エレミヤ書 40 : 8）。

エフェル（ヘブライ語、「シカ、ノロジカ、ガゼルの子」）

①ミディアン（アブラハムとケトラの子）の息子（創世記 25 : 4、歴代誌上 1 : 33）。

②カレブ→②の子孫（歴代誌上 4 : 17）。

③マナセの部族の家系の長（歴代誌上 5 : 24）。

エフォド

マナセの部族の指導者ハニエル→①の父（民数記 34 : 23）。

エブス人

エルサレムの先住民（ヨシュア記 15 : 63、士師記 1 : 21、サムエル記下 5 : 6）。しばしばカナン地方の民族の一つに挙げられる（出エジプト記 3 : 8）。

エフタ（ヘブライ語、「彼〈神〉は〈胎を〉開かれた」）

士師の時代の勇者。イスラエルの民に対するアンモン人の襲撃をギレアドの地で撃退した（士師記 **10 : 6 - 12 : 6**）。また士師として活躍した（同 **12 : 7**）。エフタに関する様々な伝承をまとめた記録の中には、エフタが誓約を立てたために一人娘を失った話などが載っている。彼女の生け贄の死を（というより、むしろ処女性の喪失だったと思われる）イスラエルの娘たちは毎年悼んだ（同 **11 : 30〜40**）。その他、シイボレトにまつわるエピソードなどが記載されている（同 **12 : 1〜6**）。

エフド

①モアブの王エグロンを刺殺して、イスラエル人を圧政から解放した士師（士師記 **3 : 15 - 4 : 1**）。

②ベニヤミンの子孫の一人（歴代誌上 **7 : 10**）、おそらく①と同一人物。

エフネ

①カナンの土地偵察に遣わされたユダ族の指導者カレブ→②の父（民数記 **13 : 6**）。

②アシェルの子孫（歴代誌上 **7 : 38**）。

エブヤサフ　→アビアサフ

エフライム（〜族）

イスラエルの12部族のうちの一部族。エフライム族はパレスチナ中央部の同名の山地の南側に住んでいた。ダビデとソロモンの統一王国が分裂して以来、エフライム族は、北王国イスラエルの指導的部族となった。そのため、北王国はしばしば預言者たちから単にエフライムと呼ばれた（ホセア書 **4 : 17**、イザヤ書 **7 : 2**）。北王国の滅亡と同時にアッシリアの支配下に陥ったエフライムは、ヨシヤ王によって南王国ユダに併合され、また、バビロンによる支配以降は、サマリア州の一部となった。この部族の先祖は、ヨゼフ（ヤコブとラケルの子）の息子で、マナセの弟エフライムとされる（創世記 **41 : 50〜52**）。

エフラタ

ベツレヘムの周辺に、あるいはベツレヘムに住んでいた氏族の呼び名で、ダビデもベツレヘム出身のエフラタ人だった（サムエル記上 **17 : 12**、ルツ記 **1 : 2**）。この氏族はユダ族のカレブの妻エフラタに遡る（歴代誌上 2:19、4:4）。

エフラル（ヘブライ語、「ひび割れした、刻み目のある」）

エラフメエル→①の子孫（歴代誌上 2:37）。

エフロン（ヘブライ語、「子鹿」、→エフェル）

アブラハムは妻サラの埋葬のため、ヘト人エフロンから畑やマクペラの洞窟を買った（創世記 23:8〜18）。

エヘズケル（ヘブライ語、「神が力を与えてくださるように」、ヘブライ語でエゼキエルと同義）

ダビデ王時代の祭司の一グループの長（歴代誌上 24:16）。

エベド（ヘブライ語、「しもべ」、→アブドゥ）

①シケムの王アビメレク→②に対し、反乱を指揮して戦い、敗走したガアルの父（士師記 9:26〜40）。

②バビロンから子孫が帰還した一族の家長（エズラ記 8:6）。

エベド・メレク（ヘブライ語、「王の僕」）

水溜めに投げ込まれた預言者エレミヤを救い出したゼデキヤ王のエチオピア人宦官（エレミヤ書 38:7〜13、39:15〜18）。

エベル

①セムのひ孫（創世記 10:21・24）。

②ガドの子孫（歴代誌上 5:13）。

③ベニヤミンの子孫（歴代誌上 8:12）。

④もう一人のベニヤミンの子孫（歴代誌上 8:22）。

⑤バビロン捕囚から帰還した祭司の家の家長（ネヘミヤ記 12:20）。

エベレクヤ（ヘブライ語、「ヤーウェは祝福する」）

ゼカルヤ→㉘の父（イザヤ書 8:2）。

エボディア（ギリシア語、「良き道を行く女性」）

フィリピの教会の女性信徒（フィリピの信徒への手紙 4:2）。

エミマ（ヘブライ語、「鳩」）

ヨブの娘（ヨブ記 42:14）。

エミム人

ヨルダン川東部の原住民に対してモアブ人たちが呼んでいた名（創世記 14:5、申命記 2:10〜）。

エムエル

シメオンの息子（創世記46:10、出エジプト記6:15、民数記26:12）。ネムエルとも呼ばれている。

エラ

①エドムの首長の一人。同時にエドムの一地域の名称ともなった（創世記36:41、歴代誌上1:52）。

②ソロモン王の知事の一人シムイ→④の父（列王記上4:18）。

③北王国イスラエルの王（B.C.883〜B.C.882）。短期間の統治後、家臣ジムリに殺害された（列王記上16:6〜14）。

④北王国イスラエルの王ホシェアの父（列王記下15:30、17:1、18:1・9）。

⑤カレブ→②の息子（歴代誌上4:15）。

⑥捕囚期後に、エルサレムに住んだ一族の家系の長（歴代誌上9:8）。

エラスト（ギリシア語、「望ましい」）

パウロの第三回宣教旅行の協力者（使徒言行録19:22）。おそらく『ローマの信徒への手紙16:23』『テモテへの手紙二4:20』に挙げられたエラストと同一人物。

エラフメエル（〜人）（ヘブライ語、「神は憐れむ」）

①ヘツロンの子、カレブの兄弟、ユダのひ孫。ユダ族に属する一氏族エラフメエル人の祖（歴代誌上2:9・25〜33・42、サムエル記上27:10、30:29）。

②レビ人（歴代誌上24:29）。

③ユダの王ヨヤキムの息子（エレミヤ書36:26）。

エラム（〜人）

①『創世記10:22』によれば、エラム（セムの息子）は、バビロニアの東の、首都スサ（現在のイラン）を持つエラムの国民の始祖となった（イザヤ書11:11、21:2、22:6）。メソポタミアの諸王国との様々な争いのうちに、エラムは前639年にアッシリアの、次にメディアの、最終的にペルシアの支配下に入った。

②ベニヤミンの子孫（歴代誌上8:24）。

③ダビデ王の時代のエルサレム神殿の門衛（歴代誌上26:3）。

④子孫がバビロンから帰還した一族の先祖（エズラ記2:7、8:7、10:26）。一族の頭が律法順守の誓約に捺印した（ネヘミヤ記10:

15)。

⑤エルサレムの城壁の奉献式に参加した祭司の一人（ネヘミヤ記12:42)。

エラン

エフライムの子孫の一人（民数記26:36)。

エリ

①ガドの息子（創世記46:16、民数記26:16)。

②預言者サムエルを養育したシロの祭司。エリは、２人の息子がペリシテ人との戦さに倒れたことを聞き、自分も死んだ（サムエル記上1-4)。この災厄は、息子たちによる祭司職の悪用に起因するとされる（同2:12〜36)。

③イエスの先祖（ルカによる福音書3:23)。

エリア　→エリヤ

エリアキム（ヘブライ語、「わが神は起き上がらせてくださる」）

イエスの先祖２人の名前（マタイによる福音書1:13、ルカによる福音書3:30)。

エリアタ

ダビデの時代の詠唱者の一グループの長（歴代誌上25:4・27)。

エリアブ（ヘブライ語、「わたしの神は父」）

①ゼブルン族の長（民数記1:9、2:7)。

②ルベン族の人で、ダタンとアビラム→①の父（民数記16:1)。

③ダビデの長兄（サムエル記上16:6、17:13〜28)。

④『歴代誌上6:12』によれば、サムエルの先祖の一人。『サムエル記上1:1』ではエリフ→①と呼ばれている。

⑤サウル王から逃れるダビデに味方した戦士（歴代誌上12:10)。

⑥レビ人の門衛で、楽士（歴代誌上15:18・20)。

⑦ユディト→②の先祖（ユディト記8:1)。

エリアム（ヘブライ語、「わたしの神はおじ、民の神」）

①アミエル→③の代わりにエリアムと呼ばれている（サムエル記下11:3)。

②ダビデ王の軍の戦士の一人（サムエル記下23:34)。

エリウ（ヘブライ語、「わが神はヤーウェ」）

ユディト→②の先祖の一人（ユディト記 8:1）。

エリウド

イエスの系図による先祖（マタイによる福音書 1:14〜）。

エリエゼル（ヘブライ語、「わが神は助け」）

①アブラハムのしもべ（創世記 15:2）。

②モーセの息子の一人。レビ族の家系の先祖（出エジプト記 18:4、歴代誌上 23:15・17、26:25）。

③ベニヤミンの子孫の一人（歴代誌上 7:8）。

④契約の箱がエルサレムに運ばれた折に、ラッパを吹いた祭司の一人（歴代誌上 15:24）。

⑤ルベン族の指導者（歴代誌上 27:16）。

⑥ユダの王ヨシャファトの時代の預言者（歴代誌下 20:37）。

⑦エズラがイド→⑥のもとへ送った使者の一人（エズラ記 8:16）。

⑧〜⑩異民族の妻を離縁した3人のイスラエル人（エズラ記 10:18・23・31）。

⑪イエスの先祖（ルカによる福音書 3:29）。

エリエナイ（ヘブライ語、エルヨエナイの短縮形）

ベニヤミンの子孫（歴代誌上 8:20）。

エリエル（ヘブライ語、「わが神は神」）

①マナセの部族の一家系の長（歴代誌上 5:24）。

②預言者サムエルの先祖（歴代誌上 6:19）。『サムエル記上 1:1』ではエリフ→①と呼ばれている。

③（ヘブライ語、「神は見ている」の意味のエリエル）
イサカルの孫（歴代誌上 7:2）。

④ベニヤミンの子孫の一人（歴代誌上 8:20）。

⑤別のベニヤミンの子孫（歴代誌上 8:22）。

⑥⑦ダビデ王の軍の2人の戦士（歴代誌上 11:46・47）。

⑧サウル王から逃れるダビデを支援した戦士の一人（歴代誌上 12:12）。

⑨契約の箱をエルサレムに運ぶために選ばれたレビ人の一人（歴代誌上 15:9・11）。

⑩ヒゼキヤ王の時代のレビ人（歴代誌下 31:13）。

エ

エリオト（ヘブライ語「おく病な」）
カレブ→①の妻の一人（歴代誌上 2 : 18）。

エリカ
ダビデ王の軍の勇士（サムエル記下 23 : 25）。

エリサベト（ヘブライ語のエリシェバのギリシア語形、「神は豊饒、幸い」）
洗礼者ヨハネの母で、イエスの母マリアの親族の女性（ルカによる福音書 1）。

エリシェバ（ヘブライ語、「神は豊饒、幸い」）
アロン（モーセの兄弟）の妻（出エジプト記 6 : 23）。

エリシャ（ヘブライ語、「神が救った」）
①ヤフェト（ノアの三男）の子孫の一人（創世記 10 : 4、歴代誌上 1 : 7）。キプロス島の住民はおそらくその子孫（エゼキエル書 27 : 7）。
②北王国イスラエルの預言者（B.C. 9 世紀）。『列王記上 19 : 19〜21』『同下 2』によれば、預言者エリヤによって後継者に任命された。『同下 2 - 8、13』のエリシャに関するほとんど伝説的な物語は、「預言者の仲間たち」と呼ばれる宗教的な共同体において、またダマスコのアラム人との抗争において、エリシャを奇跡を行う人、そして緊急時の救い手として描いている。エリシャが超心理学的能力を有したこと、ギルガルの「預言者の仲間たち」の共同体（リズミカルな動きで恍惚状態になる人たち）の代表だったこと、またイエフ→②の謀反に間接的に加わり（同下 9 : 1〜10）、イエフを正しいヤーウェ信仰の戦力とみなして謀反を支援したことなどは、歴史的に合致すると言えるであろう。

エリシャファト（ヘブライ語、「わが神が裁いた」）
ユダの女王アタルヤに対する謀反の計画に加わった人（歴代誌下 23 : 1）。

エリシャマ（ヘブライ語、「わたしの神は聞いてくださった」）
①エフライム族の指導者（民数記 2 : 18）。
②ダビデ王の息子の一人（サムエル記下 5 : 16、歴代誌上 3 : 8）。
③ゲダルヤ→①を殺したイシュマエル→②の祖父（列王記下 25 : 25、エレミヤ書 41 : 1〜2）。

④エラフメエル→①の子孫（歴代誌上 2:41）。
⑤ダビデの息子エリシュアが誤記されたもの（歴代誌上 3:6）。
⑥ヨシャファト王がユダの町々に律法を教えるために遣わした祭司（歴代誌下 17:8）。
⑦ユダの王ヨヤキムの書記官（エレミヤ書 36:12・20～）。

エリシュア（ヘブライ語、「わが神は助け」）
ダビデ王の息子（サムエル記下 5:15、歴代誌上 14:5）。『歴代誌上 3:6』では誤ってエリシャマと呼ばれている。

エリダド（ヘブライ語、「わたしの神はおじ、ないしは友」または「わたしの神は愛してくださった」、エルダドと同義）
カナンの土地配分の際に、ベニヤミン族を代表した指導者（民数記 34:21）。

エリツァファン（ヘブライ語、「わたしの神が守って下さった」）
①レビ人ケハトの氏族の家系の代表者（民数記 3:30）。
②カナンの土地配分の際にゼブルン族を代表した指導者（民数記 34:25）。

エリツル（ヘブライ語、「わが神は岩」）
ルベン族の指導者（民数記 2:10）。

エリバイ（ヘブライ語、「彼〈神〉は闘う」、ヤリブと同義）
ダビデ王の軍の戦士（歴代誌上 11:46）。

エリフ（ヘブライ語、「わが神は彼」または「それがわが神」）
①預言者サムエルの先祖（サムエル記上 1:1）。『歴代誌上 6:12』ではエリアブ→④、『同 6:19』ではエリエル→②と呼ばれているが、その理由は不明。
②サウル王から逃れるダビデを支援した戦士（歴代誌上 12:21）。
③ダビデ王の時代のエルサレム神殿の門衛（歴代誌上 26:7）。
④ダビデの兄弟の一人（歴代誌上 27:18）。
⑤『ヨブ記』におけるヨブの 4 人目の対話者。この人物とその発言（同 32 - 37）は、後から追加された。

エリファズ
①エドム人の祖エサウの息子（創世記 36:4～16）。
②ヨブの友人の一人（ヨブ記 2:11）。

エリファル（ヘブライ語、エリフェレトの短縮形、または「神は仲裁に入った」）

ダビデ王の軍の戦士（歴代誌上 **11 : 35**）。『サムエル記下 **23 : 34**』ではエリフェレト→②と呼ばれている。

エリフェレト（ヘブライ語、「わが神は救い」、エルペレトと同義）

①ダビデの息子の一人（サムエル記下 **5 : 16**、歴代誌上 **3 : 8**、**14 : 7**）。『歴代誌上 **14 : 5**』ではエルペレトとして記されているが、誤ってつけ加えられたようだ。

②ダビデ王の軍の勇士の一人（サムエル記下 **23 : 34**）。『歴代誌上 **11 : 35**』ではエリファルと呼ばれている。

③サウル王の子孫（歴代誌上 **8 : 39**）。

④バビロン捕囚から帰還した人（エズラ記 **8 : 13**）。

⑤捕囚期後、異民族の妻を離縁したイスラエル人（エズラ記 **10 : 33**）。

エリフェレフ

レビ人。門衛で、竪琴の奏者（歴代誌上 **15 : 18・21**）。

エリホレフ

ソロモン王の書記官（列王記上 **4 : 3**）。

エリマ

魔術師バルイエスの別名。今日その由来などは不明（使徒言行録 **13 : 8**）。

エリメレク（ヘブライ語、「わが神は王」）

ベツレヘム出身のエフラタ人。飢饉のため、家族を連れてモアブの地へ移住した。ルツの義父にあたる（ルツ記 **1 : 1〜4**）。

エリモト（ヘブライ語、「肥満体」）

①ベニヤミンの孫（歴代誌上 **7 : 7**）。

②サウル王から逃れるダビデを支持した戦士（歴代誌上 **12 : 6**）。

③レビ人（歴代誌上 **24 : 30**）。エレモト→②と同一人物。

④レビ人。神殿の詠唱者の一グループの長（歴代誌上 **25 : 4・22**）。エレモト→④とも呼ばれる。

⑤ナフタリ族の指導者（歴代誌上 **27 : 19**）。

⑥ダビデ王の息子の一人（歴代誌下 **11 : 18**）。

⑦ヒゼキヤ王の時代のレビ人（歴代誌下 31 : 13）。

エリヤ（ヘブライ語、「わが神はヤーウェ」）

①前 9 世紀の預言者。エリヤは北王国イスラエルで何よりまずアハブ王とイゼベル王妃の敵対者として活動した。『列王記上 17 - 19、21、同下 1 - 2』にエリヤについて報告されている。エリヤの預言どおり、アハブ王の偶像崇拝が原因で干ばつが一帯を襲う。その間、エリヤは鴉の運ぶ食料に養われ、また窮乏する寡婦を奇跡によって救け、死んだ子どもを生き返らせる（同上 17）。アハブ王との会見後、神の裁きを通して、カルメル山上の祭壇をバアル崇拝者の手からヤーウェに引き戻し、雨乞いで旱魃を終結させる（同上 18）。イゼベルの追手から逃れる途中でエリヤは天使に助けられ、ホレブの山に行き着いて神の顕現の証人となる（同上 19）。ぶどう畑の所有者ナボトに対して裁判殺人を犯したアハブとイゼベルに、エリヤはアハブ王朝の絶滅を預言する（同上 21）。さらに、王の後継者となった息子アハズヤが、病気の際にヤーウェを信頼せず、ペリシテ人の町エクロンの神バアル・ゼブブに頼ったことで（同下 1）、アハズヤにその死を預言する。最後にエリヤはエリシャを自らの後継者とした（同下 2）。——こうしたエリヤ物語の一部（特に同上 17）は、紛れもなく伝説上の奇跡話である。その他にも、どの程度まで実際の出来事に即しているのか疑わしい部分がある。だがそれは、エリヤが純粋なヤーウェ信仰を確固として擁護したことや、後世の人々が彼の活動に深い感銘を受けて、物語の中のエリヤの人物像を著しく発展させたことを示している。——後の時代になるとエリヤへの評価が増々高くなり、いつかヤーウェが来る日の前に、まずエリヤが戻って来るはずだと待ち望むまでに至った（マラキ書 3 : 23〜、シラ書 48 : 10、マルコによる福音書 9 : 11〜）。

②ベニヤミンの子孫（歴代誌上 8 : 27）。

③（ヘブライ語、「ヤーウェは見ている」の意味のエリヤ）
レビ人。ヘブロンの長男（歴代誌上 23 : 19、24 : 23、26 : 31）。

④⑤異民族の妻を離縁した 2 人のイスラエル人（エズラ記 10 : 21・26）。

エル

①（El）

セム系の言葉で「神」。カナン地方における最高神の名称だった。旧約聖書中の神に対するいくつかの呼び名は――例えば「エル・ベテル（ベテルの神）」（創世記 35 : 7）、「エル・シャダイ（全能の神）」、「エル・ロイ（私を顧みる神）」（同 16 : 13）など――最初は（→バアルのように）イスラエル人が彼らの神ヤーウェと同一視した最高神のいろいろな様相を表したものだったのであろう。それに呼応して、旧約聖書中の他の箇所で、また特に詩編で、ヤーウェは度々エルと呼ばれている。また人名も「エル」が構成要素になっているものが多い。

②ユダの長男。タマル→①の最初の夫（創世記 38 : 3・6～）。

③ユダの孫の一人（歴代誌上 4 : 21）。

④イエスの先祖（ルカによる福音書 3 : 28）。

エルアサ（ヘブライ語、「神が創った」）

①エラフメエル→①の子孫の一人（歴代誌上 2 : 39～）。

②サウル王の子孫の一人（歴代誌上 8 : 37、9 : 43）。

③エズラの勧めに従い、異民族の妻を離縁した祭司の一人（エズラ記 10 : 22）。

④ユダの王ゼデキヤがネブカドネツァル王のもとに派遣した人（エレミヤ書 29 : 3）。

エルアザル（ヘブライ語、「神は助けた」）

①アロンの息子の一人で、エルサレムの主要な祭司の家系の先祖（出エジプト記 6 : 23、歴代誌上 5 : 29）。

②アビナダブ→③の息子。キルヤト・エアリムの家で契約の箱を守った（サムエル記上 7 : 1）。

③ダビデ王の軍の 3 勇士の一人（サムエル記下 23 : 9、歴代誌上 11 : 12）。（歴代誌上 27 : 4）ではドダイとも呼ばれている。

④レビ人（歴代誌上 23 : 21～）。

⑤エズラの時代に、神殿で奉仕した人（エズラ記 8 : 33）。

⑥エズラの時代に、異民族の妻を離縁したイスラエル人（エズラ記 10 : 25）。

⑦ネヘミヤの時代の祭司の一人（ネヘミヤ記12:42）。

エルアダ（ヘブライ語、「神は身を装った」）

エフライムの子孫の一人（歴代誌上7:20）。

エルアド（ヘブライ語、「神は立証した」または「神は再び向いた」）

エフライムの息子の一人（歴代誌上7:21）。

エルウザイ（ヘブライ語、「神は力」、またはエリエゼルの短縮形）

サウル王から逃れるダビデを支持した戦士（歴代誌上12:6）。

エルカナ（ヘブライ語、「神が創った」）

①レビの子ケハトの子孫（出エジプト記6:24、歴代誌上6:8・10・21）。

②エルカナ→③の子孫（歴代誌上6:12・19）で、サムエルの父（サムエル記上1:1）。

③エルカナ→①の子孫（歴代誌上6:11・20）。

④サウル王から逃れるダビデの側についた戦士（歴代誌上12:7）。

⑤レビ人。ベレクヤ→③の祖父（歴代誌上9:16）。

⑥もう一人のレビ人（歴代誌上15:23）。

⑦ユダの王アハズの代行（歴代誌下28:7）。

エルザバド（ヘブライ語、「神が贈ってくださった」）

①サウル王から逃れるダビデを支援した戦士（歴代誌上12:13）。

②ダビデ王の時代のエルサレム神殿の門衛（歴代誌上26:7）。

エルシャ（ヘブライ語、「占有された女」）

ユダの王ヨタムの母（列王記下15:33、歴代誌下27:1）。

エル・シャダイ　→シャダイ

エルダア

ミディアン（アブラハムとケトラの子）の息子（創世記25:4、歴代誌上1:33）。

エルダド（ヘブライ語、「神はおじ、友」または「神は愛してくださった」、エリダドと同義）

イスラエルの民がシナイの荒れ野を彷徨していた頃、預言状態に陥った長老の一人（民数記11:26～）。

エルナアム（ヘブライ語、「神は至福」）

ダビデ軍の2人の勇士エリバイとヨシャウヤの父（歴代誌上11:

46)。

エルナタン（ヘブライ語、「神が与えた」）

①ユダの王ヨヤキンの母方の祖父（列王記下 24 : 8）。

②③エズラがイド→⑥のもとへ遣わした２人の使者（エズラ記 8 : 16）。

④ユダの王ヨヤキムがエジプトへ遣わした役人（エレミヤ書 26 : 22、36 : 12・25）。おそらくエルナタン→①と同一人物。

エルバアル（ヘブライ語、「バアルは闘う」または「バアルは偉大」）

アビメレク→②の父で（士師記 9 : 1〜5）、ギデオンと同一人物視される（同 6 : 32、7 : 1）。だが彼とは区別されるべきであろう。

エルパアル（ヘブライ語、「神がなさった」）

ベニヤミンの子孫（歴代誌上 8 : 11・12・18）。

エルハナン（ヘブライ語、「神は慈悲深い」）

①ダビデ王の軍の勇士の一人。『サムエル記上 17』では、大男ゴリアトを討ったのはダビデとされているが、それと平行してエルハナンが討ったとする伝承もある（同下 21 : 19）。さらに別の伝承もある（歴代誌上 20 : 5）。

②ダビデ王の、別の勇士（サムエル記下 23 : 24、歴代誌上 11 : 26）。

エル・ベリト　→バアル・ベリト

エルペレト（ヘブライ語、「わが神は救い」、エリフェレトと同義）

『歴代誌上 14 : 5』に、誤ってつけ加えられたと思われる。エリフェレト→①を参照。

エルマダム

イエスの先祖（ルカによる福音書 3 : 38）。

エルヤキム（ヘブライ語、「わが神は起き上がらせてくださる」）

①ユダの王ヒゼキヤの宮廷長（イザヤ書 22 : 20）で、アッシリアによるエルサレム包囲の際の交渉人（列王記下 18 : 18 - 19 : 2、イザヤ書 36 : 3 - 37 : 2）。

②ユダの王ヨヤキムの改名以前の名前（列王記下 23 : 34、歴代誌下 36 : 4）。

③捕囚期後のエルサレムの祭司（ネヘミヤ記 12 : 41）。

エルヤサフ（ヘブライ語、「神はつけ加えた」）

①ガド族の指導者（民数記 2 : 14）。

②レビ人ゲルションの氏族の家系の代表者（民数記 3 : 24）。

エルヤシブ（ヘブライ語、「わが神は連れ戻してくださる」）

①→ヨヤキン王の子孫（歴代誌上 3 : 24）。

②ダビデの時代の祭司の一グループの長（歴代誌上 24 : 12）。

③ヨハナン→⑫の父（エズラ記 10 : 6）。

④エルサレムの城壁の再建に協力した大祭司（ネヘミヤ記 3 : 1、3 : 20）。ヨハナン→⑬とヨヤダ→⑤の父（同 12 : 23、13 : 28）。

⑤～⑦異民族の妻を離縁したイスラエル人３人（エズラ記 10 : 24、27 : 36）。

⑧神殿の祭司室を管理した祭司（ネヘミヤ記 13 : 4～7）。

エルヤダ（ヘブライ語、「神は知っている」）

①ダビデ王の息子の一人（サムエル記下 5 : 16、歴代誌上 3 : 8）。『歴代誌上 14 : 7』では、より正確にベエルヤダと呼ばれている。

②ダマスコのレゾン王の父（列王記上 11 : 23）。

③ユダの王ヨシャファトの軍の隊長（歴代誌下 17 : 17）。

エルヤフバ（ヘブライ語、「神はかくまう」）

ダビデ王の軍の戦士（サムエル記下 23 : 32、歴代誌上 11 : 33）。

エルヨエナイ（ヘブライ語、「私の目はヤーウェに〈向いている〉」）

①→ヨヤキン王の子孫（歴代誌上 3 : 23～）。

②シメオンの子孫（歴代誌上 4 : 36）。

③ベニヤミンの子孫（歴代誌上 7 : 8）。

④ダビデの時代のエルサレムの神殿の門衛（歴代誌上 26 : 3）。

⑤バビロン捕囚から帰還した一族の家長（エズラ記 8 : 4）。

⑥エズラの勧告で、異民族の妻を離縁した祭司（エズラ記 10 : 22、ネヘミヤ記 12 : 41）。

⑦異民族の妻を離縁したもう一人のイスラエル人（エズラ記 10 : 27）。

エル・ロイ（ヘブライ語、「わたしを顧みられる神」）

ハガル（サラの女奴隷）が呼んだ神の名（創世記 16 : 13）。

エレアザル（ヘブライ語、「神は助けた」）

①ユダ→⑧・マカバイの兄弟の一人（マカバイ記一 2 : 5）。

②ユダ・マカバイがローマに派遣した使者ヤソン→①の父（マカバイ記一 **8:17**）。

③ユダヤ教の律法学者で、殉教者（マカバイ記二 **6:18～31**）。

④マカバイ時代のユダヤ教指導者（マカバイ記二 **8:23**）。アザリア→②と同一人物。

⑤『シラ書 **50:27**』では、シラの父で、イエススの祖父。

⑥イエスの系図による先祖の一人（マタイによる福音書 **1:15**）。

エレマイ

エズラの勧めで、異民族の妻を離縁したイスラエル人（エズラ記 **10:33**）。

エレミヤ（ヘブライ語、「ヤーウェは築く」、ヘブライ語でイルメヤと同義）

『エレミヤ書 **1:1～3**』によれば、エレミヤは前627～前587年まで活動したユダの預言者。エレミヤの伝える言葉の中心となるテーマは、同朋民族の宗教的および道徳的退廃に対する糾弾と、そのためヤーウェが国民に災いをもたらすであろうとの警告である。『エレミヤ書 **2**、**3:1～5・19～**』の部分と、北から来る敵を予告する言葉を集めた『同 **4:5-6:26**』の部分は、エレミヤの活動初期に――前621年のヨシヤ王による改革以前に――書かれたものである。それと並び、エレミヤはおそらくヨシヤ王の治世の晩年に、かつての北王国イスラエルの救済を預言している（少なくとも『同 **3:12**～、**31:15～20**』において）。『同 **7-20**』に収められた預言の言葉は、エレミヤがその筆者である限り、大半はヨヤキム王の治世（B.C.608～B.C.598）のもののようである。『同 **13:15～27**、**22:20～23**』は、ヨヤキン王の治世（B.C.598、B.C.597年頃）の、また『同 **23:5～・9～31**』はゼデキヤ王の治世（B.C.597～B.C.587）のものと思われる。王家や個々の王に係わる言葉（同 **21:11～14**、**22:6～22**）を含めた災いの宣告を、エレミヤは象徴的な筋書きを通して強調する（例えば、同 **13:1～10**、**27:1～12**）。異民族に対する預言の言葉（同 **46-51**）に関しては、『同 **46:3～11**』（エジプト関係）はエレミヤによるものだが、『同 **50:1-51:58**』（バビロン関係）がエレミヤによって書かれたものでないことだけは確かである。嘆きのモティーフの度重なる使用（同 8:4〜7、12:7〜13）や、エレミヤの所謂「信仰告白」（同 12:1〜5、15:15〜21、20:7〜13）からも、彼が非常に感受性の強い性質だったことが明らかになると言えるであろう。――『エレミヤ書』にはエレミヤの言葉のほかに、多くの報告事項が収められている。その中には、前608〜前593年頃に亘った預言者エレミヤに対する敵視や（同 20:1〜6、26、28 - 29）、とりわけ、前588〜前587年のユダの歴史の終幕においてエレミヤがエジプトへ連れ去られるまでのことが語られている（同 37 - 43）。その主な原因は、ヨヤキム王やゼデキヤ王によって執り行われ、もしくは支持された政治、遂にはバビロンの支配に抵抗して反乱を起こすに至ったその政治に対して、エレミヤが立ち向かったことにあったという。

エレモト（ヘブライ語、「肥満体」）

①ベニヤミンの子孫（歴代誌上 7:8）。

②レビ人（歴代誌上 23:23）。エリモト→③と同一人物。

③エロハム→②。

④エリモト→④。

⑤〜⑦異民族の妻を離縁した3人のイスラエル人（エズラ記 10:26・27・29）。

エロハム

①サムエルの祖父（サムエル記上 1:1、歴代誌上 6:12・19）。

②ベニヤミンの子孫（歴代誌上 8:14・27）。エレモト→③とも呼ばれている。

③捕囚期後にエルサレムに住んだベニヤミン族の人（歴代誌上 9:8）。

④祭司アダヤ→⑤の父（歴代誌上 9:12、ネヘミヤ記 11:12）。

⑤サウル王から逃れるダビデを支持した勇士（歴代誌上 12:8）。

⑥アザルエル→④の父（歴代誌上 27:22）。

⑦百人隊の長アザルヤ→⑫の父（歴代誌下 23:1）。

エロン

①エサウ（ヤコブの兄）の義父。『創世記 26:34』ではバセマトの父、『同 36:2』ではアダ→②の父と記されている。

②ゼブルンの息子（創世記 46:14、民数記 26:26）。

③士師（士師記 12:11）。

オ

オグ

ヨルダン川東側の、諸都市が点在した地域バシャンの王。旧約聖書の伝承では、オグはモーセによって制圧された（民数記 21 : 32～35）。また度々→シホンと並んでその名が挙げられている。オグの本拠地はアシュタロトとエドレイだった（ヨシュア記 9 : 10、12 : 4）。

オクス

ユディトの祖父（ユディト記 8 : 1）。

オクラン（ヘブライ語、「苦悩に満ちた」）

パグイエルの父（民数記 1 : 13）。

オジア（ヘブライ語、「ヤーウェはわが力」）

伝説上の町ベトリアの指導者（ユディト記 6 : 15～21）。

オジエル（ヘブライ語、「神はわが力」）

ユディトの先祖（ユディト記 8 : 1）。

オスナパル

アッシリアの王アシュルバニパル（B.C.669～B.C.630）の別名（エズラ記 4 : 10）。

オズニ（ヘブライ語、アザンヤの短縮形）

ガドの息子（民数記 26 : 16）。エツボン→①と同一人物（創世記 46 : 16）。

オツェム（ヘブライ語、「かんしゃくもちの」）

①ダビデの兄（歴代誌上 2 : 15）

②エラフメエル→①の息子（歴代誌上 2 : 25）。

オデド（ヘブライ語、「彼〈神〉は助け起こした」）

①預言者アザルヤ→⑨の父（歴代誌下 15 : 1・8）。

②アハズ王の時代の預言者（歴代誌下 28 : 9～11）。

オトニ

エルサレムの神殿の門衛（歴代誌上 26 : 7）。

オトニエル

①『ヨシュア記 15 : 15〜19』『士師記 1 : 11〜15』によれば、カレブ→②と姻戚関係にあったイスラエル初期の頃の人。南パレスチナの町デビルを居住地に獲得し、カレブの娘を妻に得た（ヨシュア記 15 : 15〜19、士師記 1 : 11〜15）。おそらくカレブ族と同じく、→ユダ族が率いた 6 部族連合＊に属するオトニエル族の始祖だと思われる。このオトニエルは『士師記 3 : 7〜11』に最初の士師として登場する。

②カブリスの父（ユディト記 6 : 15）。

［＊ 6 部族連合は主導権を握るユダ族、ユダの地の南部に定住していたシメオン族、カレブ族、オトニエル族（またはケナズ族）、カイン族、エラフメエル族からなる連合。彼らが「ユダの家（ユダ→①を参照）」を形成していた］

オドメラ

おそらくマカバイ家のヨナタン→⑰に討たれたアラブ族の指導者（マカバイ記一 9 : 66）。

オナム（ヘブライ語、「力、富」）

①セイルの孫の名前。またエドムの一氏族の名前となる（創世記 36 : 23、歴代誌上 1 : 40）。

②エラフメエル→①の息子（歴代誌上 2 : 26・28）。

オナン（ヘブライ語、「力、富」）

ユダの息子の一人。死亡した兄弟の妻タマル→①を娶った。だがタマルとの間に子を持つことを避けたために――とはいえ、オナンの名前からとったオナニーに依ったとは言い難かったが――、早世の罰を受けた（創世記 38 : 4〜10）。

オニア

①オニア 1 世。前300年ごろの大祭司（マカバイ記一 12 : 7〜20）。

②オニア 3 世。アンティオコス 4 世の時代のギリシア化への動きの反対者だった。この大祭司は弟のヤソン→④にその地位を追われ、前170年頃に殺害された（マカバイ記二 3 - 4）。

③オニア 2 世。シモン→③の父（シラ書 50 : 1）

オネシフォロ（ギリシア語、「益をもたらす者」）

パウロの交際範囲にいた小アジアのキリスト教徒（テモテへの手紙

二 1:16、4:19)。

オネシモ(ギリシア語、「有益な」)

コロサイのフィレモンの奴隷だったが、パウロのもとへ逃れて改宗した。パウロはオネシモが好意的に迎え入れてもらえるように、添え状、すなわち『フィレモンへの手紙』を持たせてフィレモンのもとへ送り返した(コロサイの信徒への手紙 4:9、フィレモンへの手紙 10)。

オバデヤ(ヘブライ語、「ヤーウェの僕」、→アブドゥ)

『オバデヤ書』の著者(同 1:1)。エドム人に滅亡を預言し(同 1〜14)、また、すべての国の民にヤーウェの裁きが下る「ヤーウェの日」と、イスラエルの救済とを預言した(同 15〜21)。

オハド

シメオンの息子(創世記 46:10、出エジプト記 6:15)。

オバドヤ(ヘブライ語、「ヤーウェの僕」、→アブドゥ)

①アハブ王の宮廷長(列王記上 18:3〜16)。
②→ヨヤキン王の子孫(歴代誌上 3:21)。
③イサカル族の家系の長(歴代誌上 7:3)。
④サウル王の子孫(歴代誌上 8:38、9:44)。
⑤レビ人の詠唱者(歴代誌上 9:16、ネヘミヤ記 12:25)。アブダ→②と同一人物(ネヘミヤ記 11:17)。
⑥サウル王から逃れるダビデを支援した戦士(歴代誌上 12:10)。
⑦イシュマヤ→②の父(歴代誌上 27:19)。
⑧ユダの町々に律法を教えるためにヨシャファト王が遣わした高官の一人(歴代誌下 17:7)。
⑨ヨシヤ王の時代、神殿工事の監督をしたレビ人(歴代誌下 34:12)。
⑩バビロンから帰還した一族の家長(エズラ記 8:9)。
⑪捕囚期後、律法の順守の誓約に捺印した祭司(ネヘミヤ記 10:6)。

オバル

ヨクタン(セムの子孫)の息子の一人。またアラビアの民族名であり、地名でもある(創世記 10:28、歴代誌上 1:22)。エバルとも呼ばれる。

オビル（ヘブライ語、「らくだを飼う人」）

ダビデ王のらくだの世話をする責任者（歴代誌上 27 : 30）。

オフィル

ヨクタン（セムの子孫）の息子（創世記 10 : 29、歴代誌上 1 : 23）。また、アラビア南部の金に富むことで有名な場所の名称ともなった（列王記上 9 : 28、ヨブ記 28 : 16）。

オフラ

ユダ部族の子孫の人（歴代誌上 4 : 14）。

オベド（ヘブライ語、「しもべ」、→アブドゥ）

①ルツの息子で、ダビデの祖父（ルツ記 4 : 17）。

②エラフメエル→①の子孫（歴代誌上 2 : 37〜）。

③ダビデ王の軍の戦士（歴代誌上 11 : 47）。

④エルサレムの神殿の門衛（歴代誌上 26 : 7）。

⑤軍隊長アザルヤ→⑬の父（歴代誌下 23 : 1）。

オベド・エドム（ヘブライ語、「エドム〈神〉のしもべ」、→アブドゥ）

ガトの人。一時期、この人の家に契約の箱が保管されていた（サムエル記下 6 : 10〜）。楽士で、門衛（歴代誌上 15 : 18・24）。

オヘル（ヘブライ語、「天幕〈の住人〉」

→ヨヤキン王の子孫（歴代誌上 3 : 20）。

オホラ（とオホリバ）

預言者エゼキエルは比喩を用いて、イスラエルとユダという２つの王国を、オホラとオホリバという名の２人の不誠実で不道徳な姉妹として描き表している（エゼキエル書 23）。この２つの名前はヘブライ語のオヘル（天幕）から成り、おそらくイスラエル民族初期の遊牧民の時代を思い起こさせるべきものなのであろう。

オホリアブ（ヘブライ語、「父の天幕」または「父はわたしの天幕（即ち守護者）」

幕屋の建設と様々な祭具の製作のための工芸助手（出エジプト記 31 : 6、38 : 23）。

オホリバ　→オホラ

オホリバマ（ヘブライ語→オヘルを参照）

①『創世記 36 : 25』によれば、セイル（→アナ）の孫娘、『同 36 : 2・

14』では、セイルのひ孫で、エサウの妻（同 **36:2・5・18**）。

②エドムの首長で、同時に一地域の名称（創世記 **36:41**、歴代誌上 **1:51**）。

オマル

エサウの孫。またエドムに定住する部族の首長（創世記 **36:11・15**、歴代誌上 **1:36**）。

オムリ

①北王国イスラエルの卓越した王（B.C.882〜B.C.871）。ジムリ→②の謀反後、イスラエル軍の司令官だったオムリが前882年に王位に就いたが、そのためにはまず対抗者ティブニに対し自らの王権を守らねばならなかった（列王記上 **16:15〜22**）。オムリは王国内のイスラエル人とカナン人の融和を導き、それを息子のアハブ王が継続した。この融和政策は、オムリが新首都として、カナン人たちが居住する地域に都合良く位置する山の上にサマリア市を建設したことで、明確な形で示されたのである（同 **16:24〜**）。オムリをもって初めて、北王国に王朝が始まったが、前845年にイエフによって解消された。

②ベニヤミンの孫（歴代誌上 **7:8**）。

③ウタイ→①の祖父（歴代誌上 **9:4**）。

④イサカル族の指導者（歴代誌上 **27:18**）。

オリンパ

『ローマの信徒への手紙 **16:15**』に名前が挙げられているキリスト教徒。

オルナン　→アラウナ

オルパ

ナオミの嫁で、ルツの義理の姉妹（ルツ記 **1:4・14**）。

オレブ（ヘブライ語、「からす」）

ミディアン人の将軍。ギデオンの軍から逃走する際に、「オレブ（からす）の岩」で殺された（士師記 **7:25**、**8:3**、詩編 **83:12**）。

オレン（ヘブライ語、「月桂樹」）

エラフメエル→①の息子（歴代誌上 **2:25**）。

オン（ヘブライ語、「力、富」）

モーセに対する反逆に加わったルベン族の人（民数記 16 : 1）。

カ

ガアル

シケムで、アビメレク→②に対して反乱を起こし、敗走した首謀者（士師記 9 : 26〜41）。

カイアファ

大祭司（A.C.18〜37）。イエスに死刑判決を下す際に深く関与した（マタイによる福音書 26 : 3、ヨハネによる福音書 11 : 49）。

ガイオ

①②パウロの宣教旅行の同行者２人（使徒言行録 19 : 29、20 : 4）。

③コリントの教会の信徒（ローマの信徒への手紙 16 : 23、コリントの信徒への手紙一 1 : 14）。

④『ヨハネの手紙三』の受取人（同 1）。

カイナム

イエスの先祖（ルカによる福音書 3 : 36）。

カイレアス

ゲゼル市の将軍。ユダ→⑧・マカバイ軍に城塞を包囲され、殺された（マカバイ記二 10 : 32・37）。

カイン

『創世記 4 : 1〜16』の太古の物語によれば、カインはアダムとエバの息子で、アベルの兄。神が弟アベルの献げ物だけを受け取り、カインの献げ物には目を留めなかったため、カインは弟を襲って殺した。そのため神はカインを裁いて「地上をさまよい、さすらう者」となしたが、他の人間に殺されないようにカインに印しをつけて守った。——カインという名前は→カイン人（民数記 24 : 21〜22）と密接に関係があり、しばしばカイン人の始祖で代表であると推測されている。

カイン人

遊牧民族。その一部は、おそらくアマレク人から離れた後に（サムエル記上 **15 : 6**）、ヘブロンの南に定住し（同 **27 : 10**、**30 : 29**）、後にユダ族の覇権下に入った。残りの集団は、北部パレスチナで遊牧生活をした（士師記 **4 : 17**、**5 : 24**）。カイン人の先祖は遊牧者→カインだとされる。ケニ人とも呼ばれた（同 **1 : 16**）。

ガザム

バビロン捕囚より帰還した神殿の使用人一族の先祖（エズラ記 **2 : 48**、ネヘミヤ記 **7 : 51**）。

カスルヒム人

エジプトに由来する未詳の民族（創世記 **10 : 14**、歴代誌上 **1 : 12**）。

ガゼズ（ヘブライ語、「羊毛の刈り込み期に産まれた」）

カレブ→①の息子（歴代誌上 **2 : 46**）。

ガタム

エサウの孫で、同時にエドムの一部族の首長（創世記 **36 : 11・16**、歴代誌上 **1 : 36**）。

ガディ

①カナンの土地偵察に遣わされたマナセ族の指導者（民数記 **13 : 11**）。

②マカバイ家のヨハネ→②の通称（マカバイ記一 **2 : 2**）。

③メナヘム王の父（列王記下 **15 : 14・17**）。

ガディエル

カナンの土地偵察に遣わされたゼブルン族の指導者（民数記 **13 : 10**）。

ガド（～族）

①イスラエルの12部族の一つ。死海の北東の丘陵地帯に住んでいた（ヨシュア記 **13 : 24～28**）。ガド族の祖は、ヤコブとジルパの息子ガドとされる（創世記 **30 : 9～11**）。

②預言者で、ダビデ王の先見者（サムエル記下 **24 : 11～19**）。

③禍福の神の呼び名。この名は、セム系の言葉「決める」と関連がある（イザヤ書 **65 : 11**）。なお、ガドは単に「禍福の神」と呼ばれていることもある。

カドミエル

バビロンから帰還したレビ人（エズラ記 2 : 40、ネヘミヤ記 9 : 4〜）。

カドモニ人（ヘブライ語、「東の人々」）

パレスチナの先住民族の一つ（創世記 15 : 19）。

カナン（〜人）（セム語、「商人」または「紫布〈の人たち〉」）

聖書の記述によればハムの息子で、ヨルダン川西側の住民カナン人の祖。イスラエル人がカナン入植後に受け継いだカナンの言語——ヘブライ語は「カナンの言葉（イザヤ書 19 : 18）」——、およびカナンの文化は、イスラエルの社会秩序、文学、宗教と儀式に強く影響を及ぼした。だがイスラエルでは、多数の神々、特に→バアル崇拝を持つカナン人の宗教とヤーウェ信仰との間には超えがたい矛盾があるとの認識が徐々に形成され、それがカナン人を無下に拒絶することにつながった（申命記 20 : 16〜18）。

ガバイ

捕囚期後のエルサレムに住んだベニヤミン族の人（ネヘミヤ記 11 : 8）。

ガバエル（ヘブライ語、「神は崇高」）

①トビトと息子トビアの先祖（トビト記 1 : 1）。

②トビトが銀貨を預けたメディア地方のラゲスの人（トビト記 1 : 14）。トビトは銀貨の返却を求めて息子トビアをガバエルのもとへ送った（同 4 : 1・20、9 : 5）。

ガハム

ナホル→②の息子で、アブラハムの甥（創世記 22 : 24）。

ガハル

バビロン捕囚から帰還した神殿使用人の一族の先祖（エズラ記 2 : 47、ネヘミヤ記 7 : 49）。

ガブリ（ヘブライ語、「ヤーウェの人」

ガバエル→②の父または兄弟（トビト記 1 : 14、4 : 20）。

ガブリエル（ヘブライ語、「神の人」）

ダニエルの見た幻の意味を明かし、ダニエルの読んだ文書を解説し（ダニエル書 8 : 16〜、9 : 21）、また洗礼者ヨハネとイエスの誕生を予告した天使（ルカによる福音書 1 : 19・26）。

カブリス

伝説上の町ベトリアの指導者の一人（ユディト記 **6:15**、**8:10**、**19:6**）。

ガマリエル（ヘブライ語のガムリエルのギリシア語形）

ファリサイ派の高名な律法学者。最高法院では使徒たちのために弁護した。またパウロの師だった（使徒言行録 **5:34〜40**、**22:3**）。

ガムリエル（ヘブライ語、「神は報いた」）

マナセ族の長（民数記 **1:10**）。

ガムル

ダビデ王時代の祭司の一グループの長（歴代誌上 **24:17**）。

カヤパ　→カイアファ

カライ

バビロン捕囚から帰還した祭司の一族サライ家の家長（ネヘミヤ記 **12:20**）。

ガラテヤ人

①ガリア人（北イタリアに住んでいたケルト人）を指す。（マカバイ記一 **8:2**）。

②ローマ時代に、今日のアンカラ周辺に居住していたケルト系の民族の名称であり、またその地方はガラテヤと呼ばれた。他方、それよりずっと広大なローマ帝国の州にもガラテヤという名が付けられている。『ガラテヤの信徒への手紙』は前者の住民に宛てたもの（使徒言行録 **16:6**、**18:23**）。

ガラル

①捕囚期後のエルサレムに住んだレビ人の一人（歴代誌上 **9:15**）。

②神殿の詠唱者アブダ→②の先祖（歴代誌上 **9:16**、ネヘミヤ記 **11:17**）。

ガリオン

ローマ帝国のアカイア州（ギリシア南部）の地方総督（州知事）だった（A.C.51〜52または52〜53頃）。彼はコリントのユダヤ人とパウロとの争いに干渉することを拒否した（使徒言行録 **18:12〜17**）。

カリ人

ユダの王たちの近衛兵の名称で、カリアの地（小アジア南西部）に由来するものと思われる（列王記下 **11:4・19**）。彼らは→クレタ人や→ペレティ人の代わりを務めたのかもしれない。

カリステネス

おそらくヘレニズムに傾倒したユダヤ人。ユダ→⑧・マカバイによって焼き殺された（マカバイ記二 **8:33**）。

ガリラヤ人

ゲネサレト湖（ガリラヤ湖）の西側一帯と、イズレエル平原の北の住民を指す。この地域はイエスの生存当時、ヘロデ・アンティパス（B.C. 4 ～A.C.39）の支配下にあった。イエスの主要な活動はこの地で行われ、またイエスはここで弟子を選んだ（使徒言行録 **1:11**、**2:7**、マタイによる福音書 **26:69～73**、**27:55**）。

カルカス

クセルクセス王の宮廷の宦官（エステル記 **1:10**）。

カルコル

有名な知恵者（列王記上 **5:11**）。ユダの孫（歴代誌上 **2:6**）。

カルシェナ

ペルシアの大臣（エステル記 **1:14**）。

カルデア人

東アラムの部族の名前。前900年頃からメソポタミア（今日のイラク）の南西部に住み着いた。一時期、→メロダク・バルアダン（B.C.722～B.C.700頃）が、バビロニアの支配権を獲得したこともあった。新バビロニア王朝（B.C.625～B.C.539）の下では、カルデア人が国内で優位を占めた。そのため聖書では「カルデア人」という名称は「バビロニア人」と同義になった（イザヤ書 **13:19**、**47:1**、エレミヤ書 **22:25**）。ペルシアやヘレニズムの時代の天文学、星占術、魔術はバビロニアに由来したので、「カルデア人」という語は、星占い師、祈祷師、まじない師などを指す名称にもなった（ダニエル書 **2:2・4～5**、**4:4**、**5:7**）。

［＊なお、「カルデア人」は「賢者」と訳されていることもある。］

カルフィ

軍の指揮官ユダ→⑨の父（マカバイ記一 **11:70**）。

カルポ（ギリシア語、「果実」）

トロアスにおけるパウロへの宿提供者（テモテへの手紙二 **4:13**）。

カルミ

ルベンの息子（創世記 **46:9**）。

カルミス

伝説上の町ベトリアの指導者の一人（ユディト記 **6:15**）。

ガルミの人

ケイラの別称。今日その由来などは不明（歴代誌上 **4:19**）。

カレア（ヘブライ語、「禿げた」）

ユダの軍の長ヨハナン→①とヨナタン→⑯の父（列王記下 **25:23**、エレミヤ書 **40:8**）。

カレブ（～族）（ヘブライ語、「狂犬病の」）

①ヘツロンの子で、ユダのひ孫。またエラフメエルの兄弟（歴代誌上 **2:18・42**）。

②旧約聖書の記述では、ヘブロンの町と葡萄の豊かな地域を所有するカレブ族の祖先で、エフネの子（民数記 **13-14**、ヨシュア記 **14:6～15**）。カレブ族はおそらくユダ族が主導権を握っていた6部族連合（→オトニエル参照）に属していた。そのため、カレブ族はユダ族に数えられる（民数記 **34:19**）。

ガレブ（ヘブライ語、「力強い」）

ダビデ王の軍の戦士の一人（サムエル記下 **23:38**、歴代誌上 **11:40**）。

カンダケ

エチオピアの女王たちの（固有名詞ではなく）称号（使徒言行録 **8:27**）。

キ

キシ

レビ人。エタン→①の父（歴代誌上 **6:29**）。クシャヤと同一人物（同

15:17)。

キシュ

①サウル王の父で、裕福なベニヤミン族の人だった(サムエル記上9:1)。『エステル記2:5』によれば、モルデカイの先祖。

②キシュ→①の伯父(歴代誌上8:30、9:36)。

③ダビデ王の時代のレビ人(歴代誌上23:21〜、24:29)。

④ヒゼキヤ王の時代に、神殿を清めたレビ人(歴代誌下29:12)。

ギシュパ

神殿の使用人たちの監督をした人(ネヘミヤ記11:21)。

キスロン(ヘブライ語、「鈍重な」)

エリダドの父(民数記34:21)。

ギダルティ

ダビデ王の治世における神殿詠唱者の一グループの長(歴代誌上25:4・29)。

キティム(〜人)

元来はキプロス島の都市キティオンの住民。旧約聖書では、キプロス島の住民を(創世記10:4、イザヤ書23:1)、後にはギリシア人を(マカバイ記一1:1、8:5、民数記24:24)、最後にはローマ人を表した(ダニエル書11:30)。なお、キティムはヤワンの子。

ギデオン

①イスラエル人部隊の頭として、パレスチナ中部のイスラエル人に対するミディアン人の襲撃を撃退した士師。ギデオンに関する旧約聖書の伝承は(士師記6-8)、ギデオンをアビメレク→②の父エルバアルと同一視しており、ほとんど異教祭祀の話(同6:25〜32)や英雄伝(同8:4〜21)から成っている。ミディアン人に対するギデオンの勝利は、後世でも語り継がれた(イザヤ書9:3)。

②ユディト→②の先祖(ユディト記8:1)。

ギデル

①バビロン捕囚から帰還した神殿の使用人一族の家長(エズラ記2:47、ネヘミヤ記7:49)。

②バビロン捕囚から帰還したソロモン王の使用人一族の家長(エズラ記2:56、ネヘミヤ記7:58)。

ギドオニ

ベニヤミン族の家系の長アビダンの父（民数記 **1:11**）。

キドン

『歴代誌上 **13:9**』によれば、麦打ち場の持ち主。『サムエル記下 **6:6**』ではナコンと呼ばれている。

ギナト

北王国イスラエルの王位をめぐって争ったティブニの父（列王記上 **16:21**～）。

ギネトイ　→ギネトン

ギネトン

バビロン捕囚から帰還した祭司の一人（ネヘミヤ記 **12:4・16**）。律法の順守の誓約に捺印した（同 **10:7**）。ギネトイとも呼ばれる。

ギバル

バビロンから帰還した一族の先祖の名（エズラ記 **2:20**）。おそらく地名ギブオンのことであろう（ネヘミヤ記 **7:25**）。

キムハム（ヘブライ語、「青白い顔」）

バルジライ→①の息子。ダビデ王に従ってエルサレムへ同行した（サムエル記下 **19:38～41**）。

キュロス

ペルシア王（B.C.558～B.C.529）。キュロスはまずイランを、次に小アジアを、前539年にはバビロニアとシリア、パレスチナを征服することによってペルシア世界帝国を築いた。捕囚として暮らしていた『イザヤ書 **40 - 55** 章』の作者＊は、キュロスがバビロンへ進軍する以前にすでに、彼をイスラエルの解放者として待望していたのである（イザヤ書 **45:1**）。前538年にキュロスはいわゆるキュロスの勅令を発布し、流刑に処されていたイスラエル人に故国への帰還とエルサレム神殿の再建を許した（エズラ記 **1:1～4**、**6:3～5**）。この勅令によって、民族としてのイスラエルの存続のため、および宗教としてのエルサレムのヤーウェ信仰のための、基本的条件が作り出されたのである。

［＊『イザヤ書 **40 - 55** 章』の作者は「第二イザヤ」と呼ばれている。］

ギラライ

エルサレムの城壁の奉献式に参加した祭司またはレビ人の楽士（ネヘミヤ記 12 : 36）。

ギリシア人

マカバイ記および新約聖書（旧約聖書では→ヤワン）においては、ギリシア人とはアレキサンドロス大王の征服後に興隆したヘレニズム文化の人間のことである。ゆえに、それはセレウコス王国の諸王や臣下たち（マカバイ記一 1 : 10、8 : 18）、また同時に非ユダヤ人、すなわち異教徒たちのことを指す（同二 4 : 36、11 : 2、ヨハネによる福音書 7 : 35、使徒言行録 14 : 1、16 : 1、ローマの信徒への手紙 1 : 16）。パウロはギリシア人の特徴として知恵の探究を挙げている（コリントの信徒への手紙一 1 : 22～24）。

キリスト

ギリシア語のクリストスに由来する言葉。ラテン語形はクリストゥス 。「油を注がれた者」という意味になる。ヘブライ語・アラム語の訳語は、→メシア（ヨハネによる福音書 4 : 25）。この言葉は原始キリスト教における説教の中で、イエスの称号となった（使徒言行録 2 : 36・38）。ところが、早くも新約聖書では、イエスを表す固有名詞となっている（ローマの信徒への手紙 1 : 4）。→イエス

キリニウス

プブリウス・スルピキウス・キリニウス（A.C. 6 ～11）。ローマ帝国シリア州の総督。キリニウスの指導の下、後 6 年にユダヤ～サマリア地方で、住民登録が行われた。これは『ルカによる福音書 2 : 2』に記述されたイエスの生誕と時期的に結びつく。

キルアブ（ヘブライ語、「父にそっくり」）

ダビデ王の次男（サムエル記下 3 : 3）。『歴代誌上 3 : 1』ではダニエル→①と呼ばれている。キルアブは愛称だったのかもしれない。

ギルガシ人

カナン地方に住む諸民族の一つ（創世記 15 : 21）。

キルヨン（ヘブライ語、「虚弱者」）

エリメレクとナオミの 2 人の息子の一人で、ルツの義弟（ルツ記 1 : 2・5、4 : 9）。

ギレアド

①マキルの一族の入植地であるヨルダン川東側の一地域の名称。この地域はマナセの半部族に割り当てられたもので、マキルは息子として系譜上でマナセに結びつけられた(民数記 32:39〜)。また、それと併せて、ギレアドがマキルの息子として登場している(同 26:29〜、歴代誌上 2:21)。

②ガド族の人(歴代誌上 5:14)。

ク

クアルト(ラテン語、「四番目」)

『ローマの信徒への手紙 16:23』に言及されているキリスト教徒。

クイントゥス(ラテン語、「五番目」)→メミウス

クザ

ヘロデ・アンティパスの家令の名前。クザの妻ヨハナはイエスの女弟子の一人である(ルカによる福音書 8:3)。

クシ(ヘブライ語、「クシュ人」)

①シェレムヤ→⑤の父(エレミヤ書 36:14)。

②預言者ゼファニヤの父(ゼファニヤ書 1:1)。

クシャヤ

レビ人。エタン→①の父(歴代誌上 15:17)。キシと同一人物(同 6:29)。

クシャン

ミディアン人と並んで名が挙げられており、シリア〜アラビア砂漠地方にいた民族だったと思われる(ハバクク書 3:7)。

クシャン・リシュアタイム

『士師記 3:8〜10』によれば、一時期イスラエルを隷属させたメソポタミア地方の王。

クシュ

①ハムの息子(創世記 10:6〜)。エジプトの南部のナイル渓谷クシュ

の地の住民であるクシュ人、即ちヌビア人の先祖とされる（イザヤ書 11:11、20:3〜5、エゼキエル書 29:10）。旧約聖書のギリシア語訳以来、クシュの地はほとんどの場合エチオピアと呼ばれるようになった。

②ニムロドの父。クシュ→①とは区別されるべきであろう。（創世記 10:8）。

③ベニヤミン人（詩編 7:1）。それ以上のことは不明。

クシュ人

①クシュ→①を参照。

②南パレスチナの部族（歴代誌下 14:8〜14、21:16）。

クセニオス（ギリシア語、「客を暖かくもてなす者」）

ギリシアの最高神ゼウスの別名（マカバイ記二 6:2）。

クセルクセス

ペルシア王クセルクセス１世（B.C.486〜B.C.465）。ダレイオス１世の息子。聖書では、『エズラ記 4:6』と『ダニエル書 9:1（但し、この文のクセルクセスに関する記述は事実と合致しない）』、および伝説上の書『エステル記』にその名が挙げられている（同 1 - 3、7 - 10）。なお、『エステル記』ではアハシュエロスとも呼ばれる。

グニ

①ナフタリの息子の一人（創世記 46:24、民数記 26:48、歴代誌上 7:13）。

②ガド族のアヒの先祖（歴代誌上 5:15）

クラウディア

『テモテへの手紙二 4:21』に挙げられている女性信徒。

クラウディウス

①勅令によってユダヤ人を——それによってユダヤ人キリスト教徒も——ローマから追放したローマ皇帝（A.C.41〜54、使徒言行録 18:2）。クラウディウス帝の統治下に大飢饉がユダヤを襲った（同 11:28）。

②ローマ軍の千人隊長リシアの名前（使徒言行録 23:26）。

クラテス

キプロス人の長官（マカバイ記二 4:29）。

クリスポ（ラテン語、「縮れ毛の頭」）

かつてコリントの会堂長だった人で、パウロから洗礼を受けた（使徒言行録 **18:8**、コリントの信徒への手紙一 **1:14**）。

クレオパ（ギリシア語、クレオパトロスの短縮形、「有名な父の息子」）

エマオ村の２人の弟子の一人（ルカによる福音書 **24:18**）。

クレオパトラ（ギリシア語、「有名な父の娘」）

①エジプト王プトレマイオス６世の娘で、シリア王アレキサンドロス・バラスの妻（マカバイ記一 **10:57**～）。

②プトレマイオス王→⑧の妻（エステル記〈ギリシア語〉**F:11**）。

クレスケンス（ラテン語、「成長するもの」）

パウロの協力者で弟子（テモテへの手紙二 **4:10**）。

クレタ人

①旧約聖書では、――クレタ島由来の――ペリシテ人の地の南部の住民を指す（サムエル記上 **30:14**、エゼキエル書 **25:16**）。彼らと――他の――ペリシテ人たち（彼らがペレティ人となる）からダビデ王は、近衛兵を徴募した（サエル記下 **8:18**、列王記上 **1:38**）。クレタ人はケレテ人とも呼ばれる。

②クレタ島の住民（使徒言行録 **2:11**、テトスへの手紙 **1:12**）。

クレメンス（ラテン語、「穏やかな」）

フィリピにおけるパウロの協力者（フィリピの信徒への手紙 **4:3**）。

クロエ（ギリシア語、「新緑」）

コリントの婦人。彼女の家族がコリントの教会内の派閥についてパウロに報告した（コリントの信徒への手紙一 **1:11**）。

クロパ（クレオパのアラム語形）

『ヨハネによる福音書 **19:25**』に名前を挙げられたマリア→③の夫。

ケ

ケイラ

地名であるが（サムエル記上 23 : 1〜13)、『歴代誌上 4 : 19』ではユダ族の人として登場する。

ゲウエル

カナンの土地偵察に行ったガド族の指導者（民数記 13 : 15)。

ゲシェム

エルサレムの城壁再建に反対したアラブ地方の役人（ネヘミヤ記 2 : 19、6 : 1〜6)。

ゲシャン

カレブ→①の子孫（歴代誌上 2 : 47)。

ゲシュル人

①パレスチナ北東端に小王国ゲシュルを建てたアラム人（ヨシュア記 13 : 11)。ダビデはゲシュル王タルマイ→②の娘マアカを娶っていた（サムエル記下 3 : 3)。

②パレスチナ南部の遊牧民（サムエル記上 27 : 8)。

ケセド

ナホル→②の息子でアブラハムの甥（創世記 22 : 22)。

ゲゼル人

パレスチナ南部の遊牧民（サムエル記上 27 : 8)。

ケダル（〜人）

シリア〜アラビア砂漠の地方の遊牧民。彼らはイシュマエル→①の12部族からなるグループに属する。(創世記 25 : 13)。ケダル人は文化地域の住民から敵視された（詩編 120 : 5)。

ゲダルヤ（ヘブライ語、「ヤーウェは偉大なことを為した」）

①著名なユダの役人の家系の一員だった。前587〜前586年頃、ネブカドネツァル王によってユダの地の総督に任命されたが、わずか２か月後に暗殺されてしまった（列王記下 25 : 22〜25、エレミヤ書 40 - 41、43 : 6)。預言者エレミヤと近しかった（エレミヤ書 39 : 14)。

②ダビデ王の時代の、詠唱者たちの一グループの長（歴代誌上 25 : 3・9)。

③エズラの時代に、異民族の妻を離縁した祭司（エズラ記 10 : 18)。

④ユダの王ゼデキヤの役人（エレミヤ書 38 : 1)。

⑤預言者ゼファニヤの祖父（ゼファニヤ書 **1:1**）。

ケツィア（ヘブライ語、「肉桂の花」）

ヨブの次女（ヨブ記 **42:14**）。

ケデマ（～人）

イシュマエルの12人の息子の一人（創世記 **25:15**、歴代誌上 **1:31**）。おそらくアラブ族の一つ。

ゲテル

アラム→①の息子の一人（創世記 **10:23**）であって、アラムの兄弟（歴代誌上 **1:17**）ではない。また、その子孫はアラム部族。

ケトラ（ヘブライ語、「薫香に包まれた女」）

アブラハムの側女。北アラビアの諸民族の先祖とされる（創世記 **25:1～4**、歴代誌上 **1:32～**）。

ゲドル（ヘブライ語、「痘痕のある」）

ベニヤミン族の人（歴代誌上 **8:31**、**9:37**）。

ケドルラオメル

『創世記 **14:1～10**』の伝説風記述によれば、死海方面の諸都市の王たち５人に対し、懲罰戦争を仕掛けていった４人の東部の王たちの一人。他の３人の王と同じく、ケドルラオメルもまた歴史上の人物か否かは不明。

ケナアナ

①預言者ツィドキヤ→①の父（列王記上 **22:11・24**、歴代誌下 **18:10・23**）。

②ベニヤミンの子孫（歴代誌上 **7:10**）。

ケナズ（～人）

エサウの孫で首長（創世記 **36:11・15・42**）。南パレスチナに住む遊牧民の一族ケナズ人の先祖とされる（同 **15:19**）。ケナズ人は、カレブとオトニエルの部族と密接な関係にあった。彼らはケナズの兄や息子であると、『士師記 **1:13**』に記されている。

ケナニ（ヘブライ語、ケナンヤの短縮形）

集会で神に罪の告白をしたレビ人（ネヘミヤ記 **9:4**）。

ケナン

エノシュの息子でアダムのひ孫（創世記 **5:9・12**、歴代誌上 **1:2**）。

ケ

イエスの先祖（ルカによる福音書3:37）。

ケナンヤ（ヘブライ語、「ヤーウェが強めた」）

①契約の箱の運搬にあたり、レビ人を指揮した運搬の責任者（歴代誌上15:22・27）。

②レビ人（歴代誌上26:29）。

ケニ人　→カイン人

ゲヌバト

エドムの王家の人ハダド→④の息子（列王記上11:20）。

ゲハジ

預言者エリシャの従者（列王記下4:12〜36、8:4〜）。私欲にかられたため、重い皮膚病の罰を受けた（同5:20〜27）。

ケハト

レビの息子の一人（創世記46:11）。ケハトの子孫（歴代誌上6:18）、即ちレビ人の三大家系の一つであるケハト氏族の祖（同6:39）。

ゲバル人

死海の南東に住んでいた一アラブ民族（詩編83:8）。

ケファ（アラム語でケファは「岩」）

イエスの弟子シモン→⑤の別名（ヨハネによる福音書1:42）。新約聖書では殆どの箇所でギリシア語のペトロが用いられている。パウロだけがその書簡にアラム語のケファを用いている（コリントの信徒への手紙一9:5、15:5、ガラテヤの信徒への手紙1:18、2:9）。

ゲベル（ヘブライ語、「男」、「強い」）

①ソロモン王の知事の父(列王記上4:13)。この知事の名前は伝わっていない。

②ソロモン王の知事の一人（列王記上4:19）。

ゲマリ

ダン族の指導者アミエル→①の父（民数記13:12）。

ゲマルヤ（ヘブライ語、「ヤーウェは成し遂げた」）

①ユダの王ゼデキヤからネブカドネツァル王のもとへ送られた使者（エレミヤ書29:3）。

②ユダの王ヨヤキムの役人（エレミヤ書36:10〜12・25）。

ケムエル

①ナホル→②の息子でアブラハムの甥（創世記 22 : 21）。

②カナンの土地配分の際にエフライム族を代表した指導者（民数記 34 : 24）。

③ハシャブヤ→⑤の父（歴代誌上 27 : 17）。

ケモシュ

モアブ人の主神であるが（民数記 21 : 29、エレミヤ書 48 : 46）、アンモン人のそれではない（例えば士師記 11 : 24）。この神は暫くエルサレムでも崇拝された（列王記上 11 : 7、同下 23 : 13）。

ゲラ（ヘブライ語、「〈神の〉保護を受ける者」）

①ベニヤミンの息子（創世記 46 : 21）。『歴代誌上 8 : 3』では、ベニヤミンの孫とされる。

②ゲラ→①の孫（歴代誌上 8 : 7）。

③ダビデ王の敵対者シムイ→②の父（サムエル記下 16 : 5）。

ケラヤ

エズラの勧めに従い、異民族の妻を離縁したレビ人（エズラ記 10 : 23、→ケリタと同一人物とされる）。

ケラル（ヘブライ語、「完全無欠」）

エズラの勧めに従い、異民族の妻を離縁したイスラエル人（エズラ記 10 : 30）。

ケラン

セイルの孫（創世記 36 : 26、歴代誌上 1 : 41）。同時にエドム（セイル）の一氏族名でもある。

ケリタ（ヘブライ語、「こびと」または「迎えられた人」）

レビ人（ネヘミヤ記 8 : 7、10 : 11）。『エズラ記 10 : 23』では→ケラヤと同一人物とされる。

ケルキア（ヘブライ語、「わたしの分け前はヤーウェ」）

①バルク→①の先祖（バルク書 1 : 1）。

②③ユディト→②の２人の先祖たち（ユディト記 8 : 1）。

④スザンナの父（ダニエル書補遺スザンナ 2）。

ゲルショム

①ダン族の神殿の祭司職の始祖となった（士師記 18 : 30）。ゲルショ

ムはモーセの息子とされる（出エジプト記 2:22）。

②バビロン捕囚から帰還した祭司の家の家長（エズラ記 8:2）。

ゲルション

レビの長子（創世記 46:11）。レビ人ゲルション氏族の始祖。後の神殿において彼らの任務ともなる幕屋での雑多な作業について、『民数記 4:21〜28』に記述されている。

ケルビム（ヘブライ語、ケルブの複数形）

旧約聖書はケルビムという語をもって、神話上のこの被造物を様々に表現している。『創世記 3:24』、および『エゼキエル書 28:14・16』の原本では、ケルビムはエデンの園の番人たちである。また、金箔の木製の、至聖所にある契約の箱の上に翼を広げて覆う２体のケルブ（おそらく動物の体と人間の頭を持つ）は、エルサレム神殿の崇拝対象物だった（列王記上 6:23〜28、8:6〜）。ヤーウェが「ケルビムの上に」座すと言われる場合（サムエル記上 4:4、詩編 18:11）、このケルビムはヤーウェの王座の担い手だと考えられたようだ（そのようなものとして、ケルビムは『エゼキエル書 9 - 11』に明確に姿を現している。『同 1:5』の「生き物」という言葉を、補遺者が「ケルビム」と記したのである）。旧約聖書のケルビムに関する記述は、おそらく近東世界の各種の伝承に由来する。

ケルフ

エズラの勧めに従い、異民族の妻を離縁したイスラエル人（エズラ記 10:35）。

ケルブ（ヘブライ語、「籠」）

①ユダの子孫（歴代誌上 4:11）。

②エズリの父（歴代誌上 27:26）。

ケレウド人

『ユディト記 1:6』に記述されているケレウド人とは、おそらく→カルデア人のことである。

ケレ人

未知の種族（ユディト記 2:23）。

ケレテ人　→クレタ人①

ケレン・プク（ヘブライ語、「化粧箱」）

ヨブの三女（ヨブ記 42 : 14）。

ケロス

バビロン捕囚から帰還した神殿の使用人一族の先祖（エズラ記 2 : 44、ネヘミヤ記 7 : 47）。

ケワン

『アモス書 5 : 26』に記された意味の不明な言葉。おそらく土星神に対するアッシリアの言葉であろう。

ケンデバイオス

シリアの王アンティオコス 7 世の総司令官（マカバイ記一 15 : 38 - 16 : 8）。

ゲンナイオス

シリアの軍司令官の一人アポロニオス→④の父（マカバイ記二 12 : 2）。

コ

コア

おそらくパレスチナの東方に住んでいた部族（エゼキエル書 23 : 23）。

ゴグ

①ルベンの子孫（歴代誌上 5 : 4）。

②『エゼキエル書 38 - 39』によれば、「終わりの日」に、多国民による大軍団を率いてエルサレムを攻撃し、敗北して滅びる北方の地マゴグの伝説的な総首長。ゴグは、『ヨハネの黙示録 20 : 8』では、世界終末時の神の敵である。

コサム

イエスの先祖（ルカによる福音書 3 : 28）。

コズビ（ヘブライ語、「豊かな」）

イスラエル人ジムリ→①と情交を持ったミディアン人の女（ツル→

①の娘)。そのため2人ともピネハス→①に槍で突き殺された(民数記 25:6〜18)。

コツ(ヘブライ語、「いばら」)

①ユダの子孫(歴代誌上 4:8)。

②→ハコツ

コナンヤ(ヘブライ語、「ヤーウェは支えた」)

①ユダの王ヒゼキヤの時代のレビ人の指導者(歴代誌下 31:12〜)。

②ユダの王ヨシヤの時代のレビ人の指導者(歴代誌下 35:9)。

コヘレト(ヘブライ語、「召集者」または「集会の指導者」)

『コヘレトの言葉 1:1』では、——誤りだと思われるが——コヘレトはダビデ王の息子であり、前4〜3世紀頃に成立した格言や省察の書『コヘレトの言葉』*の著者とされている。

[*マルティン・ルター訳の聖書では、表題が「伝道者ソロモン(コヘレト)」になっている]

ゴメル(〜人)

①北の果てに住む民族で、ノアの孫ゴメルの子孫(創世記 10:2〜、歴代誌上 1:5〜、エゼキエル書 38:6)。おそらく彼らは今日のトルコ北東部に住んでいたキンメリア人であろう。

②(ヘブライ語、ゲマルヤの短縮形、もしくは「じゅうぶんだ〈つまり、娘たちのこと〉」)

預言者ホセアの妻の名前(ホセア書 1:3)。

コラ(ヘブライ語、「はげ頭」)

①エサウの息子で、エドムに住む一部族の首長(創世記 36:5・14・18。同 36:16 はテキスト文の誤りであろう)。

②「コラの子ら」もしくは「コラ一族」は、エルサレム神殿の詠唱者の一団を成していた(歴代誌下 20:19)。『詩編』中の多数の詩にその名が記されている(同 44 - 49)。他にも門衛など、神殿の他の使用人たちもコラ一族に属する(歴代誌上 26:1・19)。モーセとアロンに逆らったコラとその仲間による反逆の話では(民数記 16 - 17)、レビ人コラが明らかにコラ一族の祖および代表であるようだが、この事件はコラ一族とエルサレム神殿の祭司たちとの争いを反映している。

コラヤ

①サル→②の先祖（ネヘミヤ記 11:7）。

②偽預言者アハブ→②の父（エレミヤ書 29:21）。

ゴリアト

『サムエル記上 17』によれば、少年ダビデに石一つで打ち殺されたペリシテ人の大男。だが、『同下 21:19』では、ダビデの家臣エルハナン→①に殺されたとされ、これがおそらく元の伝承だと思われる。

ゴルギアス

ユダ→⑧・マカバイの軍に敗退したアンティオコス 4 世の将軍（マカバイ記一 4:16〜22）。

コルネリウス

カイサリアにいた「イタリア隊」の隊長。『使徒言行録 10:1〜38』によれば、ペトロから洗礼を授かった最初の異邦人。

コル・ホゼ

①シャルンの父（ネヘミヤ記 3:15）。

②マアセヤ→⑭の祖父（ネヘミヤ記 11:5）。

コレ（ヘブライ語、「呼ぶ人」）

①レビ人。エルサレムの神殿の門衛（歴代誌上 9:19、26:1）。

②さらなるレビ人（歴代誌下 31:14）。

コンヤ（ヘブライ語、「ヤーウェは支えた」）

原本ではヨヤキン王を指す名前（エレミヤ書 22:24・28、37:1）。

サ

ザアカイ（アラム語のサッカイのギリシア語形、「純粋な者」）

エリコの徴税人の頭。イエスは彼の家に宿泊した（ルカによる福音書 19:1〜10）。

ザアワン

セイルの孫（創世記 36 : 27、歴代誌上 1 : 42）。またエドム（セイル）の一氏族の先祖。

サウル（ヘブライ語、「請い願う」、ヘブライ語でシャウルと同音）
イスラエルの最初の王（B.C.1000 頃）で、ベニヤミン族の地のギブア出身。サウルについては旧約聖書の『サムエル記上 9 - 31』に次のように報告されている。それによれば、父のロバを捜しに行き、出会った先見者サムエルに密かにイスラエルの「指導者」になるための油を注がれた（同 9 : 1 - 10 : 16）。それからミツパに行き、くじで王に選び出され、「民全体」に認められた（同 10 : 17〜27）。ヤベシュでアンモン人を制圧して才気に富んだ将軍であることを証明したのち、「民全体」がギルガルでサウルを王として擁立することを確認した（同 11）。またペリシテ人をイスラエルの地域から撃退し（同 13 - 14）、アマレク人を撃ち破ることに成功した（同 15）。だが、その際にサウルはサムエルの指示に従わなかったため、サムエルに見放される。間もなくこの仲違いのうえに、更にサウルの若き僕ダビデに対する激しい敵意が加わった（同 16 : 14 - 18 : 9）。サウルは荒れ狂って（同 18 : 10 - 19 : 17）、何度もダビデを殺そうとする。またダビデを援助したノブの町の祭司たちを殺害した（同 21 : 1〜10、22 : 6〜23）。だが、結局ダビデを徒に追跡しただけだった（同 23 : 14 - 24 : 23、26）。ペリシテ人の軍備に恐れをなしたサウルが口寄せの女を訪ねると、そこにサムエルの霊が現われ、彼に敗北を予告する（同 28）。そしてそれは成就した。サムエルの軍がペリシテ人を恐れて逃げ去り、サウル自身は自死したのだった（同 31）。

広範囲に亘り、サウルではなくダビデが前面に出て来るこのような叙述は、大部分が伝説的、また逸話的形式であり、それゆえサウルという人物や活動については漠然としたイメージしか伝わってこない。とはいえ、次のような事象は伝えられている。例えば、アンモン人に勝利したという理由だけで王に選ばれ、主な課題がペリシテ人に対する防御だったサウルが、ペリシテ人に対してその都度行動を起こす事はできたものの、野戦で失敗に終わったことだ。というのも、サウルには組織された国軍があったわけではなく、戦いの度に北部および中部パレスチナに住む各部族から集められる召集軍があるだけだったのだ。ペリシテ人に対する防御のほかにも、『同下 4 : 3、21 : 1』からも判明するように、サウルの目標はカナン地方の住民を追い出すことだった。更に、サウルに関し、彼がふさぎ込んだ、鬱病的な性格だったという話は信憑性が高い。ノブの祭司たちをサウルが殲滅させたのは、おそらくライバルのダビデが祭司たちによって宗教上正統であると認められるかもしれないと恐れたからであろう。サムエルとの軋轢の本当の理由は、今となっては分からない。

サウロ（ヘブライ語のシャウル（サウル）のギリシア語形）

サウロは→パウロの出生時の名前（使徒言行録 13 : 9）。

ザカイ（アラム語のサッカイのギリシア語形、「純粋な者」）

①ユダ→⑧・マカバイの軍の隊長（マカバイ記二 10 : 19）。

②ゼルバベルとともにバビロン捕囚から帰還した一族の先祖（エズラ記 2 : 9、ネヘミヤ記 7 : 14）。

ザカリア（ヘブライ語のゼカルヤのギリシア語形）

洗礼者ヨハネ→⑥の父。ダビデ王の時代に、一週間ずつ神殿奉仕を行う祭司たちの24の組のうちの一つに所属していた。ザカリアはまた律法に忠実な人として描かれている（ルカによる福音書 1 : 5〜67、3 : 2）。

サカル（ヘブライ語、「報酬」）

①ダビデ王の軍の勇士アヒアムの父（歴代誌上 11 : 35）。シャラルと同一人物（サムエル記下 23 : 33）。

②ダビデ王の治世のエルサレム神殿の門衛（歴代誌上 26 : 4）。

ザクル（ヘブライ語、ゼカルヤの短縮形）

①シャムア→①の父（民数記 13 : 4）。

②シメオンの子孫（歴代誌上 4 : 26）。

③レビ人（歴代誌上 24 : 27）。

④ダビデ王の治世の詠唱者の一グループの長（歴代誌上 25 : 2・10、ネヘミヤ記 12 : 35）。

⑤エルサレムの城壁の再建に携わった人（ネヘミヤ記 3 : 2）。

⑥律法順守の誓約書に捺印したレビ人（ネヘミヤ記 10 : 13）。

⑦ハナン→⑧の父（ネヘミヤ記 13 : 13）。

サケヤ

ベニヤミンの子孫（歴代誌上 8 : 10）。

ザザ

エラフメエル→①の子孫（歴代誌上 2 : 33）。

サタン（ヘブライ語）

元来は敵対者あるいは敵に対する名称（サムエル記上 29 : 4、列王記上 5 : 18）。おそらく捕囚期以前の昔から、人間のそうした「敵」がヤーウェの取り巻きの一員として存在するという観念があったのかもしれない（ヨブ記 1 - 2、ゼカリヤ書 3 : 1～）。捕囚期以前のユダヤ教が、神を罪への誘惑者と見なすことが出来たとしたら（サムエル記下 24 : 1）、捕囚期以後は、それはサタンの所為だと見なされた（歴代誌上 21 : 1）。だが、後のユダヤ教において初めて、二元論的思考の影響の下、サタンは悪の具現に、そして神の救済の意志を妨害しようとする神の敵になるのである。サタン、あるいはマステマ、ベリアル、ベルゼブル、サマエルは悪魔の頭である。大天使ミカエルは天使たち共々、彼らと争いの状況にあるのだ。

新約聖書はこうしたあまり体系的にまとまっていない観念を前提としている。曰く、サタン（ギリシア語のディアボロス「中傷する人」、「敵」）はイエスの敵対者であるが（マルコによる福音書 1 : 13、マタイによる福音書 4 : 1～10）、退けられて、その力を奪われた（マルコ 3 : 22～、ルカによる福音書 11 : 20）。ユダ→⑪の裏切りは、サタンによって惹き起こされた（ルカ 22 : 3、ヨハネによる福音書 13 : 27）。新たな永劫（アイオン）の始まりまで、サタンに残されている「時は少ない」（ヨハネの黙示録 12 : 12）。サタンは宣教活動を妨げようとし、また教団の迫害を促す（テサロニケの信徒への手紙一 2 : 18、ペトロの手紙一 5 : 8～、黙示録 2 : 9～、12 : 13～18）等々。ところが、サタンは神の裁きの執行者だとも理解されているのである（コリントの信徒への手紙一 5 : 5、テモテへの手紙一 1 : 20）。それゆえ、キリスト者は、サタンの策略に対し、神の武具を身に着けて対抗すべきだと言う（エフェソの信徒への手紙 6 : 11～13）。

ザト

家系の祖。その子孫はゼルバベルとともにバビロン捕囚から帰還した（エズラ記 2 : 8、8 : 5、ネヘミヤ記 7 : 13)。彼らの中には異民族の妻を離縁した者や（エズラ記 10 : 27)、律法順守の誓約に捺印した者もいる（ネヘミヤ記 10 : 15)。

サドカイ派

前 2 世紀半ば頃に創設されたと目されるユダヤ教の教派。大祭司階級やエルサレムの上層階級の一族たち、ユダヤの地方貴族などが所属した。ローマによるエルサレムの占領まで（A.C.70)、彼らが最高法院（サンヘドリン）の多数派を形成していた。彼らはヘレニズム文化の影響力に対する偏見はなかったが、宗教的観点では保守的だった。宗教的律法の権威としては、モーセ五書（旧約聖書の最初の 5 書）しか認めさせなかった。また、復活への希望だけでなく、歴史や個々の生活への神の介入の想定なども否定した。ファリサイ派と対照的に、彼らの信仰の姿勢は純粋に内面的だった。『マタイによる福音書 3 : 7、16 : 1・11～』においては、サドカイ派とファリサイ派は共にイエスの敵として名指しされている。

サドク（ヘブライ語、「彼〈神〉は公正、正義」）

イエスの系図による先祖（マタイによる福音書 1 : 14)。

ザバイ（ヘブライ語、ゼバドヤの短縮形）

①異民族の妻を離縁したイスラエル人（エズラ記 10 : 28)。

②バルク→②の父（ネヘミヤ記 3 : 20)。

ザバダイ

マカバイ家のヨナタン→⑰に敗れたアラビアの部族（マカバイ記一 12 : 31)。

ザバド（ヘブライ語、「彼〈神〉が授けた」）

①エラフメエル→①の子孫（歴代誌上 2 : 36～)。

②エフライムの子孫（歴代誌上 7 : 21)。

③ダビデ王の軍の勇士（歴代誌上 11 : 41)。

④ヨアシュ王→③の殺害者の一人（列王記下 12 : 22、歴代誌下 24 : 26)。ヨザバド→①とも呼ばれている。

⑤～⑦異民族の妻を離縁した 3 人のイスラエル人（エズラ記 10 : 27・33・43)。

ザハム（ヘブライ語、「汚す人」または「太った人」）

ユダの王レハブアムの息子（歴代誌下 **11 : 19**）。

サフ

『サムエル記下 **21 : 18**』に名を挙げられている人。『歴代誌上 **20 : 4**』ではシパイと呼ばれている。

サフィラ（アラム語のシャッピラ、「美女」）

アナニア→①の妻（使徒言行録 **5 : 1**）。

サブタ

クシュ→①の息子（創世記 **10 : 7**、歴代誌上 **1 : 9**）。また、おそらくアラビアの場所の名前。

ザブディ（ヘブライ語、ザブディエルの短縮形）

①ユダ族のアカン→①の祖父（ヨシュア記 **7 : 1・17～**）。ジムリ→③と同一人物（歴代誌上 **2 : 6**）。

②ベニヤミン族の家系の長（歴代誌上 **8 : 19**）。

③ダビデ王の葡萄酒貯蔵の責任者（歴代誌上 **27 : 27**）。

④レビ人。アサフ→②の息子（ネヘミヤ記 **11 : 17**）。ジクリ→⑤と同一人物（歴代誌上 **9 : 15**）。

ザブディエル（ヘブライ語、「神の贈り物」）

①『歴代誌上 **27 : 2**』では、ザブディエルはヤショブアム→①の父。だが、『同 **11 : 11**』では、ヤショブアムは→ハクモニの息子と書かれており、これは、『サムエル記下 **23 : 8**』に書かれたハクモニ人イシュバアル（別名ヤショブアム）と一致する。

②捕囚期後にエルサレムに住んだ祭司たちの監督（ネヘミヤ記 **11 : 14**）。

③シリア王アレキサンドロス・バラスの殺害者（マカバイ記一 **11 : 17**）。

サブテカ

クシュ→①の息子（創世記 **10 : 7**、歴代誌上 **1 : 9**）。おそらく、場所の名前であるが、確認されていない。

ザブド（ヘブライ語、「授けられた」）

ソロモン王の友で祭司（列王記上 **4 : 5**）。

サマリア人

中部パレスチナ西方のサマリア地方の住民。アッシリア人によるサマリア市の占領後（B.C.722）、占領者側によってこの町に異教徒たちが移植民として連れて来られた（列王記下 **17：6・24**）。そのためサマリア人は、他のユダヤ人たちから宗教儀式上不純な混合民族と見なされるようになった。こうしたことから、サマリア人は特異な発展の道をたどる。彼らはガリジム山上に独自の神殿を建てた。聖典としてはモーセ五書（旧約聖書の最初の５書）のみを認めた。彼らのメシア待望は、「モーセのような預言者」（申命記 **18：15〜18**）に向けられた。『マタイによる福音書 **10：5〜**』に書かれた（ユダヤ教的キリスト教の）言葉は、サマリア人について因襲的な拒絶の意味合いで述べたものだが、『ルカによる福音書 **10：30〜37**、**17：11〜19**』『使徒言行録 **1：8**、**8：1**、**9：31**』および『ヨハネによる福音書 **4：4〜24**』では肯定的な見方を示している。

サムエル（ヘブライ語、シェムエルと同義）

士師の時代から王の時代への転換期のイスラエル民族史の人物（前11世紀）。旧約聖書の記述によれば、サムエルはエルカナ→②とその妻ハンナ→①の息子である。両親によってシロの祭司エリのもとに預けられた幼いサムエルは、そこで成長し（サムエル記上 **1 - 2**）、神によって預言者に召命された（同 **3**）。後に祭司職およびイスラエルを裁く士師の官職に就く。在職期間中に、ペリシテ人に対する大勝利をイスラエルにもたらすことに成功する（同 **7**）。王の擁立を望むイスラエルの民の願いをサムエルは長い演説の中で拒否したが、神は民に王を与えるよう彼に命じた（同 **8**）。そのため、そのあとに続く記述では、サムエルは預言する「神の人」である。すなわち、サムエルは、迷ったロバを探して彼のもとへ来た若きサウルを密かにイスラエルの君主とするために油を注ぐ（同 **9：1〜10：16**）。それからサムエルは民をミツパに召集し、サウルを指導者に選ばせる（同 **10：17〜27**）。アンモン人に対するサウルの勝利後、サムエルは民にサウルを王として認めるよう要請し、サウルはギルガルで王として告示される（同 **11**）。老いたサムエルは民に告別の辞を与え、神に対する服従を説く（同 **12**）。その後、サムエルは、彼の指示に従わなかったサウル王と２度の争いに巻き込まれた（同 **13：13〜15**）。それがもととなって、サムエルは若きダビデを未来の王とするために塗油するに至ったのである（同 16 : 1〜13)。後にダビデはサウル王から逃亡する途中で、忘我の境地を目指す預言者グループのリーダーとなっていたサムエルのもとに立ち寄った（同 19 : 18〜24)。サムエルは死後故郷のラマに埋葬された（同 28 : 3)。

このような叙述は、様々な場所において、様々な時代に様々な目的を持って書かれた文書のテキストから構成されたものである。そのため歴史上のサムエルの明確な像を伝えていない。というのも、サムエルの事績とされるものをすべて果たすのは到底不可能だったからである。おそらく彼は裁判官として活動していたのであろう。サムエルがサウルと衝突したことは、歴史的な事実かもしれない。だが、その真の理由は我々にはもはや分かりえない。

サ

ザムズミム人

アンモン人による→レファイム人に対する呼び名（申命記 2 : 20)。

サムソン（ヘブライ語のシムション、「太陽（の子)」)

士師の時代の、ダン族出身の英雄。サムソンに関する民間伝説風の物語には（士師記 14 - 16)、サムソンの恋のアバンチュールや、怪力行為、ペリシテ人に対する一撃などが語られている。その前章に誕生物語が配置されている（同 13)。デリラへの愛が、ひいてはサムソンをペリシテ人たちの暴力にさらすことになり、それによって盲目になるが、最後にサムソンは多くのペリシテ人を死の道連れにした。新約聖書では、『ヘブライ人への手紙 11 : 32』が、その名に触れている。

サムラ

エドムの王（創世記 36 : 36〜、歴代誌上 1 : 47)。

サラ（ヘブライ語、「侯爵夫人」)

①アブラハムの妻。子どもが生まれなかったため、→ハガルを側女として夫に与えた。男の子を授けるとの神の約束に、高齢のサラは半信半疑だったが、イサクの母となった。サラはヘブロンで死去し、マクペラの洞穴に葬られた。今もなおその墓が観光の見どころになっている。サラは新約聖書に、信仰（ヘブライ人への手紙 11 : 11）の、そして夫に従順な妻（ペトロの手紙一 3 : 6）の模範として登場する。

②ラグエルとエドナの娘。7人の男と結婚したが、結婚初夜に花婿は次々と悪魔アスモダイに殺された（トビト記**3:7〜9**）。その後、天使ラファエルの勧めにより、サラは若者トビアと結婚した（同**6:11 - 8:9**）。

サライ

①（ヘブライ語、サラの別形）
アブラハムの妻（創世記**11:29**、**17:15**）。

②捕囚期後にエルサレムに住んだベニヤミン族の人（ネヘミヤ記**11:8**）。

③サル→③を参照

サラフ（ヘブライ語、「蛇」）

ユダの子孫の一人（歴代誌上**4:22**）。

サル（ヘブライ語、「補償された人」）

①シメオン族の人。ジムリ→①の父（民数記**25:14**、マカバイ記一**2:26**）。

②捕囚期後にエルサレムに住んだベニヤミン族の人（歴代誌上**9:7**、ネヘミヤ記**11:7**）。

③ゼルバベルとともにバビロンから帰還した祭司長（ネヘミヤ記**12:7・20**）。サライとも呼ばれる。

サルエツェル（バビロニア語、「〈神よ〉王を守ってくださるように」）

①→センナケリブの息子（列王記下**19:37**）。

②ベテルの町が、預言者ゼカリヤのもとへ、レゲム・メレクと一緒に遣わした人の名前（ゼカリヤ書**7:2**）。ところで、聖書の注釈者の多くは、この引用箇所のテキスト文を次のように変更して解釈している——「ベテルは、王のラブ・マグであるサルエツェルを遣わして…」と。→レゲム・メレクを参照。

サルゴン（アッシリア語、「正統な王」）

メソポタミアの多数の支配者の名前。旧約聖書の『イザヤ書**20:1**』は、その治世下でアッシリアの勢力が最高潮に達したアッシリア王サルゴン2世（B.C.722〜B.C.705）に言及している。サルゴン2世は、前722年にサマリアを占領した後、イスラエル人たちを強制移住させ、北王国イスラエルを遂に滅亡させた王である（列王記下**17:6**）。

サルマ

①サルモンを参照

②カレブ→①の子孫（歴代誌上 **2:51**）。

サルモン

ダビデ王の先祖（ルツ記 **4:20**、マタイによる福音書 **1:4**）。サルマとも呼ばれている。

サロメ

①イエスの女弟子（マルコによる福音書 **15:40**、**16:1**）。

②ヘロデ・アンティパスの義理の娘。聖書に彼女の名前は記されていない。彼女は母ヘロディアにそそのかされて、養父に洗礼者ヨハネの首を願い求めた（マルコ **6:17〜29**、マタイによる福音書 **14:6**）。

サンバラト（バビロニア語、「〈神〉シンが健康を回復させた」）

ネヘミヤの時代の、ペルシア領サマリア州総督で、ネヘミヤや彼の仕事、エルサレムの再建に敵対的な態度をとっていた（ネヘミヤ記 **2:10**、**6:1〜12**）。

シ

シア（ヘブライ語、「彼〈神〉は助けた」）

バビロンから帰還した神殿の使用人一族の先祖（エズラ記 **2:44**、ネヘミヤ記 **7:47**）。シアハとも呼ばれている。

ジア（ヘブライ語、「彼〈神〉は助けた」）

ガドの子孫の一人（歴代誌上 **5:13**）。

シアハ　→シア

シェアル

エズラの時代に、異民族の妻を離縁したイスラエル人（エズラ記 **10:29**）。

シェアルティエル

→ヨヤキン王の息子で、ゼルバベルの伯父（歴代誌上 3 : 17）。また、――おそらく義姉妹との結婚によるものであろうが――、ゼルバベルの父とも記されている（エズラ記 3 : 2）。

シェアルヤ

サウル王の子孫（歴代誌上 8 : 38、9 : 44）。

シェアル・ヤシュブ（ヘブライ語、「残りの者が帰る」）

預言者イザヤの息子の名前であるが（イザヤ書 7 : 3）、それはおそらく警告の言葉として、「わずかに残った者だけが(負け戦から)戻ってくる」と理解されるべきであろう。

シ

シェエラ

エフライムの娘（歴代誌上 7 : 24）。

シェカンヤ

①→ヨヤキン王の子孫（歴代誌上 3 : 21～、エズラ記 8 : 2）。

②ダビデ王時代の祭司の一グループの長（歴代誌上 24 : 11）。

③ユダの王ヒゼキヤの時代のレビ人（歴代誌下 31 : 15）。

④バビロン捕囚からエズラとともに帰還したイスラエル人（エズラ記 8 : 5）。

⑤イスラエル人と異民族との結婚の解消を勧めるよう、エズラに提言した人（エズラ記 10 : 2）。

⑥シェマヤ→⑰の父（ネヘミヤ記 3 : 29）。

⑦アンモン人トビヤ→③の舅（ネヘミヤ記 6 : 18）。

⑧バビロン捕囚からゼルバベルとともに帰還した祭司（ネヘミヤ記 12 : 3）。シェバンヤ→③と同一人物（同 10 : 5、12 : 14）。

シェシャイ

→アナクの子孫（民数記 13 : 22、ヨシュア記 15 : 14、士師記 1 : 10）。

シェシャン

エラフメエル→①の子孫。『歴代誌上 2 : 31』によればシェシャンには息子がいたが、『同 2 : 34～』によれば、娘しかいなかった。

シェシュバツァル

前535年頃、ペルシア王キュロスの指示で、バビロン王ネブカドネツァルに略奪された祭具類をエルサレムに携行したユダの首長（エズラ記 1 : 7～11、5 : 14～16）。

シェタル

ペルシア王に仕えた大臣（エステル記 1:14）。

シェタル・ボゼナイ

影響力のある人物。→タテナイと同じくエルサレムの神殿再建に反対し、ペルシア王ダレイオスのもとに手紙を送るも失敗に帰した(エズラ記 5:3・6、6:6・13)。

シェデウル（ヘブライ語、「シャダイ（全能者）は光」）

ルベン族の指導者エリツルの父（民数記 1:5、2:10）。

シ

シェバ

①『創世記 10:28』『歴代誌上 1:22』ではヨクタンの息子で、セムの子孫。『創世記 25:3』『歴代誌上 1:32』ではヨクシャンの息子で、アブラハムの孫とされる。また、南アラビアに住む一民族の名称でもある（列王記上 10:1〜13、ヨブ記 6:19、エゼキエル書 27:22)。

②（ヘブライ語、「豊かさ、幸運」）
ダビデ王に対し反乱を起こしたベニヤミン人（サムエル記下 20:1〜22)。

③ガドの子孫（歴代誌上 5:13）。

シェハルヤ（ヘブライ語、「ヤーウェは朝焼け」）

ベニヤミン族の人（歴代誌上 8:26）。

シェバンヤ

①祭司でラッパ奏者（歴代誌上 15:24）。

②律法順守の誓約に捺印したレビ人（ネヘミヤ記 9:4〜、10:13）。

③律法順守の誓約に捺印した祭司（ネヘミヤ記 10:5、12:14）。シェカンヤ→⑧と同一人物（同 12:3）。

④律法順守の誓約に捺印したレビ人（ネヘミヤ記 10:11）。

シェファトヤ（ヘブライ語、「ヤーウェは裁いた」）

①ダビデ王の息子（サムエル記下 3:4、歴代誌上 3:3）。

②ベニヤミン族の人で、メシュラム→⑥の父（歴代誌上 9:8）。

③サウル王から逃れるダビデに味方した戦士（歴代誌上 12:6）。

④ダビデ王の治世の、シメオン族の指導者（歴代誌上 27:16）。

⑤ユダの王ヨシャファトの息子の一人で、王位を継承した兄ヨラム

→③に殺害された（歴代誌下 **21:2**）。

⑥バビロン捕囚から帰還したイスラエル人一族の祖（エズラ記 **2:4**、**8:8**、ネヘミヤ記 **7:9**）。

⑦バビロン捕囚から帰還したソロモン王の使用人一族の家長（エズラ記 **2:57**、ネヘミヤ記 **7:59**）。

⑧アタヤの先祖（ネヘミヤ記 **11:4**）。

⑨ユダの王ゼデキヤの役人（エレミヤ書 **38:1**）。

シェフィ

セイルの孫で（創世記 **36:23**、歴代誌上 **1:40**）、エドム（セイル）に住む一氏族の先祖。シェフォとも呼ばれる。

シェブエル

①レビ人（モーセの孫）。神殿の宝物庫の主任（歴代誌上 **23:16**、**24:20**、**26:24**）。シュバエルとも呼ばれる。

②ダビデの治世の神殿詠唱者の一グループの長（歴代誌上 **25:4**・**20**）。シュバエルとも呼ばれる。

シェフォ　→シェフィ

シェブナ

ユダのヒゼキヤ王の書記官であり、高官（列王記下 **18:18 - 19:2**、イザヤ書 **36:3 - 37:2**）。彼はおそらく『イザヤ書 **22:15**』に記された人物だと思われる。

シェフファム

ベニヤミンの息子（民数記 **26:39**）。シェフファンと同一人物（歴代誌上 **8:5**）。

シェフファン

ベニヤミンの子孫（歴代誌上 **8:5**）。シェフファムと同一人物（民数記 **26:39**）。

シェベル

カレブ→①の息子（歴代誌上 **2:48**）。

シェマ（ヘブライ語、「彼〈神〉は聞いてくださった」）

①カレブ→①の子孫（歴代誌上 **2:43**～）。

②ルベン族の子孫（歴代誌上 **5:8**）。

③ベニヤミンの子孫で家系の長（歴代誌上 **8:13**・**21**）。シムイ→⑨

とも呼ばれる。

④律法の書を朗読するエズラの脇に並んだ民の代表格の人（ネヘミヤ記 8:4）。

シェマア（ヘブライ語、「彼〈神〉は聞いてくださった」）

サウル王から逃れるダビデの支援者ヨアシュ→⑦の父（歴代誌上 12:3）。

シェマヤ（ヘブライ語、「ヤーウェは聞いてくださった」）

①ユダの王レハブアムの時代の預言者（列王記上 12:22、歴代誌下 11:2、12:5〜12）。

②→ヨヤキン王の子孫（歴代誌上 3:22）。

③シメオン族の人（歴代誌上 4:37）。

④ルベン族の人（歴代誌上 5:4）。

⑤捕囚期後にエルサレムに住んだレビ人（歴代誌上 9:14、ネヘミヤ記 11:15）。

⑥別のレビ人で、契約の箱の運搬を手伝った人（歴代誌上 15:8・11）。

⑦更なるレビ人。ダビデ王の書記官（歴代誌上 24:6）。

⑧エルサレムの神殿の門衛（歴代誌上 26:4・6〜）。

⑨ヨシャファト王に遣わされ、ユダの町々で律法を教えたレビ人(歴代誌下 17:8)。

⑩⑪ヒゼキヤ王の治世のレビ人２人（歴代誌下 29:14、31:15）。

⑫ヨシヤ王の時代のレビ人の長の一人（歴代誌下 35:9）。

⑬エズラと共にバビロン捕囚から帰還したイスラエル人（エズラ記 8:13）。

⑭エズラがイド→⑥のもとに遣わした使者の一人（エズラ記 8:16）。

⑮⑯異民族の妻を離縁した祭司と世俗の人の２人（エズラ記 10:21・31）。

⑰エルサレムの城壁の再建に協力した人（ネヘミヤ記 3:29）。

⑱ネヘミヤの時代の、買収された預言者（ネヘミヤ記 6:10）。

⑲バビロン捕囚から帰還した祭司の一族の長（ネヘミヤ記 12:6・18）。一族には律法順守の誓約書に捺印した者もいた（同 10:9）。

⑳エルサレムの城壁の奉献式の際に、ラッパを吹奏した祭司の一人

（ネヘミヤ記 12:34）。

㉑ゼカルヤ→㉖の祖父（ネヘミヤ記 12:35）。

㉒㉓エルサレムの城壁の奉献式に参加した楽士２人（ネヘミヤ記 12:36・42）。

㉔預言者ウリヤ→⑤の父（エレミヤ書 26:20）。

㉕バビロンにおいて捕囚となった偽預言者で、エレミヤの敵対者（エレミヤ書 29:24・31〜）。

㉖役人デラヤ→⑤の父（エレミヤ書 36:12）。

シェマルヤ（ヘブライ語、「ヤーウェが保護した」）

①サウル王から逃れるダビデの味方についた戦士（歴代誌上 12:6）。

②レハブアム王の息子（歴代誌下 11:19）。

③④異民族の妻を離縁した２人のイスラエル人（エズラ記 10:32・41）。

シェミダ

マナセの息子（ヨシュア記 17:2）、『民数記 26:32』『歴代誌上 7:19』ではひ孫。

シェミラモト

①ダビデ王の時代のレビ人で、門衛で竪琴奏者（歴代誌上 15:18・20、16:5）。

②ヨシャファト王に遣わされ、ユダの町々で律法を教えたレビ人（歴代誌下 17:8）。

シェムエベル

『創世記 14:2』の伝説的な伝承によれば、→ベラたちと同盟していたツェボイムの王。

シェムエル（ヘブライ語、ヘブライ語でサムエルと同義）

①カナンの土地分配の際、シメオン族を代表した指導者（民数記 34:20）。

②イサカルの孫（歴代誌上 7:2）。

シェメド

ベニヤミン族の人（歴代誌上 8:12）。

シェメル

①オムリ王→①がサマリアの町を建設するために買い取った山の所

有者（列王記上 16:24）。

②レビ人。神殿の詠唱者エタン→①の先祖（歴代誌上 6:31）。

③ショメル→②を参照

シェラ（ヘブライ語、「遅く生まれた」）

タマル→①とは結婚に至らなかったユダの三男（創世記 38:5～26）。

シェラの子孫は捕囚期後、エルサレムに住んだ（ネヘミヤ記 11:5）。

シェラハ

セムの孫（創世記 10:24、11:12）。

シェルミエル（ヘブライ語、「神はわが充足」）

シメオン族の指導者（民数記 1:6、2:12）。ユディト→②の先祖（ユディト記 8:1）。

シェレシュ

①（ヘブライ語、「従順な、穏やかな」）アシェルの子孫の一人（歴代誌上 7:35）。

②（ヘブライ語、「根」）マキルの息子で、マナセの孫（歴代誌上 7:16）。

シェレフ

ヨクタンの息子（創世記 10:26、歴代誌上 1:20）。また、アラビアに住む一部族の先祖。

シェレブヤ

エズラとともにバビロンから帰還した指導的レビ人（エズラ記 8:18・24）。律法の順守の誓約書に捺印した（ネヘミヤ記 10:13）。

シェレムヤ（ヘブライ語、「ヤーウェは埋め合わせた」）

①②異民族の妻を離縁したイスラエル人2人（エズラ記 10:39・41）。

③ハナンヤ→⑦の父（ネヘミヤ記 3:30）。

④ネヘミヤの時代に、神殿の貯蔵室の管理を担当した祭司（ネヘミヤ記 13:13）。

⑤ユディの祖父（エレミヤ書 36:14）。

⑥ユダの王ヨヤキムの廷臣（エレミヤ書 36:26）。

⑦ゼデキヤ王→①の役人ユカルの父（エレミヤ書 37:3、38:1）。

⑧守備隊長イルイヤの父（エレミヤ書 37:13）。

シェロミ（ヘブライ語、「無事、平安」）
アヒフド→①の父（民数記 34:27）。

シェロミト（ヘブライ語、「無事、平安」）
①神のみ名を冒涜した男の母（レビ記 24:11）。
②ゼルバベルの娘（歴代誌上 3:19）。
③レビ人。聖別した品物の保管責任者（歴代誌上 26:25〜28）。
④ユダの王レハブアムの息子（歴代誌下 11:20）。
⑤エズラとともにバビロンから帰還したイスラエル人一族の家長（エズラ記 8:10）。

シェロモト（ヘブライ語、「無事、平安」）
①レビ人（歴代誌上 23:9）。
②別のレビ人（歴代誌上 23:18、24:22）。

シェワ
①ダビデ王の書記官（サムエル記下 20:25）。恐らくシシャ（列王記上 4:3）、セラヤ→①（サムエル記下 8:17）、シャウシャ（歴代誌上 18:16）と同一人物。
②カレブ→①の息子（歴代誌上 2:49）。

シェンアツァル（バビロニア語、「〈神〉シンが守る」）
→ヨヤキン王の息子（歴代誌上 3:18）。おそらくシェシュバツァルと同一人物。

ジクリ（ヘブライ語、ゼカルヤの短縮形）
①レビの子孫（出エジプト記 6:21）。
②〜④ベニヤミン族の家系の長３人（歴代誌上 8:19・23・27）。
⑤レビ人（歴代誌上 9:15）。ザブディ→④と同一人物（ネヘミヤ記 11:17）。
⑥レビ人。聖別した品物を保管する宝物庫の責任を負った（歴代誌上 26:25）。
⑦エリエゼル→⑤の父（歴代誌上 27:16）。
⑧隊長アマスヤの父（歴代誌下 17:16）。
⑨エリシャファトの父（歴代誌下 23:1）。
⑩ユダの王アハズと戦った北王国の軍の勇士で、エフライム族の人（歴代誌下 28:7）。

⑪ヨエル→⑪の父（ネヘミヤ記 11:9）。

⑫バビロンから帰還した祭司の家の家長（ネヘミヤ記 12:17）。

シケム

①ハモルの息子で、シケムの町の首長（創世記 33:19、34:2〜26、ヨシュア記 24:32、士師記 9:28）。『民数記 26:31』『ヨシュア記 17:2』ではマナセ族に組み込まれている。

②『民数記 26:31』ではマナセのひ孫であるが、『ヨシュア記 17:2』ではマナセの息子で、またシケム（ヘブライ語のシェケーム）の町の首長。他の伝承では、シケムの町の首長はハモルの息子とされる（創世記 34:2〜26）。

シザ

ダビデ王の軍の勇士アディナの父（歴代誌上 11:42）。

ジザ

①シメオン族の人（歴代誌上 4:37）。

②レビ人。シムイ→①の息子（歴代誌上 23:10・11）。ジナとも呼ばれる。

③ユダの王レハブアムの息子（歴代誌下 11:20）。

シシャ

ダビデ王の書記官（列王記上 4:3）。おそらくシェワ→①（サムエル記下 20:25）、セラヤ→①（同 8:17）、シャウシャ（歴代誌上 18:16）と同一人物。

シシャク

エジプトの王ショシェンク１世（B.C.941〜B.C.921頃）のヘブライ語形の名。ソロモン王を逃れたヤロブアム→①はシシャクのもとに避難した（列王記上 11:40）。その後、シシャクはシリア〜パレスチナ方面に進軍し、ユダのレハブアム王（ソロモンの息子）を圧してエルサレムを略奪した（同 14:25、歴代誌下 12:2〜9）。

シスマイ

エラフメエル→①の子孫（歴代誌上 2:40）。

シセラ

①士師の時代に、デボラとバラクによって滅ぼされたカナン地方の王たちの連合の主導者だった（士師記 4 - 5、詩編 83:10）。シセ

ラはハツォルのヤビン王の将軍と記述されているが、ハロシェト市の王だったと思われる。

②バビロン捕囚から帰還した神殿の使用人一族の先祖（エズラ記 **2 : 53**、ネヘミヤ記 **7 : 55**）。

シトライ

シャロン平野で飼育されるダビデ王の牛の管理責任者（歴代誌上 **27 : 29**）。

シトリ（ヘブライ語、「彼〈神〉は隠れ場」）

レビ人ウジエル→①の息子（出エジプト記 **6 : 22**）。

シドン

カナン（ハムの子）の息子（創世記 **10 : 15**、歴代誌上 **1 : 13**）。同時にフェニキアの港町の名前。この引用箇所でも――また旧約聖書では他にも度々――シドンはその名前の持つ重要性のため、フェニキア全体を代表する。

ジナ　→ジザ②

シニ人

カナン（ハムの子）出自の、フェニキア沿岸部に住む部族（創世記 **10 : 17**、歴代誌上 **1 : 15**）。

シパイ

巨人「ラファの子孫（＝レファイム）」の人（サムエル記下 **21 : 18**、歴代誌上 **20 : 4**）。→サフ。

ジフ

ユダ族のカレブの子孫（歴代誌上 **2 : 42**、**4 : 16**）。また、同名の都市の住民の代表（ヨシュア記 **15 : 55**）。

ジファ

カレブ→②の子孫（歴代誌上 **4 : 16**）。

シフイ

シメオン族の人（歴代誌上 **4 : 37**）。

シフタン（ヘブライ語、シェファトヤの短縮形）

エフライム族の指導者ケムエル→②の父（民数記 **34 : 24**）。

シフラ（ヘブライ語、「美」）

エジプトにいた２人のヘブライ人助産婦の一人（出エジプト記 **1 :**

15)。

四分領主（ギリシア語のテトゥラルヒ）

本来は領土を四分割したその一つの地の総督を表す名称。同時に、ローマ帝国では、ローマに従属する小アジアやシリアの統治者の称号でもあった。ヘロデ・アンティパスや、フィリポ→③、リサニアなどは四分領主だった（マタイによる福音書14:1、ルカによる福音書3:1・19、9:7、使徒言行録13:1）。

シベカイ

ダビデ王の軍の戦士（サムエル記下21:18、23:27）。メブナイとも呼ばれている。

シホン

ヨルダン川東側の都市国家ヘシュボンと周辺村落を治めていたアモリ人の王。旧約聖書の伝承によれば、モーセの率いるイスラエル人に征服された（民数記21:21～31）。聖書の多数の箇所に、シホンはオグと並んで登場するが、その場合、決まって後者には東ヨルダン北部が、前者には東ヨルダン南部が配される（例えば列王記上4:19）。

シムア

①エッサイの三男で、ダビデの兄（サムエル記上16:9、17:13、同下13:3・32、21:21、歴代誌上2:13、20:7）。シャンマとも呼ばれる。

②ダビデ王の息子（サムエル記下5:14、歴代誌上3:5、14:4）。シャムアとも呼ばれる。

③レビ人アサヤ→③の先祖（歴代誌上6:15）。

④レビ人。神殿の詠唱者アサフ→②の祖父（歴代師上6:24）。

⑤サウル王の一族の人（歴代誌上8:32、9:38）。

シムアティム人

カレブの部族に属する一氏族の人たちだが、あまり詳らかではない（歴代誌上2:55）。

シムアト

ヨアシュ王の殺害者ザバド→④の母（列王記下12:22、歴代誌下24:26）。

シムイ（ヘブライ語、シメオンの短縮形）

①レビの孫（出エジプト記 **6:17**、民数記 **3:18・21**、歴代誌上 **6:2・27**、**23:7・10**、ゼカリヤ書 **12:13**）。

②ダビデ王を激しく呪ったが、赦されたサウル王家の人（サムエル記下 **16:5〜13**、**19:17〜24**）。結局ソロモン王に処刑された（列王記上 **2:8〜46**）。

③ダビデ王の王位継承をめぐる争いの際に、ソロモンの側についた人（列王記上 **1:8**）。

④ソロモン王の知事の一人（列王記上 **4:18**）。

⑤→ヨヤキン王の子孫（歴代誌上 **3:19**）。

⑥シメオンの子孫（歴代誌上 **4:26〜**）。

⑦ルベンの子孫（歴代誌上 **5:4**）。

⑧レビの子孫（歴代誌上 **6:14**）。

⑨シェマ→③を参照

⑩ダビデ王時代の神殿の詠唱者の一ブループの長(歴代誌上 **25:3・17**)。

⑪ダビデ王の葡萄畑の管理責任者（歴代誌上 **27:27**）。

⑫⑬ユダの王ヒゼキヤの治世のレビ人２人（歴代誌下 **29:14**、**31:12〜**）。

⑭〜⑯異民族の妻を離縁したイスラエル人３人（エズラ記 **10:23・33・38**）。

⑰モルデカイの先祖（エステル記 **2:5**）。

シムオン（ヘブライ語、「彼〈神〉は聞いてくださった」）。

異民族の妻を離縁したイスラエル人（エズラ記 **10:31**）。

シムシャイ（ヘブライ語、「太陽〈の子〉」）

サマリアの行政官レフム→②の書記官（エズラ記 **4:8〜・17・23**）。

シムラト（ヘブライ語、シェマルヤの短縮形）

ベニヤミンの子孫の一人（歴代誌上 **8:21**）。

ジムラン

アブラハムとケトラの息子（創世記 **25:2**、歴代誌上 **1:32**）。またアラビアの場所もしくは部族の名称ともなった。

シムリ（ヘブライ語、シェマルヤの短縮形）

①シメオン族の人（歴代誌上 4 : 37）。
②ダビデ王の軍の勇士エディアエル→②の父（歴代誌上 11 : 45）。
③エルサレムの神殿の門衛（歴代誌上 26 : 10）。
④ヒゼキヤ王の治世に、神殿を清めたレビ人の一人（歴代誌下 29 : 13）。

ジムリ

①コズビとの不適切な行為のため、ピネハス→①に槍で突き殺されたシメオン族の一家族の指導者（民数記 25 : 14、マカバイ記一 2 : 26）。
②北王国イスラエルの王（B.C.882〜B.C.881頃）。戦車隊の長だったジムリはエラ王を殺害して王位に就いたが、イスラエル軍が司令官オムリを王に昇格させたので、ジムリが王位にあったのは7日間にすぎなかった。オムリによって包囲されたジムリは王宮に火を放って果てた（列王記上 16 : 8〜20、同下 9 : 31）。
③ユダの孫（歴代誌上 2 : 6）。ザブディ→①と同一人物（ヨシュア記 7 : 1・17〜）。
④サウル王の子孫（歴代誌上 8 : 36、9 : 42）。

シムリト　→ショメル①

シムロン

イサカルの息子の一人（創世記 46 : 13、民数記 26 : 24、歴代誌上 7 : 1）。

シメオン（〜族）（ヘブライ語、シムオンの別形、「彼〈神〉は聞いてくださった」）

部族名（シメオン族）であり、そこから派生した男性の名前でもある。また、ギリシア語母音化によって別形→シモンが広まった。
①シメオン族は旧約聖書においてイスラエルの12部族の一つに数えられる。だが、事実上はパレスチナ南部に居住するユダ部族に組み込まれていた。伝承では、彼らの始祖はヤコブとレアの息子シメオンだとされる（創世記 29 : 33）。『同 34』によると、シメオンは兄弟のレビとともにシケムの住民に対し残酷な復讐を行ったという。この物語に基づき、シメオン族はシケムの周辺にその居住地を持っていたことがあったと想像される。

②マタティア→①の祖父（マカバイ記一 **2:1**）。
③両親によって神殿に連れて来られた幼子イエスを、頌歌をもって祝福した老預言者（ルカによる福音書 **2:25〜35**）。
④イエスの先祖（ルカ **3:30**）。
⑤アンティオキアの教会の「預言する者」で、教師。ニゲルという別名を持つ（使徒言行録 **13:1**）。

シモン（ヘブライ語のシメオンのギリシア語形）
①ユダの子孫の一人（歴代誌上 **4:20**）。
②ユダ→⑧・マカバイの兄。弟ユダ及びヨナタンの後を継ぎ、セレウコス朝シリアによる支配と戦うユダヤ人の解放戦争の指導者だった。また大祭司および民族統治者（エトゥナルヒ）となった（B.C.143〜B.C.134、マカバイ記一 **2:3**、**5:9〜16**）。ハスモン王朝の樹立者でもある。
③大祭司（B.C.200頃）。オニア2世の息子（シラ書 **50:1〜21**）。
④卑劣な神殿総務の長（マカバイ記二 **3:4〜11**、**4:1〜6**）。
⑤アンデレの兄弟で、バルヨナ（＝ヨナの息子）とも呼ばれ、イエスの弟子で（マタイによる福音書 **4:18**、**16:17**）、12人の弟子メンバーの一員であり、代弁者でもあった。ペトロという別名で広く知られる。
⑥→熱心党のシモンと呼ばれる人。イエスの12人の弟子メンバーの一員（マタイ **10:4**、使徒言行録 **1:13**）。
⑦イエスの兄弟（マタイ **13:55**、マルコによる福音書 **6:3**）。
⑧イエスを家でもてなしたらい病の人（マタイ **26:6**、マルコ **14:3**）。
⑨イエスの十字架を処刑場まで担いだキレネのシモン（マタイ **27:32**、マルコ **15:21**）。
⑩イエスを家に招待したファリサイ派の人。その家で一人の罪深い女がイエスの足に香油を塗って敬愛を示した（ルカによる福音書 **7:36〜50**）。
⑪イスカリオテのシモン。ユダ→⑪の父（ヨハネによる福音書 **6:71**）。
⑫魔術師のシモン。おそらくサマリアでフィリポ→④およびペトロといさかいを起こしたヘレニストの奇術師（使徒言行録 **8:9〜**

24)。

⑬ヤッファの革なめし職人。その家にペトロはしばらくの間滞在した（使徒言行録 9:43、10:6・17)。

シャアシュガズ

ペルシア宮殿の後宮の監督（エステル記 2:14)。

シャアフ（ヘブライ語、「香油」）

①カレブ→①のひ孫（歴代誌上 2:47)。

②カレブ→①の息子（歴代誌上 2:49)。

シャウシャ

ダビデ王の書記官（歴代誌上 18:16)。多分、シェワ→①（サムエル記下 20:25)、セラヤ→①（同 8:17)、シシャ（列王記上 4:3）と同一人物。

シャウル（ヘブライ語、「請われた」、ヘブライ語でサウルと同音）

①エドムの王（創世記 36:37〜、歴代誌上 1:48〜)。

②シメオンの息子（創世記 46:10、出エジプト記 6:15、民数記 26:13、歴代誌上 4:24)。

③レビ人。サムエルの先祖（歴代誌上 6:9)。

シャゲ

ダビデ王の軍の勇士ヨナタン→⑤の父（歴代誌上 11:34)。

シャシャイ

エズラの勧めに従い、異民族の妻を離縁したイスラエル人（エズラ記 10:40)。

シャシャク

ベニヤミン族の家長（歴代誌上 8:14・25)。

シャダイ

旧約聖書のギリシア語訳以後、「全能者」と訳されている神の名称。シャダイの語源は不明だが、アッシリア・バビロニアの言葉シャッドゥとの関連性が考えられる。カナン地方の神の名称と関係があるのかもしれない。モーセ五書の第一番目の書（創世記）と、第二番目の書（出エジプト記）の中で、族長時代のヤーウェの名前として「エル（神）・シャダイ」という表現が使われている（創世記 17:1、出エジプト記 6:3)。『ヨブ記』にはシャダイの名が特に多く使われている（同 **5:17**）。また、『ルツ記』にも僅かながら使われている（同 **1:20**〜）。

［＊日本語の聖書ではシャダイは「全能の神」あるいは「全能者」と和訳されている。］

シャドラク

バビロン王宮で、ダニエルの友の一人ハナンヤ→⑮に与えられた名前（ダニエル書 **1:7**）。

シャハライム（ヘブライ語、「夜明けに生まれた」）

ベニヤミンの子孫（歴代誌上 **8:8**）。

シャファト（ヘブライ語、シェファトヤの短縮形）

①モーセによってカナンの土地偵察に遣わされたシメオン族の指導者（民数記 **13:5**）。

②預言者エリシャ→②の父（列王記上 **19:16**・**19**、同下 **3:11**、**6:31**）。

③→ヨヤキン王の子孫（歴代誌上 **3:22**）。

④ガドの部族の人（歴代誌上 **5:12**）。

⑤ダビデ王の牛の飼育責任者（歴代誌上 **27:29**）。

シャファム

ガド族の人（歴代誌上 **5:12**）。

シャファン（ヘブライ語、「ハイラックス」）

①ユダの王ヨシヤの書記官（列王記下 **22:8**〜**14**、歴代誌下 **34:8**〜**20**）。シャファンはアヒカムの父で、ゲダルヤ→①の祖父（列王記下 **25:22**）。またゲマルヤ→②の父で、ミカヤ→④の祖父（エレミヤ書 **36:11**）。おそらくシャファン→②と同一人物。

②エルアサ→④の父（エレミヤ書 **29:3**）。また

③ヤアザンヤ→③の父（エゼキエル書 **8:11**）。

シャベタイ（ヘブライ語、「安息日に生まれた」）

異民族の妻との離縁を勧めるエズラの提案に反対したレビ人（エズラ記 **10:15**）。また、民に律法の説明をした人（ネヘミヤ記 **8:7**）。神殿の外部の任務を負っていた（同 **11:16**）。

シャマ

ダビデ王の軍の戦士（歴代誌上 **11:44**）。

シャマイ

①エラフメエル→①の孫（歴代誌上 2:28・32)。

②カレブ→①の子孫の一人（歴代誌上 2:44〜)。

③カレブ→②の子孫（歴代誌上 4:17)。

シャミル（ヘブライ語、「とげ」または「ダイヤモンド」）

ダビデ王の時代のレビ人（歴代誌上 24:24)。

シャムア（ヘブライ語、シェマヤの短縮形）

①カナンの土地偵察に行ったルベン族の指導者（民数記 13:4)。

②シムア→②参照

③レビ人アブダ→②の父（ネヘミヤ記 11:17)。『歴代誌上 9:16』ではシェマヤと呼ばれ、息子はオバドヤと呼ばれている。

④バビロン捕囚から帰還した祭司の家の家長（ネヘミヤ記 12:18)。

シャムガル

士師（士師記 3:31、5:6)。

シャムシェライ

ベニヤミン族の家系の長（歴代誌上 8:26)。

シャムフト（ヘブライ語、「不運の時代に生まれた」、→シャモト）

ダビデ王の軍の戦士（歴代誌上 27:8)。シャンマ→④（サムエル記下 23:25）およびシャモト（歴代誌上 11:27）と同一人物。

シャムライ　→シャルマイ

シャモト（ヘブライ語、「不運の時代に生まれた」、→シャムフト）

ダビデ王の軍の戦士(歴代誌上 11:27)。シャムフト(同 27:8)とシャンマ→④（サムエル記下 23:25）と同一人物。

シャライ

エズラの勧めに従い、異民族の妻を離縁したイスラエル人（エズラ記 10:40)。

シャラル

ダビデ王の軍の勇士アヒアムの父（サムエル記下 23:33)。サカル→①と同一人物（歴代誌上 11:35)。

シャルマイ

バビロン捕囚から帰還した神殿の使用人一族の先祖（エズラ記 2:46、ネヘミヤ記 7:48)。シャムライとも呼ばれている。

シャルマナサル

アッシリアの王たちの名前。聖書はシャルマナサル５世（B.C.727～B.C.722）に言及している。王は、シリア～パレスチナの諸反乱を鎮圧した。その一つがイスラエルの王ホシェアによるものだった。結局サマリアは陥落し、北王国イスラエルは前722年に滅亡した（列王記下 **17:3～6**、**18:9～**、トビト記 **1:2・13・15～**）。

シャルマン

おそらくアッシリア王ティグラト・ピレセル３世に貢ぎ物を納める義務のあったモアブの王であろう（ホセア書 **10:14**）。

シャルム（ヘブライ語、シェレムヤの短縮形）

①北王国イスラエルの王（B.C.747）。ゼカルヤ王を殺害して王位に就いたが、自身も統治期間一か月にして、メナヘムに殺害された（列王記下 **15:10～15**）。

②女預言者フルダの夫（列王記下 **22:14**、歴代誌下 **34:22**）。

③エラフメエル→①の子孫（歴代誌上 **2:40～**）。

④ヨアハズ王→②の別名（歴代誌上 **3:15**、エレミヤ書 **22:10～**）。

⑤シメオンの孫（歴代誌上 **4:25**）。

⑥祭司ツァドク→①の息子（歴代誌上 **5:38～**、エズラ記 **7:2**）。メシュラム→⑦と同一人物（歴代誌上 **9:11**、ネヘミヤ記 **11:11**）。

⑦ナフタリの息子（歴代誌上 **7:13**）。シレムと同一人物（創世記 **46:24**、民数記 **26:49**）。

⑧エルサレムの門衛（歴代誌上 **9:17・19・31**）。その子孫はゼルバベルとともにバビロンから帰還した（エズラ記 **2:42**、ネヘミヤ記 **7:45**）。

⑨エフライム人の頭の一人エヒズキヤの父（歴代誌下 **28:12**）。

⑩⑪異民族の妻を離縁したイスラエル人２人（エズラ記 **10:24・42**）。

⑫エルサレムの城壁の修復作業を助けた人（ネヘミヤ記 **3:12**）。

⑬預言者エレミヤの伯父ハナメルの父（エレミヤ書 **32:7**）。

⑭神殿の門衛マアセヤ→⑳の父（エレミヤ書 **35:4**）。

⑮大祭司ヨアキムの祖父（バルク書 **1:7**）。

シャルン

エルサレムの城壁の再建に協力した人（ネヘミヤ記 3 : 15）。

シャロン人

カルメル山とヤッファの中間の沿海平野シャロンの住民。聖書ではダビデ王の財産管理人シトライがシャロン人と呼ばれている（歴代誌上 27 : 29）。

シャンマ

①エサウの孫、またエドムの部族の首長（創世記 36 : 13・17、歴代誌上 1 : 37）。

②シムア→①参照

③ダビデ王の軍の三勇士のひとり（サムエル記下 23 : 11・33）。

④ダビデ王の軍の別の勇士（サムエル記下 23 : 25）。シャムフト（歴代誌上 27 : 8）とシャモト（同 11 : 27）と同一人物。

⑤アシェルの子孫（歴代誌上 7 : 37）。

シュア

①ユダの妻の父（創世記 38 : 2・12）。

②アシェルの孫（ヘベル→①）の娘（歴代誌上 7 : 32）。

③アブラハムと側女ケトラの息子（創世記 25 : 2、歴代誌上 1 : 32）。アラビアの一部族または一地域の名称ともなった。

シュアル（ヘブライ語、「狐」）

アシェルの子孫の一人（歴代誌上 7 : 36）。

シュテラ

①エフライムの息子（民数記 26 : 35〜、歴代誌上 7 : 20）。

②シュテラ→①の子孫（歴代誌上 7 : 21）。

シュニ

ガドの息子の一人（創世記 46 : 16、民数記 26 : 15）。

シュハ

ユダ族ケルブの兄弟（歴代誌上 4 : 11）。

シュバエル　→シェブエル①②

シュハム

ダンの息子（民数記 26 : 42）。『創世記 46 : 23』『歴代誌上 7 : 12』ではフシムと呼ばれている。

シュピム

①ベニヤミンの子孫（歴代誌上 7:12）。
②マナセの息子（歴代誌上 7:15）。
③エルサレムの神殿の門衛（歴代誌上 26:16）。

シュマ人
カレブ族に属する一氏族（歴代誌上 2:53）。

シュラム
『雅歌 7:1』に（「シュラムのおとめ」として）登場する若い娘の名称。「シュネム生まれの→アビシャグ」になぞらえて「シュラムのおとめ」としたものなのか、それともシュラムは単に愛称を表す言葉なのか、その語源などは不明。

ショア
おそらくシリア～アラビアに亘る砂漠に住む遊牧民（エズラ記 23:23）。

ショバイ
バビロン捕囚から帰還した神殿の門衛一族の先祖（エズラ記 2:42、ネヘミヤ記 7:45）。

ショバク
ダビデ王に敗れて打ち殺されたアラム王ハダドエゼルの軍の司令官（サムエル記下 10:16・18、歴代誌上 19:16・18）。ショファクとも呼ばれる。

ショバブ（ヘブライ語、「帰還、埋め合わせ」）
①ダビデ王の息子（サムエル記下 5:14、歴代誌上 3:5、14:4）。
②カレブ→①の息子（歴代誌上 2:18）。

ショハム（ヘブライ語、「紅玉髄」）
レビの子孫（歴代誌上 24:27）。

ショバル（ヘブライ語、「かご」）
①セイルの息子で、エドム（セイル）の部族の首長の一人（創世記 36:20・23・29、歴代誌上 1:38・40）。
②ユダの息子（歴代誌上 4:1～）。
③ユダの子孫の一人（歴代誌上 2:50～52）。

ショビ
アブサロム→①から逃れるダビデ王を支援した人（サムエル記下

シ

17:27～29)。

ショファク　→ショバク

ショベク（ヘブライ語、「思いがけない、勝利者」）

捕囚期後、律法順守の誓約に捺印した人（ネヘミヤ記 10:25)。

ショメル

①ヨアシュ王の暗殺者ヨザバド→①の母（列王記下 12:22、歴代誌下 24:26)。シムリトとも呼ばれる。

②アシェルのひ孫（歴代誌上 7:32・34)。シェメルとも呼ばれている。

シラ

エレアザルの子で、『シラ書』の著者イエスス（ベン・シラ）の父（シラ書 50:27)。→イエススを参照

シラス

サウルという名前のアラム語形。また、ラテン語化したものがシルワノ。最初、シラスはエルサレムのユダヤ人キリスト教団の指導的メンバーで（使徒言行録 15:22)、使徒会議の決議をアンティオキアの教団へ伝える派遣団に参加していた（同 15:27～30)。そして、その地でパウロの協力者たちの仲間に入り、パウロの第二回宣教旅行に同行した（同 15:40、18:5、コリントの信徒への手紙二 1:19)。『テサロニケの信徒への手紙』で、シラスは手紙の共同執筆者として挙げられている（同一 1:1、同二 1:1)。『ペトロの手紙一 5:12』によると、その後のシラスはペトロの同行者であり、秘書でもあった。だが、その歴史的背景は定かでない。なお、書簡の中では、シラスはシルワノと呼ばれている。

シリア人

『ルカによる福音書 4:27』では、アラム人ナアマン→②の出自を表す名称。

シルシャ（ヘブライ語、「従順な、穏やかな」）

アシェルの子孫（歴代誌上 7:37)。

ジルパ

→ラバンが、ヤコブの妻となった自分の娘レアに付けてやった女奴隷。レアに子供が授からなかった間、ジルパはヤコブとの間に息子

ガドとアシェルをもうけた（創世記 **29 : 24**、**30 : 9〜13**）。

シルヒ

ユダの王ヨシャファトの祖父（列王記上 **22 : 42**、歴代誌下 **20 : 31**）。

シルワノ

→シラスのまたの名（コリントの信徒への手紙二 **1 : 19**、テサロニケの信徒への手紙一 **1 : 1**、同二 **1 : 1**、ペトロの手紙一 **5 : 12**）。

シレム（ヘブライ語、シェレムヤの短縮形）

ナフタリの息子（創世記 **46 : 24**、民数記 **26 : 49**）。シャルム→⑦と同一人物（歴代誌上 **7 : 13**）。

シンアブ

『創世記 **14 : 2**』の伝説的伝承によれば、アドマの町の王で、→ソドムの王ベラたちと同盟を結んでいた。

シンティケ

フィリピの教会の女性信徒（フィリピの信徒への手紙 **4 : 2**）。

ジンマ

レビの子孫（歴代誌上 **6 : 5・27**、同下 **29 : 12**）。

ス

スア

アシェルの子孫（歴代誌上 **7 : 36**）。

スカティム

カレブの部族に数えられる氏族（歴代誌上 **2 : 55**）。

スキイム人

彼らの部隊は、ファラオ・シシャクの軍の中に編制されていたが、それ以外のことはあまり知られていない（歴代誌下 **12 : 3**）。

スキタイ人

ドン〜ドナウ流域の騎馬遊民（マカバイ記二 **4 : 47**、コロサイの信徒への手紙 **3 : 11**）。前625年頃、大略奪隊を組んでエジプトまで進撃した。エレミヤは度々「北からの民」について預言しているが、それはスキタイ人のこの勢力を示唆したものとされる（エレミヤ書4 - 6）。

スケワ

エフェソのユダヤ人祭司長。祈祷師として活動していたスケワの7人の息子たちはイエスの名を利用しようと試み、失敗した（使徒言行録 **19 : 13〜16**）。

スコト・ベノト

『列王記下 **17 : 30**』によればバビロン人が造った神であるが、それ以上のことは知られていない。その祭儀は、前722年の北王国イスラエルの滅亡後、サマリアに導入された。

スサンナ（ヘブライ語のショシャンナからの派生語、「百合」）

イエスの女弟子（ルカによる福音書 **8 : 3**）。

スザンナ（ヘブライ語のショシャンナからの派生語、「百合」）

旧約聖書続編（外典）に属する伝説物語『スザンナ』の表題の人物。これはダニエル書の補遺として起草された。手に汗にぎるこの犯罪物語は、無実の罪で誹謗されたスザンナがダニエルによって名誉を回復するまでを述べたもの。

スシ

マナセ族のガディ→①の父（民数記 **13 : 11**）。

ズジム人

→ケドルラオメル王に敗れた諸民族の一つ（創世記 **14 : 5**）。

スタキス（ギリシア語、「穀物の穂」）

ローマの教会の一信徒（ローマの信徒への手紙 **16 : 9**）。

ステファナ（ギリシア語、ステファネフォロスの短縮形、「冠を戴く者」）

コリントで最初に洗礼を受けたキリスト教徒（コリントの信徒への手紙一 **1 : 16**）。ステファナの一家はコリントの教会の中心になっていた（同 **16 : 15〜17**）。

ステファノ（ギリシア語、「冠」）

エルサレムの原始キリスト教団の中のヘレニスト（ギリシア語を話すユダヤ人信徒）の集団の責任者だった7人グループの一人（使徒言行録 **6 : 5〜**）。ステファノは、イエスの精神において神殿や律法に対し断固たる批判を行ったが、それが彼に石打ちによる殉教をもたらし、またエルサレムからのヘレニストの追放を喚び起こすこととなった（同7）。

ストア派

前300年頃に設立されたギリシアの哲学派。彼らは宇宙全体を一つの統一された、神的理性によって決定される有機体と見なした。ストア派の信奉者は、この理性との一致において生きるべきで、即ちひたすら道徳上の善に向かって励むべきだという。あらゆる激情からの自由と厳格な義務の遂行が基本である（使徒言行録**17:18**）。

セ

セイル

死海の南西部の、またおそらく北西部のセイル山地に定住していた先住民フリ人の祖。この山地は、後から来て定住したエドム人の中核地域となった（創世記**36:20**〜、歴代誌上**1:38**）。

ゼウス

ギリシアの最高神。アンティオコス4世シリア王は、エルサレムの神殿とガリジム山上のサマリア人の神殿をゼウスに奉献して祀った（マカバイ記二**6:2**）。『使徒言行録**14:12**〜』に、リストラの住民たちがバルナバをゼウスと呼んだと記されている。

ゼエブ（ヘブライ語、「狼」）

ギデオンから逃れる途中、「ゼエブの酒ぶね」で殺されたミディアンの将軍（士師記**7:25**、**8:3**、詩編**83:12**）。

セオリム

ダビデ王時代の祭司の一グループの長（歴代誌上**24:8**）。

ゼカリヤ（ヘブライ語、「ヤーウェは覚えていてくださった」、ヘブライ語でゼカルヤと同義）

前520年から少なくとも前518年まで、ペルシア王ダレイオスの治世下に活動したユダの預言者（エズラ記**5:1**、**6:14**、ネヘミヤ記**12:16**、ゼカリヤ書**1:1**・**7**、**7:1**・**8**）。預言者ハガイと同じく、ゼカリヤは、前587〜前586年に破壊されたエルサレムの神殿の再建に尽力し、総督ゼルバベルや大祭司ヨシュア（イエシュア→③を参照）にメシア待望を結びつけた。その預言のことばが『ゼカリヤ書』の前半に伝えられる（同**1〜8**）。預言者ゼカリヤは、冒頭の警告のことば（同**1:1〜6**）の後で、８つの幻（夜の物語）の中に救済のときの始まりを見たこと（同**1:7-6:8**）、またゼルバベルとヨシュアのために王冠をつくりあげるよう託宣を受けたこと（同**6:9〜15**）を述べる。また、断食の問題に答える（同**7:1〜3**、**8:18〜**）。この**7**と**8**章には、幻の描写の章と同様、特にユダヤ人の未来の救済をテーマとする個々に独立した言葉が多々組み込まれている。これらの言葉のいくつかはゼカリヤの筆によるものかどうか定かではない。

ゼカルヤ（ヘブライ語、「ヤーウェは覚えていてくださった」、ヘブライ語でゼカリヤと同音）

①北王国イスラエルの王（B.C.747）。王は６ヶ月の統治後に、シャルム→①に殺害された（列王記下**14:29**、**15:8〜11**）。

②ユダの王ヒゼキヤの祖父で、王の母アビの父（列王記下**18:2**、歴代誌下**29:1**）。

③ルベン族の人（歴代誌上**5:7**）。

④幕屋の入口の門衛。後にエルサレムの神殿の門衛となる（歴代誌上**9:21**、**26:2**・**14**）。

⑤ベニヤミン族の人（歴代誌上**9:37**）。ゼケルと同一人物（同**8:31**）。

⑥契約の箱がエルサレムに運ばれた際に、琴を奏でたレビ人（歴代誌上**15:18**・**20**、**16:5**）。

⑦契約の箱がエルサレムに運ばれた際に、ラッパを吹いた祭司（歴代誌上**15:24**）。

⑧レビ人（歴代誌上**24:25**）。

⑨エルサレムの神殿の門衛（歴代誌上**26:11**）。

⑩マナセの半部族の長イドの父（歴代誌上**27:21**）。

⑪ヨシャファト王に遣わされ、ユダの町々に律法を教えた高官の一人（歴代誌下 **17 : 7**）。
⑫レビ人。ヤハジエル→④の父（歴代誌下 **20 : 14**）。
⑬兄ヨラム王→③に殺害されたヨシャファト王の息子（歴代誌下 **21 : 1〜4**）。
⑭ユダの王ヨアシュの命令で、石で打ち殺された祭司（歴代誌下 **24 : 20〜22**、マタイによる福音書 **23 : 35**、ルカによる福音書 **11 : 51**）。
⑮ユダの王ウジヤの助言者（歴代誌下 **26 : 5**）。
⑯ユダの王ヒゼキヤの治世に、神殿を清めたレビ人の一人（歴代誌下 **29 : 13**）。
⑰ユダの王ヨシヤの治世に、神殿の修理監督をしたレビ人（歴代誌下 **34 : 12**）。
⑱ユダの王ヨシヤの時代の祭司の主管（歴代誌下 **35 : 8**）。
⑲⑳エズラとともにバビロンから帰還したイスラエル人２人（エズラ記 **8 : 3・11**）。
㉑エズラがイド→⑥のもとに遣わした使者（エズラ記 **8 : 16**）。エズラが律法の書を朗読した際に、脇に立った人（ネヘミヤ記 **8 : 4**）。
㉒エズラの勧めで、異民族の妻を離縁したイスラエル人（エズラ記 **10 : 26**）。
㉓アタヤの祖父（ネヘミヤ記 **11 : 4**）。
㉔マアセヤ→⑭の先祖（ネヘミヤ記 **11 : 5**）。
㉕祭司アダヤ→⑤の先祖（ネヘミヤ記 **11 : 12**）。
㉖㉗エルサレムの城壁の奉献式でラッパを吹いた祭司２人（ネヘミヤ記 **12 : 35・41**）。
㉘預言者イザヤが信頼を寄せた知人（イザヤ書 **8 : 2**）。おそらくゼカルヤ→②と同一人物。
㉙マカバイの軍の指揮官ヨセフ→⑦の父（マカバイ記一 **5 : 18・56**）。おそらくザカイ→①と同一人物（同二 **10 : 19**）。

ゼグブ

①父親ヒエルがエリコの城壁を再建した際、かつてヨシュアが誓った言葉どおり、命を失った息子（列王記上 **16 : 34**）。

②マキルの孫で、ギレアドの甥（歴代誌上 **2:21**〜）。

セクンド（ラテン語の「２番目」）

パウロの第三回宣教旅行の帰路の同行者（使徒言行録 **20:4**）。

ゼケル（ヘブライ語、ゼカルヤの短縮形）

ベニヤミンの子孫（歴代誌上 **8:31**）。ゼカルヤ→⑤と同一人物（同 **9:37**）。

ゼタム

レビ人。神殿の宝物庫の保管責任者（歴代誌上 **23:8**、**26:22**）。

ゼタル

ペルシアの宮廷の宦官（エステル記 **1:10**）。

ゼタン（ヘブライ語、「オリーブの木に係わる者」）

ベニヤミンのひ孫（歴代誌上 **7:10**）。

ゼデキヤ（ヘブライ語、「ヤーウェは正義」）

①南王国ユダの最後の王（B.C.597〜B.C.587）。ゼデキヤは、捕囚としてバビロンへ連れて行かれた甥のヨヤキン王の後継者だった。バビロン王ネブカドネツァルがゼデキヤの本名マタンヤを改めさせて、彼を王にしたのである。数年後、ゼデキヤは（預言者エレミヤの激しい抗議にも拘らず）ネブカドネツァルに反旗を翻した。おそらくエジプトの救援の約束を信頼したのであろう。その結果、バビロン軍はユダを制圧し、エルサレムを２年間包囲した後（B.C.587〜B.C.586)、占領した。逃亡しようとしたゼデキヤはバビロン軍に捕えられる。ネブカドネツァルは彼を厳罰に処した。ゼデキヤの王子たちを目の前で殺し、彼の両目をつぶしたのである（列王記下 **24:18 - 25:21**）。

②預言者エレミヤの時代の偽預言者（エレミヤ書 **29:21**〜）。

③バルク→①の先祖（バルク書 **1:1**）。

セト

太古の人物。アダムの息子でエノシュの父。『創世記 **5**』に描かれたアダムの長子セトの系図は、別の伝承『同 **4:17**〜・**25**〜』では、（カインとセトの）２つの系図に分かれており、セトはアダムの三男＊として登場する。この系図は、ノアの洪水の前のシュメールの王のリストに非常に類似しており、イスラエル以前の起源へ遡るのかもしれない。『民数記 24:17』では、モアブ人がセトの子孫として描かれている。

［＊次男は兄カインに殺されたアベル。］

セトル（ヘブライ語、「彼〈神〉は隠した」つまり「守った」）

モーセによってカナンの偵察に遣わされたアシェル族の代表者（民数記 13:13）。

セナア

バビロン捕囚からの帰還者の先祖。あるいは郷里の名称と考えた方が適切かもしれない（エズラ記 2:35、ネヘミヤ記 3:3、7:38）。ハセナアとも呼ばれる。

ゼナス

巡回伝道師（テトスへの手紙 3:13）。

セヌア

①ベニヤミン人。サル→②の先祖（歴代誌上 9:7）。

②ベニヤミン人。ユダ→③の父（ネヘミヤ記 11:9）。

セバ

おそらく北アフリカに定住していた民族（創世記 10:7、歴代誌上 1:9、詩編 72:10、イザヤ書 43:3）。詩編ではシェバと呼ばれている。

ゼバ（ヘブライ語、「犠牲の日に生まれた」）

ギデオンに討たれたミディアン人の王（士師記 8:4〜21、詩編 83:12）。

ゼバドヤ（ヘブライ語、「ヤーウェが授けてくださった」）

①②ベニヤミンの子孫２人（歴代誌上 8:15・17）。

③サウル王から逃れるダビデの味方についた戦士（歴代誌上 12:8）。

④エルサレムの神殿の門衛（歴代誌上 26:2）。

⑤ダビデ王に仕えた軍司令官の一人（歴代誌上 27:7）。

⑥ヨシャファト王に遣わされ、ユダの町々で律法を教えたレビ人の一人（歴代誌下 17:8）。

⑦ヨシャファト王の命で、裁き人の役を担った「ユダの家（ユダ→①を参照）」の指導者（歴代誌下 19:11）。

⑧バビロン捕囚から帰還した人（エズラ記 8:8）。

⑨捕囚期後に、異民族の妻を離縁した祭司（エズラ記 10:20）。

ゼビナ（ヘブライ語、「買った」）

エズラの勧告で、異民族の妻を離縁したイスラエル人（エズラ記 10 : 43）。

ゼファニヤ（ヘブライ語、「ヤーウェが保護した」）

前７世紀後半の、ユダの王ヨシヤの時代に活動した預言者である（ゼファニヤ書 **1 : 1**）。だが、預言者ゼファニヤはヨシヤ王→①による祭祀の改革以前に登場したようである。というのも、ゼファニヤ書に伝えられるその預言の言葉は、ヨシヤ王の祖父マナセ王→②の統治下で広がった弊害がまだユダにはびこっていたことを前提にしているからである。ゼファニヤ書に収録された言葉は、部分的にのみゼファニヤ自身に由来するものである。例えばユダにおける偶像崇拝に対する警告、王宮内の外国かぶれに対する警告、上層階級の商人に対する警告、満ち足りた嘲笑家に対する警告（同 **1 : 4**～・**8**～・**10**～・**12**～）、そしてエルサレムの役人や祭司（同 **3 : 1**～**4**）に対する警告等。ゼファニヤは告げる。ヤーウェはエルサレムとユダの住民に対し、その行いのゆえに災いをもたらすであろうと。この災いの預言は、「主の大いなる日」の頌歌で最高潮に達する（同 **1 : 14**～**16**）。また、ゼファニヤは『同 **2 : 1**～**3**』で警告の言葉を次のように告げる。希望は、主の前にただへりくだる者にのみあると。

ゼブダ（ヘブライ語、「授かった」）

ユダの王ヨヤキムの母（列王記下 23 : 36）。

ゼブル（ヘブライ語、「領主」）

アビメレク→②に任命されたシケムの町の長で、アビメレクに対する反乱の鎮圧に協力した（士師記 **9 : 26**～**41**）。

ゼブルン（～族）

イスラエルの12部族の一つ。ゼブルン族はガリラヤの西南の高地にある小さな地域に定住した。その西側は、カナン人の都市国家に統治される沿岸平野に境界を接していた。『創世記 **49 : 13**』『申命記 **33 : 19**』によると、ゼブルン族は船を持ち、「海の富」に係わっていたと記されている。そのため、この部族は沿岸平野の都市国家のために賦役を果たしていたと想像される。この部族の先祖はヤコブとレアの６番目の息子ゼブルンとされる（創世記 **30 : 19**～**20**）。

ゼベダイ（ヘブライ語のザブディエルのギリシア語形）

「ゼベダイの息子たち」と呼ばれ、イエスの12人の弟子グループのメンバーでもあるヨハネ→⑦とヤコブ→③の父（マルコによる福音書 **1 : 19**）。ゼベダイの息子たちの母は、『マタイによる福音書 **20 : 20**、**27 : 56**』に言及されている。しかし彼女を『マルコ **15 : 40**』に名指しされるサロメと同一人物だとするのはおそらく難しい。

セマクヤ（ヘブライ語、「ヤーウェは支えた」）

エルサレムの神殿の門衛（歴代誌上 **26 : 7**）。

ゼミラ

ベニヤミンの孫（歴代誌上 **7 : 8**）。

セム

太古の人物で、ノアの長子。『創世記 **10 : 1・21〜31**』に挙げられた一連の諸民族はセムに由来するとされ、その大部分がいわゆるセム族で、この種族がそう呼ばれるようになったのは18世紀末からである。古代において、セム族の居住地は、まずアラビア半島であり、彼らはそこからメソポタミアやシリア・パレスチナ地方に度々押し寄せていた。また、エチオピア高地や、――フェニキアの植民地化によって――、地中海西部の周辺地域にまで進出した。セム族の元来の故郷は不明である。

セメイン

イエスの先祖（ルカによる福音書 **3 : 26**）。

セメリア

トビトの知人だったハナニア→①とナタン→⑨兄弟の父（トビト記 **5 : 14**）。

セラ

アシェルの娘（創世記 **46 : 17**、民数記 **26 : 46**、歴代誌上 **7 : 30**）。

ゼラ（ヘブライ語、ゼラフヤの短縮形）

①エサウの孫。またエドムの部族の首長の一人（創世記 **36 : 13・17**、歴代誌上 **1 : 37**）。

②エドムの王ヨバブ→②の父（創世記 **36 : 33**、歴代誌上 **1 : 44**）。

③ユダと義理の娘タマル→①との息子（創世記 **38 : 30**）。

④シメオンの息子（民数記 **26 : 13**、歴代誌上 **4 : 24**）。ツォハル→②

と同一人物（創世記 46 : 10、出エジプト記 6 : 15）。

⑤レビの子孫の一人（歴代誌上 6 : 6・26）。

⑥シャムフトの先祖（歴代誌上 27 : 8）。

⑦クシュ人→①の軍の司令官（歴代誌下 14 : 8）。

セラフィム

『イザヤ書 6 : 2・6』でセラフィムは、6つの翼と手と人間の声を持つ天の被造物として描かれ、ヤーウェの御座の周りを誉め称えつつ囲む。「燃えている」を意味するヘブライ語のサラフはまた、毒蛇もしくは竜を表すので（民数記 21 : 6、イザヤ書 14 : 29）、天のセラフィムはおそらく蛇の体を持つものと想像される。

ゼラフヤ（ヘブライ語、「ヤーウェは光を放つ」）

①祭司で、ツァドク→①の先祖（歴代誌上 5 : 32、6 : 36、エズラ記 7 : 4）。

②エルヨエナイ→⑤の父（エズラ記 8 : 4）。

セラヤ（ヘブライ語、「ヤーウェが支配する」）

①ダビデ王の書記官（サムエル記下 8 : 17）。おそらくシャウシャ（歴代誌上 18 : 16）、シェワ→①（サムエル記下 20 : 25）、シシャ（列王記上 4 : 3）などと同一人物。

②バビロンがエルサレムを滅ぼした時に打ち殺された祭司長（列王記下 25 : 18、エレミヤ書 52 : 24）。おそらく③と同一人物であろう。

③祭司ツァドク→①の子孫で（歴代誌上 5 : 40、ネヘミヤ記 11 : 11）、エズラの父（エズラ記 7 : 1）。

④総督ゲダルヤのもとに集まったユダの軍の司令官（列王記下 25 : 23、エレミヤ書 40 : 8）。

⑤ユダ族のケナズの息子（歴代誌上 4 : 13～）。

⑥シメオン族の氏族の首長（歴代誌上 4 : 35）。

⑦バビロン捕囚から帰還した民の指導者の一人（エズラ記 2 : 2）。

⑧バビロンから帰還した祭司の一族の長。律法順守の誓約書に捺印した（ネヘミヤ記 10 : 3、12 : 1・12）。

⑨ユダの王ヨヤキムの側近（エレミヤ書 36 : 26）。

⑩ユダの王ゼデキヤとともにバビロンに連行された宿営の長（エレミヤ書 51 : 59）。

セルギウス・パウルス

後47年頃のキプロス島におけるローマのプロコンスル（総督）。バルナバとパウロは、第一回宣教旅行で彼に神のことばを述べ伝えた（使徒言行録 **13 : 6〜12**）。

セルグ

太古の人物（創世記 **11 : 20・22**、歴代誌上 **1 : 26**）。イエスの祖先（ルカによる福音書 **3 : 35**）。

ゼルバベル（バビロニア語、「バベルの種」）

捕囚の地バビロンで育ったユダヤ人。前520年頃にペルシアによって総督として、ユダの地へ派遣された。だがその任務の詳細は定かでない。ゼルバベルは大祭司ヨシュア→④と並んで活動した（ハガイ書 **1 : 1**）。ヨシュアと一緒にユダへの帰還者の一群を指導したようだ（エズラ記 **2 : 2**、ネヘミヤ記 **7 : 7**）。預言者ハガイ（ハガイ書 **2 : 20〜23**）とゼカリヤ（ゼカリヤ書 **4 : 6〜10**）は、エルサレムの神殿再建の間、メシアの待望をゼルバベルに結びつけた。なお、大祭司ヨシュアはエズラ記とネヘミヤ記ではイエシュア→③と呼ばれている。

セレウコス（〜朝）

マケドニアの王朝の名称（＝セレウコス朝シリア）。アレキサンドロス大王の後継者が築いた王国の一つであり、最盛期にはヘレスポントからインド国境にまで至ったヘレニズムの一大王朝である。王朝の名称は建国者セレウコス１世ニカトル（B.C.312〜B.C.281）の名にちなんだもの。セレウコス王国は勢力範囲をエジプトにまで拡大することができた（B.C.200頃、ダニエル書 **11 : 5** 参照）。前64年、王国はシリア州としてローマ帝国に組み込まれた。

聖書に言及されているのはデメトリオス１世の父セレウコス４世（B.C.187〜B.C.175）で（マカバイ記一 **7 : 1**、同二 **14 : 1**）、彼はまずエルサレムの神殿の生け贄に要する費用を提供したが、その後で神殿の資金を略奪するために宰相ヘリオドロスを派遣した（同二 **3 : 3**、**4 : 7**、**5 : 18**）。

ゼレシュ（ペルシア語、「もじゃもじゃ頭」）

クセルクセス王の最高位の大臣ハマンの妻（エステル記 **5 : 10・14**、

6 : 13）。

セレド

①ゼブルンの息子の一人（創世記 **46 : 14**、民数記 **26 : 26**）。

②エラフメエル→①の子孫の一人（歴代誌上 **2 : 30**）。

ゼロテ　→熱心党

セロン

シリア軍の司令官（マカバイ記一 **3 : 13・23**）。

センナケリブ（アッシリア語、「〈神〉シンは私には兄弟の代わりだった」）

アッシリアの王（B.C.705～B.C.681）。センナケリブの統治中は、バビロニアやエラムとの戦いをはじめとして、戦争が絶えなかった。シリアやパレスチナでは、残酷な軍事作戦を展開して、アッシリアの力を改めて見せつけた。前701年、王はユダの大部分を破壊し、ヒゼキヤ王に貢ぎ物を納める義務を課し、エルサレムを包囲したが、攻略することはなかった。このことが『列王記下 **18～**』『イザヤ書 **36～**』にエルサレムの町の奇跡的な救出として伝えられている。センナケリブは、ニネベを立派な首都に作り上げた。前681年に（息子エサル・ハドンも暗殺に加わって？）殺害された。

ソ

ソ

『列王記下 **17 : 4**』ではエジプトの王。だが、この名前を持つファラオは知られていないので、この引用文は、エジプトの町サイスを指しているのかもしれない。

ソシパトロ

①ユダ→⑧・マカバイの軍の指揮官（マカバイ記二 **12 : 19・24**）。

②パウロの協力者（ローマの信徒への手紙 **16 : 21**）。おそらくソパトロ（使徒言行録 **20 : 4**）と同一人物。

ソステネ（ギリシア語、「強い」）

①コリントの会堂（シナゴグ）の長（使徒言行録 18 : 17）。

②パウロの協力者で、『コリントの信徒への手紙一』の共著者（同 1 : 1）。

ソストラトス

エルサレムの城塞の総指揮官（マカバイ記二 4 : 28～）。

ソタイ

ソロモン王の使用人で、バビロンから帰還した一族の先祖（エズラ記 2 : 55、ネヘミヤ記 7 : 57）。

ソディ

カナンの土地偵察に遣わされたゼブルン族の指導者ガディエルの父（民数記 13 : 10）。

ソパトロ

ベレアのキリスト教徒。パウロの協力者（使徒言行録 20 : 4）。おそらくソシパトロ→②と同一人物（ローマの信徒への手紙 16 : 21）。

ソフェレト（ヘブライ語、「書記」）

ソロモン王の使用人。その子孫は捕囚の地バビロンから帰還した（エズラ記 2 : 55、ネヘミヤ記 7 : 57）。

ゾヘト

ユダの子孫（歴代誌上 4 : 20）。

ソロモン（この名前はヘブライ語のシャローム「平和な」と関連がある）

ダビデ王の息子であり、その後継者として、ダビデ王によって築かれた北部の→イスラエルと南部の→ユダおよびエルサレムの町から成る統一王国（B.C.965～B.C.926）の王となった。異母兄アドニヤ→①の王位請求権に対抗し、母バト・シェバと教師ナタン→②の助けを得て、ダビデ王により後継の王に任命された（列王記上 1）。ソロモン王の政治に関しては『同 2 : 12 - 11 : 43』に記述されている。彼は国内に城砦を築き（同 9 : 15～19）、また、特にエジプトなどの外国の王家や、征服した民族の王家と婚姻関係を持つことで（同 11 : 1）、自らの王国の存続を基本的に確かなものとすることに成功した。ただダマスコとエドムの地方でのみ、反乱によって広範な領地を失った（同 11 : 14～25）。ソロモン王は主要な活動を宗教的、文化的また経済的領域にまで広げた。またエルサレムに壮麗な神殿

ソ

と大宮殿を建設し（同 5 : 15 - 7 : 51)、フェニキアの町ティルスなどと交易関係を発展させた。自身の貿易船のための港も紅海に建設した（同 9 : 26〜28)。対外関係の結果として、ソロモン王の宮殿では、「知恵」の問題との取り組みや、殊に博物学的論題が重要な役割を演じた（同 5 : 9〜14)。「ソロモンの裁き」（同 3 : 16〜28）や、シェバの女王の来訪（同 10 : 1〜13）の物語は、ソロモンの「知恵」を伝説的形式で賛美するものだ。

タ

ダゴン（この名前は、おそらくセム系言語のダガン「穀粒、穀物」と関連がある）

セム族の神。旧約聖書に、アシュドドの神殿に置かれたペリシテ人の主神として挙げられている（士師記 16 : 23〜30、サムエル記上 5 : 2〜7、歴代誌上 10 : 10)。この神殿はヨナタン→⑰によって破壊された（マカバイ記一 10 : 83〜、11 : 4)。

タシ

マカバイ家のシモン→②の別名（マカバイ記一 2 : 3)。

タダイ

イエスの12人の弟子グループの一人（マタイによる福音書 10 : 3、マルコによる福音書 3 : 18)。

ダタン

ダタンとアビラムの２人は、ルベン族のエリアブ→②の息子たち。『民数記 16』によれば、モーセに反抗した兄弟は、その罰として→コラと共に、裂けた大地に呑み込まれた。この話は初期における部族内の指導者争いを反映しているのかもしれない。

タテナイ

前519〜前518年頃エルサレムの神殿建築の再開に関し、調査を始めたトランスユーフラテス州のペルシア総督（サトラップ）（エズラ記5:3-6:13)。

ダニエル（ヘブライ語、「神は裁く」）

①ダビデの2番目の息子（歴代誌上3:1)。『サムエル記下3:3』ではキルアブと呼ばれている。

②バビロン捕囚から帰還した祭司の一人（エズラ記8:2)。律法順守の誓約に捺印した（ネヘミヤ記10:7)。

③『エゼキエル書14:14・20、28:3』において、ダニエルは大昔の賢く正しい3人の人物の一人としてノアやヨブとともに挙げられており、イスラエルの周囲の世界にも知られていた伝説上の人物。

④非歴史的人物であるもう一人のダニエルは、次のような話を内容とする『ダニエル書』の主人公である。それによれば、少年ダニエルは、前597年に3人の友とともに捕囚としてバビロンへ連行され、ネブカドネツァル王の宮廷に仕えた（同1)。そこで彼は、一つの像が一つの石に打ち砕かれるという王の見た夢を解明し、4つの世界帝国が次々と勃興することを告げる（同2)。偶像崇拝を拒否した他の3人の友は神の助けにより炉の炎から救われる（同3:1〜30)。またダニエルは、王の見た切り倒された木の夢で、王の運命を解き明かす(同3:31〜4:34)。後に、後継者のベルシャツァル王の大宴会中に、壁に書かれる謎めいた文字を読み解く(同5)。またダニエルは投げ込まれた獅子の洞窟から無傷で救出される（同6)。これらの物語は、数多い矛盾のゆえに後から繋ぎ合わせたことが判明している伝説物語であり、一人称形式で語られるダニエルの見た幻が後続する。初めの幻では、四頭の獣が海から現われるが、神によって無力にされ、「人の子」があらゆる民族を統治する（同7)。もう一つの、雄羊と雄山羊の戦いの幻は、ペルシアとアレキサンドロス大王との戦いであると天使ガブリエルによって説明される（同8)。ガブリエルは、エルサレムの荒廃の時が終わるまでの年数を「70年」だとした預言者エレミヤの言葉を「70週」だと告げる（同9:2・24)。また、高位の天使がダニエルに――暗示的に――アレキサンドロス大王からアンティオコス4世までの歴史を預言し（同10-11)、最後に救いの時す

なわち死者の蘇りについて預言する（同 12）。ダニエル書の決定版はマカバイ時代（B.C.167〜B.C.164）に完成された。

タバオト

捕囚の地バビロンから帰還した神殿使用人の一族の先祖（エズラ記 2:43、ネヘミヤ記 7:46）。

タハシュ

ナホル→②の息子で、アブラハムの甥（創世記 22:24）。

タハト（ヘブライ語、「埋め合わせ」）

①レビ人。サムエルの先祖（歴代誌上 6:9・22）。

②エフライムの子孫（歴代誌上 7:20）。タハンと同一人物（同 7:25）。

③タハト→②の孫（歴代誌上 7:20）。

タハン

エフライムの息子（民数記 26:35）。『歴代誌上 7:25』ではエフライムの子孫の一人で、ヨシュアの先祖とされる。タハト→②と同一人物（同 7:20）。

タビタ（アラム語、「かもしか」）

伝説的伝承によれば、ペトロによって死から蘇ったヤッファの女性信徒（使徒言行録 9:36・40）。

ダビデ

イスラエル民族の2代目の、そして最も偉大な王（B.C.1000〜B.C.965頃）。農夫エッサイの末子で、ユダの地ベツレヘムの出身。若きダビデは、サウル王の抑うつ気分を晴らすために竪琴を奏でるようにと宮廷に呼ばれた（サムエル記上 16:14〜23）。彼はサウルの息子ヨナタン→②と友情で結ばれ、隊長に任命され（同 18:1〜5）、サウルの娘ミカルを娶った（同 18:17〜27）。サウル王は秀でたダビデを妬み始め、ダビデはサウルから逃れざるをえなくなった（同 18:26 - 26:25）。彼は傭兵の一団を組織し（同 22:2）、彼らを引き連れてユダの荒れ野で漂浪生活を送った後、ペリシテ人の地ガトの王アキシュに仕えた（同 27）。こうした物語の中には、サムエルがダビデに油を注ぐ話や（同 16:1〜13）、ダビデがゴリアトに勝利する話（同 17）などのように、伝説風の、あるいは創作風のものもある。

その賢明な政治を通して（同25、30）、ダビデはユダの地に自己の名声を確立し、サウル王の死後、前1000年頃にユダ部族の王となり（サムエル記下 **2:1〜4**）、サウル王の後継者イシュ・ボシェトの死後には、北部の諸部族の王にもなり（同 **5:1〜3**）、ダビデが攻略したエルサレムを国の首都とした（同 **5:6〜9**）。周囲の諸民族との戦いで勝利を収めたダビデは一大王国を築いた（同 **8:1〜14**）。

後年、ダビデの息子アブサロム→①やシェバ→②が謀反を起こした（同 **15-19**、**20:1〜22**）。王位継承をめぐるこのような争いの中で、息子のソロモンがダビデによって後継の王に任命された（列王記上 **1-2**）。こうしてダビデは、前587〜前586年バビロンによってその独立性を失うまで南王国ユダを治める王朝の樹立者となったのである。

ダビデが歌を詠んでいたことに疑いの余地はなく（サムエル記下 **1:19〜27**、**3:33〜**）、エルサレムの神殿祭祀における詠唱の導入者とされている（歴代誌上 **6:16**、**25**）。そのため、――おそらく正確ではないが――数多くの詩歌の執筆者とみなされている。

タプア（ヘブライ語、「りんご」）

カレブ→①のひ孫（歴代誌上 **2:43**）。また、タプアまたはベト・タプアの町の住民の代表（ヨシュア記 **15:34・53**）。

タファト

ソロモン王の娘で、「アビナダブ→④の息子（ベン・アビナダブ）」と呼ばれる知事の妻（列王記上 **4:11**）。

タフペネス（おそらく人名ではなく、エジプトの称号「ファラオの夫人」）

ファラオの妃で、その妹はエドムの王家のハダド→④と結婚した（列王記上 **11:19〜**）。

タブリモン

ダマスコのアラム王ベン・ハダド１世の父（列王記上 **15:18**）。

タフレア

サウル王の子孫（歴代誌上 **8:35**、**9:41**）。タレアとも呼ばれている。

タベアル（ヘブライ語、「役立たず」、タベエルを歪曲した語であろう）

アラムおよびイスラエルの王が、ユダのアハズ王の代わりとして王に擁立しようとした（おそらく高位の）人物の父（イザヤ書 7 : 6）。

タベエル（アラム語、「神は善い」）

ユダヤ人による神殿再建に反対する書簡にサインしたペルシア王の役人の一人（エズラ記 4 : 7）。

ダマリス

パウロによって、ディオニシオとともにキリスト教に改宗したアテネの婦人（使徒言行録 17 : 34）。

タマル（ヘブライ語、「椰子」）

①ユダの長男の嫁。策略によって、ユダの子を産んだ（創世記 38 : 6～24、ルツ記 4 : 12、歴代誌上 2 : 4、マタイによる福音書 1 : 3）。

②異母兄アムノンに陵辱されたアブサロム→①の妹（サムエル記下 13 : 1～32、歴代誌上 3 : 9）。

③アブサロム→①の娘（サムエル記下 14 : 27）。

ダラ　→ダルダ

ダルコン（ヘブライ語、「堅い」）

ソロモン王の使用人一族の家長。子孫がバビロン捕囚から帰還した（エズラ記 2 : 56、ネヘミヤ記 7 : 58）。

タルシシュ

①ヤワンの息子で、ヤフェトの孫（創世記 10 : 4、歴代誌上 1 : 7）。またタルシシュとはパレスチナから遥か西方で（ヨナ書 1 : 3）、おそらく金属の輸入先である南スペインの地域を指した（エレミヤ書 10 : 9、エゼキエル書 27 : 12）。

②ベニヤミンのひ孫（歴代誌上 7 : 10）。

③ペルシアの身分の高い廷臣（エステル記 1 : 14）。

ダルダ

高名な知恵者の一人（列王記上 5 : 11）。ユダの子孫（歴代誌上 2 : 6）。ダラとも呼ばれている。

タルタク

前721年以後サマリアに移住させられた入植者たちによって崇拝されたアッシリアの神の名前。女神アタルガティスを指しているのかもしれない（列王記下 17 : 31）。

タルタン（アッシリア語、「次の」、「２番目の」または「将軍」）

アッシリアの最高位の軍司令官の称号（列王記下 **18 : 17**、イザヤ書 **20 : 1**）。

ダルフォン

ユダヤ人の迫害者ハマンの息子たちの一人（エステル記 **9 : 7**）。

タルマイ

①アナク人の子孫の大男（民数記 **13 : 22**、ヨシュア記 **15 : 14**、士師記 **1 : 10**）。

②ゲシュルの王で、ダビデ王の妻マアカの父。アブサロム→①は彼のもとに逃亡した（サムエル記下 **3 : 3**、**13 : 37**、歴代誌上 **3 : 2**）。

タルモン

捕囚期後のエルサレムの門衛（歴代誌上 **9 : 17**、エズラ記 **2 : 42**）。

タレア　→タフレア

ダレイオス

ペルシア王たちの名前。

①ダレイオス１世（B.C.522〜B.C.486）。即位の際に王国内の各地で起った反乱に立ち向かい、前521年に国内を平定した。ペルシアのこの内乱はその後の預言者ハガイとゼカリヤの発する預言のことばに影響を残した（ハガイ書 **1 : 1**〜、**2 : 10**、ゼカリヤ書 **1 : 1**、**7 : 1**〜）。即ち、これらの出来事を救いの時の始まりの印しであると解釈し、それゆえエルサレムの神殿再建に早くとりかかるようにと促したのである。ダレイオス１世王もまたそれを支援した（エズラ記 **6 : 1**〜**15**）。

②『ネヘミヤ記 **12 : 22**』のダレイオスとは、おそらく２世（B.C.424〜B.C.404）を指している。

③『ダニエル書 **6 : 1**、**9 : 1**』に登場するメディア人ダレイオスは架空の人物である。

ダン（〜族）（ヘブライ語、「彼〈神〉は裁く」）

イスラエルの12部族の一つ。ダン族は、初めエルサレムの西方の丘陵地帯に入植したが、そこを堅持することが出来ずに、北へ移動した（ヨシュア記 **19 : 47**、士師記 **1 : 34**）。ヨルダン北部のヘルモン山とフーレ湖の間の肥沃な平野にあるライシュの町を占拠してダンと改名した後、定着することに成功した（士師記 **18**）。そこで重要な通商路を管理した（これをふまえたダン族の性格が、創世記 49 : 17 に巧みに表現されている）。この部族の祖は、ヤコブとビルハの息子ダンとされる（創世記 30 : 4〜6）。

タンフメト（ヘブライ語、「慰め」）

ユダの軍の長セラヤ→④の父（列王記下 25 : 23、エレミヤ書 40 : 8）。

タンムズ

アッシリアおよびバビロンの豊穣の神。その祭祀はエルサレムでも受け入れられていた（エゼキエル書 8 : 14）。

ツ

ツァドク（ヘブライ語、「彼〈神〉は公正、正義」）

①ダビデ王とソロモン王の時代の、エルサレムの祭司。旧約聖書の記述では、息子アブサロムの反逆でエルサレムから逃げ出すダビデに同行して契約の箱を運び出した折に、ツァドクは古参祭司アビアタルと並び、突如登場する。しかもツァドクは後者より上位にあるようにさえ見える（サムエル記下 15 : 24〜29）。また、ツァドクの出身は明かされていない。おそらくツァドクは最初エルサレム市の、カナン人の守護神の祭司長だったが、後にヤーウェ信仰に改宗したからなのであろう。ダビデ王の後継を巡る争いの際に、ツァドクはアビアタルとは反対に、ソロモンの側に付き、それによって大祭司になったのである（列王記上 1 : 7〜8、2 : 35）。後に、ツァドクは「ツァドクの子ら」と呼ばれるエルサレムの祭司職の始祖とされた（エゼキエル書 40 : 46、44 : 15）。そのためにツァドクは、後から真正のイスラエル人として認定され、更にアヒトブの息子とされ、それをもってエリの子孫とされ（サムエル記下 8 : 17）、最終的に彼の系譜はアロンの息子エルアザル→①に遡るとされたのである（歴代誌上 5 : 34）。

②ユダの王ヨタムの母エルシャの父（列王記下 15 : 33、歴代誌下

27:1)。

③④エルサレムの城壁の再建に協力した人2人(ネヘミヤ記3:4・29)。

⑤捕囚期後、律法順守の誓約書に捺印した民の頭の一人(ネヘミヤ記10:22)。

⑥ネヘミヤの時代に、神殿の貯蔵室の管理を担当した人(ネヘミヤ記13:13)。

ツァフェナト・パネア(エジプト語、「神は宣った、彼は生きるであろうと」)

ファラオがヨセフ→①に与えた名前(創世記41:45)。

ツァラフ(ヘブライ語、「フウチョウボク」)

ハヌン→③の父(ネヘミヤ記3:30)。

ツアル(ヘブライ語、「小さな」)

イサカル族の指導者ネタンエル→①の父(民数記1:8)。

ツァルムナ

ギデオンに捕えられ、殺されたミディアンの2人の王たちの一人(士師記8:5〜28、詩編83:12)。

ツァルモン

ダビデ王の軍の戦士(サムエル記下23:28)。『歴代誌上11:29』ではイライと呼ばれている。

ツィドキヤ(ヘブライ語、ヤーウェは正義))

①イスラエルの王アハブに仕えた偽りを言う預言者で、真の預言者ミカヤ→②に対抗した(列王記上22:11・24)。

②律法に従う誓約に捺印した人(ネヘミヤ記10:2)。

③ユダの王ヨヤキムの役人(エレミヤ書36:12)。

ツィハ(エジプト語、「〈神〉ホルスは語った」)

①ゼルバベルとともにバビロンから帰還した神殿の使用人一族の長(エズラ記2:43、ネヘミヤ記7:46)。

②神殿の使用人の上役(ネヘミヤ記11:21)。

ツィバ(ヘブライ語、「繊維」、つまり「些細な事」)

サウル王家の領地の管理者。後年、ダビデ王の指示で、その領地をサウルの孫メフィボシェトのために管理した(サムエル記下9:2〜

12)。ダビデ王に忠誠心を示したツィバは、その領地を王からもらい受けたが（同 16 : 1〜4)、後に半分をメフィボシェトに返すように命じられた（同 19 : 18〜30)。

ツィブオン（ヘブライ語、「ハイエナの子」）

アナの父で、エサウの妻の一人オホリバマの祖父（創世記 36 : 2・14・24、歴代誌上 1 : 40)。同時に、ツィブオンがセイルの息子でアナの兄弟とされる記述もある。つまり、エドムの一部族の始祖である（創世記 36 : 20・29、歴代誌上 1 : 38)。これは、同じ人物に関し種々の伝承があるということであろう。

ツィブヤ（ヘブライ語、「雌のガゼル」）

①ユダの王ヨアシュの母（列王記下 12 : 2、歴代誌下 24 : 1)。

②ベニヤミンの子孫（歴代誌上 8 : 9)。

ツィフヨン

ガドの息子（創世記 46 : 16、民数記 26 : 15)。ツェフォンとも呼ばれている。

ツィポラ（ヘブライ語、「鳥」）

モーセの妻で、ゲルショム→①とエリエゼル→②の母（出エジプト記 2 : 21〜、4 : 25、18 : 2〜4)。

ツィポル（ヘブライ語、「鳥」）

モアブの王バラクの父（民数記 22 : 2・4)。

ツィラ

レメクの２人の妻のうちの一人で、トバル・カインとナアマ→①の母（創世記 4 : 19・22〜)。

ツィレタイ（ヘブライ語、「彼〈神〉は日陰」）

①ベニヤミンの子孫（歴代誌上 8 : 20)。

②サウル王に追われるダビデを支援した戦士（歴代誌上 12 : 21)。

ツェファンヤ（ヘブライ語、「ヤーウェが保護した」）

①ゼデキヤ王の時代の影響力ある祭司。エルサレムの陥落時にバビロンの親衛隊長に捕まり、ネブカドネツァルのもとへ連れて行かれて殺された（列王記下 25 : 18〜21、エレミヤ書 21 : 1、29 : 25〜29、37 : 3、52 : 24)。

②レビ人。詠唱者ヘマン→②の先祖（歴代誌上 6 : 21)。

③ヨシヤ→②の父（ゼカリヤ書 6:10・14）。

ツェフィ　→ツェフォ

ツェフォ

エサウの孫で、エドム地方の一部族の首長（創世記 36:11・15、歴代誌上 1:36）。ツェフィとも呼ばれる。

ツェフォン　→ツィフヨン

ツェマリ人

フェニキアの未詳の町の住民（創世記 10:18、歴代誌上 1:16）。

ツェリ（ヘブライ語、「マスチックの木」）

ダビデ王時代の神殿詠唱者の一グループの長（歴代誌上 25:3・11）。イツリとも呼ばれる。

ツェルア

ヤロブアム王→①の母（列王記上 11:26）。

ツェルヤ

ダビデ王の姉妹で、ヨアブ→①、アビシャイ、アサエル→①の母（サムエル記下 2:18、歴代誌上 2:16）。

ツェレク

ダビデ王の軍の戦士（サムエル記下 23:37、歴代誌上 11:39）。

ツェレト

ユダ族の人（歴代誌上 4:7）。

ツェロフハド

初期イスラエル（モーセの時代）のマナセ族の人。ツェロフハドは娘たちしか残さなかったが、その娘たちに遺産の土地の相続が認められ、それがイスラエルの法の前例となった（民数記 27:1〜11）。

ツェロル（ヘブライ語、「小石」）

サウル王の先祖（サムエル記上 9:1）。

ツォハル

①エフロンの父（創世記 23:8、25:9）。

②シメオンの息子（創世記 46:10、出エジプト記 6:15）。ゼラ→④と同一人物（民数記 26:13、歴代誌上 4:24）。

③ユダ族の人（歴代誌上 4:7）。

ツォファ

アシェルの子孫（歴代誌上 7:35〜）。

ツォファイ　→ツフ

ツォファル

ヨブの友人の一人（ヨブ記 2:11）。

ツォベバ

ユダ族の人（歴代誌上 4:8）。

ツフ

サムエルの先祖で（サムエル記上 1:1）、レビの子孫（歴代誌上 6:11・20）。ツォファイとも呼ばれる。

ツリエル（ヘブライ語、「神はわが岩」）

レビ人メラリの氏族の家系の家長（民数記 3:35）。

ツリシャダイ（ヘブライ語、「シャダイ（全能者）はわが岩」）

シメオン族のシェルミエルの父（民数記 1:6）。

ツル（ヘブライ語、「岩」）

①アモリ人の王シホンに隷属していたミディアン人の王たちの一人。彼らはモーセの率いるイスラエル人たちに敗れて殺された（民数記 25:15、31:8、ヨシュア記 13:21）。

②ベニヤミン族の人（歴代誌上 8:30、9:36）。

テ

ディアナ　→アルテミス

ディオスクロイ（ギリシア語、「ゼウス〈神〉の息子たち」）

ギリシア神話の双子カストルとポルックス。水夫の守護者。『使徒言行録 28:11』は、ディオスクロイの船首像か、または絵を付けた船について言及している。

ディオトレフェス（ギリシア語、「ゼウス〈神〉に養われた」）

ある教会の一指導者（ヨハネの手紙三 9）。彼は、その影響力を行使して、『ヨハネの手紙二』と『ヨハネの手紙三』で「長老」と名乗る執筆者の送った手紙や使者を教会に受け入れようとしなかった。この紛争はおそらく1世紀の終わり頃の、組織を固めた土地の教会と初期キリスト教の巡回預言者との対立を反映したものである。

ディオニシオ（ギリシア語、「ディオニソス〈神〉に属する」）

パウロの話を聞いて信仰に入ったアテネのアレオパゴスの議員（使徒言行録 **17 : 34**）。

ディオニソス

ギリシアの葡萄酒と陶酔による狂乱の神（マカバイ記二 **6 : 7**、**14 : 33**）。

ティキコ（ギリシア語、「幸運の人」）

パウロの第三回宣教旅行に同行した人（使徒言行録 **20 : 4**）。ティキコは『エフェソの信徒への手紙』および『コロサイの信徒への手紙』に、手紙の持参人として言及されている（エフェソ **6 : 21**〜、コロサイ **4 : 7〜9**）。

ディクラ

ヨクタン（セムの子孫）の息子。同時に、南アラビアの一民族の、あるいは一地域の名前でもある（創世記 **10 : 27**、歴代誌上 **1 : 21**）。

ティグラト・ピレセル

アッシリアの諸王の名前。イスラエル史にとっては、ティグラト・ピレセル3世が重要人物となる（B.C.745〜B.C.727）。旧約聖書は彼を王名でプルとも呼んでいる（列王記下 **15 : 19**）。ティグラト・ピレセルはアッシリアで最も強力な組織者で、また残忍な大元帥の一人だった。ダマスコの王レツィンとイスラエルの王ペカが、アッシリアに対する彼らの反逆に際しユダの王アハズを引き入れることに失敗すると、ティグラト・ピレセルはダマスコを占領し、北王国イスラエルもサマリアとそのごく近辺のみを残して削り取った（同 **15 : 29**、**16 : 5・7・9**、歴代誌上 **5 : 6・26**、歴代誌下 **28 : 20**）。

ティクワ（ヘブライ語、「希望」）

①女預言者フルダの義父（列王記下 **22 : 14**）。トクハトとも呼ばれる（歴代誌下 **34 : 22**）。

②ヤフゼヤの父（エズラ記 **10 : 15**）。

ディシャン

セイルの息子の一人で、エドム（セイル）の一部族の首長（創世記36:21）。

ディション

①セイルの息子の一人で（創世記36:21・26・30、歴代誌上1:38・41）、エドム（セイル）の一部族の首長。

②アナの息子で、セイルの孫。同時にエドム（セイル）の一氏族の名称（創世記36:25、歴代誌上1:41）。

ティティオ　→ユスト②

ディディモ（ギリシア語、「双子」）

イエスの弟子トマスのギリシア語名（ヨハネによる福音書11:16、20:24、21:2）。

ティドアル

『創世記14:1・9』の伝説的伝承によれば、→アムラフェル王らと同盟を結んだ王。

ティトゥス

ティトゥス・マニウス。前164年の、アンティオキアへのローマ使節2人のうちの一人（マカバイ記二11:34）。→メミウス

ディナ

ヤコブとレアの娘（創世記30:21）。彼女がシケムの町の首長の息子シケムに陵辱されたことが兄たちの復讐行為を誘発した（同34）。

ディファト　→リファト

ティブニ

北王国イスラエルの王権をめぐる争いの際のオムリ→①の敵対者（列王記上16:21～）。

ディブライム

預言者ホセアの妻の父（ホセア書1:3）。

ディブリ

孫を涜神罪で処刑されたダン族の人（レビ記24:10～23）。

ティベリウス

ティベリウス・クラウディウス・ネロ。ローマ皇帝（A.C.14～37）。アウグストゥス帝の義理の息子で後継者。イエスの活動はティベリウスの統治期に重なっていた。『ルカによる福音書3:1～』によれば、

洗礼者ヨハネ→⑥はティベリウスの治世15年目に（A.C.28）公に姿を現した。

ティマイ

バルティマイの父（マルコによる福音書 10 : 46）。

ティムナ

①エサウの息子エリファズ→①の側女（創世記 36 : 12）。『歴代誌上 1 : 36』では、ティムナをエリファズの息子と解釈している。

②セイルの息子ロタンの姉妹（創世記 36 : 22、歴代誌上 1 : 39）。

③エドムの一地域の首長（創世記 36 : 40）。

ティモン

エルサレムの原始キリスト教団のヘレニストの７人グループの一人（使徒言行録 6 : 5）。

ティラス

ヤフェト（ノアの子）の息子（創世記 10 : 2、歴代誌上 1 : 5）。また、一民族を、おそらくはエトルリア人を代表する人。

ティラノ

エフェソで会堂を追われたパウロが、伝道の講話のために借りた講堂の持ち主、または主立った利用者（使徒言行録 19 : 9）。

ティルアティム人

カレブ族に属する一氏族（歴代誌上 2 : 55）。

ティルツァ

ツェロフハドの娘の一人（民数記 26 : 33）。

ティルハカ

エジプト王（B.C.690～B.C.664）。エチオピアの出身（そのため「クシュの王」とも言われる）。『列王記下 19 : 9』『イザヤ書 37 : 9』には、ティルハカがアッシリア王センナケリブと戦うために軍を進めている、と記述されているが、史実ではない。

ティルハナ

カレブ→①の息子（歴代誌上 2 : 48）。

ティルヤ

カレブ→②の子孫（歴代誌上 4 : 16）。

ティロン

シモン→①の息子（歴代誌上 **4 : 20**）。

デウエル

ガド族の人、エルヤサフ→①の父（民数記 **2 : 14** ）。

テウダ

失敗に帰したユダヤ人の反乱の指導者だった（使徒言行録 **5 : 36**）。

テオドトス（ギリシア語、「神から授かった」）

シリアの将軍ニカノル→①がユダ・マカバイの軍に遣わした使者（マカバイ記二 **14 : 19**）。

テオフィロ（ギリシア語、「神の友、神に愛された」）

ルカによる２著作『ルカによる福音書』と『使徒言行録』を献呈された人（ルカ **1 : 3**、使徒言行録 **1 : 1**）。おそらく裕福なキリスト教徒で、著作を広める活動を引き受ける用意のあった後援者であろう。

デケル

ソロモン王の一知事の父の名。知事の名は伝わっていない。ベン・デケル（デケルの息子）と記されているのみ（列王記上 **4 : 9**）。

デダン

『創世記 **10 : 7**』『歴代誌上 **1 : 9**』ではハムのひ孫であり、『創世記 **25 : 3**』『歴代誌上 **1 : 32**』ではアブラハムの孫であり、同時にアラビア北西部に住む一民族の名称でもある。その中心地がデダンのオアシスで、彼らは隊商交易に秀でていた（イザヤ書 **21 : 13**）。

テトス

パウロの協力者で、異邦人キリスト教徒。テトスはエルサレムの使徒会議に派遣されたアンティオキアの教会の使節団のメンバーだった（ガラテヤの信徒への手紙 **2 : 1～5**）。この会議でパウロは、異邦人キリスト教徒のために、ユダヤ人キリスト教徒の要求する割礼の受け入れを明確に拒否した。パウロの第三回宣教旅行の途中で、テトスはパウロとコリントの教会の間の紛糾を仲介することに成功した（コリントの信徒への手紙二 **2 : 13**、**12 : 17～**）。テトスはまたコリントで、エルサレムの教会のための募金をやり遂げた（同 **8 : 6**）。『テトスへの手紙』の記述では、テトスは後にクレタ島の教会の長として活躍した。

テバ

ナホル→②の息子で、アブラハムの甥（創世記 22 : 24）。また、テバは、シリアの町ベタと関連がある（サムエル記下 8 : 8）。

テバルヤ

ダビデ王の時代のエルサレム神殿の門衛（歴代誌上 26 : 11）。

テヒナ（ヘブライ語、「憐れみ」）

ユダ族のケルブの子孫（歴代誌上 4 : 12）。

デビル

エグロン市の王（ヨシュア記 10 : 3）。→アドニ・ツェデク王たちと５人でカナン連合を組み、ヨシュアの率いるイスラエルの軍と戦った。

デボラ（ヘブライ語、「密蜂」）

①リベカ（イサクの妻）の乳母（創世記 35 : 8）。

②女預言者で士師。バラク→②にカナンの王ヤビンの軍の将軍シセラと戦うようにと呼びかけ、勝利に導いた（士師記 4）。また、旧約聖書中の最古の歌の一つ「デボラの歌」の作者でもある（同 5）。

③トビトとトビアの先祖の女性（トビト記 1 : 8）。

テマ

①イシュマエル（アブラハムの子）の息子（創世記 25 : 15、歴代誌上 1 : 30）。またアラビア北西のオアシス、および交易地の名称ともなった（ヨブ記 6 : 19、イザヤ書 21 : 14、エレミヤ書 25 : 23）。

②バビロン捕囚から帰還した神殿の使用人一族の先祖（エズラ記 2 : 53、ネヘミヤ記 7 : 55）。

デマス（ギリシア語、デメトリオスの短縮形）

パウロの宣教旅行の同行者であり協力者（コロサイの信徒への手紙 4 : 14、フィレモンへの手紙 24、テモテへの手紙二 4 : 10）。

テマン（ヘブライ語、「南、南の地方」）

エサウの孫で首長（創世記 36 : 11・15・42、歴代誌上 1 : 36・53）。またエドムの一地名ともなった（エレミヤ書 49 : 7・20、エゼキエル書 25 : 13）。

デメトリオス（ギリシア語、「〈女神〉デメテルに属する」）

①デメトリオス１世。セレウコス４世の息子。従兄弟のアンティオ

テ

コス５世を殺害後、シリア王となった（B.C.162〜B.C.150）。マカバイ兄弟と抗争するが、アレキサンドロス・バラスとの戦いで戦死した（マカバイ記一 **7 - 10**、同二 **14**）。

②デメトリオス２世シリア王（B.C.145〜B.C.140及びB.C.129〜B.C.126）。１世の息子。アレキサンドロス・バラス王の後継者。バラスの子アンティオコス６世、その弟アンティオコス７世と敵対したが、復位する（マカバイ記一 **11 - 14**）。

③エフェソの銀細工師。パウロの説教によって自分の生業の危機を感じ、同業者たちを煽動して騒動を引き起こした（使徒言行録 **19 : 23〜40**）。

④未詳の一キリスト教徒（ヨハネの手紙三 **12**）。

テ

テメニ

ユダ部族の人（歴代誌上 **4 : 6**）。

テモテ（ギリシア語、「神を畏れる者」）

①ユダ→⑧・マカバイに何度も破れたシリアの司令官（マカバイ記一 **5 : 6〜40**、同二 **8 : 30**、**10 : 24**）。

②パウロの緊密な協力者。イコニオンの異邦人キリスト教徒（使徒言行録 **16 : 1〜3**）。ギリシア人の父とユダヤ人の母の息子（母は、テモテへの手紙二 **1 : 5** でキリスト教徒と記されている）。テモテの改宗後、パウロが第一回宣教旅行に連れて行くためにテモテに割礼を授けたとする『使徒言行録 **16 : 3**』の記述の歴史的背景は定かでない。テモテはたびたびパウロから困難な課題を任された（テサロニケの信徒への手紙一 **3 : 2〜**、コリントの信徒への手紙一 **4 : 17**、**16 : 10〜**）。また、『テサロニケの信徒への手紙一』と『フィリピの信徒への手紙』の共同執筆者だった。『テモテへの手紙』は、パウロによるものではなかったにも拘らず、パウロの死後、テモテがエフェソの教会の長として長期間活動していたことを想像させる。

③『ヘブライ人への手紙』の執筆者の助手（同 **13 : 23**）。テモテ→②と同一人物だとするのはおそらく難しい。

デモフォン

アンティオコス５世下のシリアの総督の一人（マカバイ記二 **12 : 2**）。

テラ

①セムの子孫で、アブラハムとナホル→②とハラン→①の父（創世記 11:24〜32、ヨシュア記 24:2、歴代誌上 1:26、ルカによる福音書 3:34）。

②エフライムの子孫（歴代誌上 7:25）。この引用文はおそらく損なわれており、テラはシュテラのことを指すと思われる。

デラヤ（ヘブライ語、「ヤーウェは〈危機から〉救い出した」）

①→ヨヤキン王の子孫（歴代誌上 3:24）。

②ダビデ時代の、祭司組織の一グループの長（歴代誌上 24:18）。

③バビロンから帰還したものの、自分たちの家系がイスラエルに属することを証明できなかった一族の先祖（エズラ記 2:60、ネヘミヤ記 7:62）。

④買収された預言者シェマヤ→⑱の父（ネヘミヤ記 6:10）。

⑤ユダの王ヨヤキムの役人（エレミヤ書 36:12・25）。

デリラ

サムソンの愛人。彼女の執拗さに耐えきれずに、髪の毛の秘密を明かしてしまったサムソンは、その怪力をそがれてしまう（士師記 16:4〜21）。

テルティオ（ラテン語、「３番目の」）

コリントの教会の信徒で、『ローマの信徒への手紙』を筆記した人（同 16:22）。

テルティロ（ラテン語、テルティオの短縮形）

エルサレムの最高法院がパウロを告発するため、カイサリアの総督フェリクスのもとに遣わした弁護士（使徒言行録 24:1〜）。

テレシュ

クセルクセス王の私室の番人。同僚のビグタンとともに、王の襲撃を企んだが、モルデカイに見破られ、処刑された（エステル記 2:21、6:2）。

テレム

エズラの勧告に従い、異民族の妻を離縁した門衛（エズラ記 10:24）。

伝道者（ソロモン）　→コヘレト

ト

トア　→トフ

トイ

アラム人の王国ハマトの王。トイは、ハダドエゼルを討ち滅ぼしたダビデ王を祝った（サムエル記下 8 : 9〜、歴代誌上 18 : 9〜）。トウとも呼ばれる。

トウ　→トイ

ドエグ

サウル王の家臣のエドム人。ノブの町の祭司アヒメレクが、逃亡中のダビデのために便宜をはかったことをサウル王に告げ口した人物。王の命令で、彼はアヒメレクや、他の祭司たちを討ち殺した（サムエル記上 21 : 8、22 : 9〜22、詩編 52 : 2）。

トガルマ

パレスチナの北方にいた部族（創世記 10 : 3、歴代誌上 1 : 6、エゼキエル書 27 : 14、38 : 6）。おそらく現在のトルコの東部あたりであろう。

トクハト

女預言者フルダの舅（歴代誌下 34 : 22）。『列王記下 22 : 14』ではティクワと呼ばれている。

ドシテオス

①エジプト在住のユダヤ人に『エステル記』のギリシア語訳をもたらした人（同〈ギリシア語版〉F : 11）。

②ユダ→⑧・マカバイの軍の指揮官（マカバイ記二 12 : 19・24・35）。

ドダイ（ヘブライ語、「〈神の〉友」）

『歴代誌上 27 : 4』では、ダビデの軍の司令官の一人。『サムエル記下 23 : 9』『歴代誌上 11 : 12』では、エルアザル→③の父ドドと呼ばれている。これに関しては様々な伝承がある。

ドダワフ

預言者エリエゼル→⑥の父（歴代誌下 20 : 37）。

ドド（ヘブライ語、「〈神の〉友」）

①士師トラの父（士師記 10 : 1）。

②ダビデ軍の 3 勇士の一人エルアザル→③の父（サムエル記下 23 : 9、歴代誌上 11 : 12）→ドダイ。

③ダビデ軍の別の勇士エルハナン→②の父（サムエル記下 23 : 24、歴代誌上 11 : 26）。

トバル

一民族の名称（創世記 10 : 2、イザヤ書 66 : 19、エゼキエル書 27 : 13）。おそらく現在のトルコの南東部にいたティバレニ人であろう。

トバル・カイン

レメクの息子。青銅や鉄で様々な道具を作る者の先祖とされる（創世記 4 : 22）。

トビア（ヘブライ語のトビヤのギリシア語形）

トビトの息子（トビト記 3 : 17、9 : 5）。

トビエル（ヘブライ語、「神は善い」）

トビトの父で、トビアの祖父（トビト記 1 : 1）。

トビト

ハンナ→②の夫で、『トビト記』の物語の主人公の一人トビアの父。これは、前200～前170年間に成立したユダヤ人の物語で、旧約聖書続編（外典）に組み入れられており、ニネベに強制移住させられた信心深いユダヤ人トビトが多くの不幸な出来ごと（失明や貧窮など）の後、奇跡的に神の助けを得る話を述べたもの。メディアまで行くことになったトビトの息子トビアに神の使いである天使ラファエルが付き添った。この数奇な旅から、トビトとその一家に運命の幸せな転換がもたらされることとなる。『トビト記』は、キリスト教の成立する少し前の時代のユダヤ人の敬虔な生活の様子を見せており、特に祈りと施しをするよう強く勧めている。

トビヤ（ヘブライ語、「ヤーウェは善い」）

①ユダの町々に律法を教えるためにヨシャファト王が遣わしたレビ人の一人（歴代誌下 17 : 8）。

②バビロンから帰還したものの、イスラエルの出自であることを示

せなかった一族の先祖（エズラ記 2:60、ネヘミヤ記 7:62）。

③アンモン地方の知事で（多分トビヤ→②と親族関係）、サマリア地方の知事サンバラトとともにエルサレムの城壁再建に反対し、ネヘミヤの敵対者となった（ネヘミヤ記 2:10・19〜、3:33〜35）。

④バビロン捕囚からの帰還者で、大祭司ヨシュアの冠を作るため、寛大に金銀を供出した（ゼカリヤ書 6:10・14）。

⑤トビヤ家の財源はトビヤ→③に由来するものだが、『マカバイ記二 3:11』で名を挙げられたこのトビヤ家の一員が、エルサレムの神殿宝庫に金銭を預けてあったヒルカノスの父である。

⑥『マカバイ記二 12:17』に記されたトビヤとは、おそらく入植した兵士たちの子孫のユダヤ人たちのことだと思われる。

トフ

サムエルの先祖（サムエル記上 1:1、歴代誌上 6:11・19）。ナハト、またトアとも呼ばれる。

トブ・アドニヤ

ヨシャファト王に遣わされ、ユダの町々で律法を教えたレビ人（歴代誌下 17:8）。

ドマ

イシュマエル（アブラハムとハガルの子）の 6 番目の息子で、北アラビアの一部族の祖となった（創世記 25:14、歴代誌上 1:30）。この名前はおそらくドマのオアシスと関係がある（イザヤ書 21:11）。

トマス

ギリシア語の名前。アラム語のトマ「双子」（ギリシア語のディディモ）としばしば同一視される（例えば、ヨハネによる福音書 11:16、20:24、21:2）。イエスの12人の弟子仲間の一人（マタイによる福音書 10:3、マルコによる福音書 3:18、ルカによる福音書 6:15、使徒言行録 1:13）。ヨハネはトマスを疑り深い者として描いているが（ヨハネ 11:16、14:5）、イエスによって信仰へ導かれた弟子である（同 20:24〜29）。

トラ（ヘブライ語、「いも虫」）

①イサカルの息子で、一氏族の祖（創世記 46:13、民数記 26:24、歴代誌上 7:1〜）。

②士師（士師記 **10:1**)。

トラキア人

エーゲ海の北岸と黒海の西岸の間の地域に定住していた民族（マカバイ記二 **12:35**)。

トラサイアス

総督アポロニオス→①の父（マカバイ記二 **3:5**)。『同 **4:4・21**』ではメネステウスと呼ばれる。

トリファイナ（ギリシア語、「ぜいたくに暮らす女」）

ローマの教会の一女性信徒（ローマの信徒への手紙 **16:12**)。

トリフォサ（ギリシア語、「ぜいたくに暮らす女」）

ローマの教会の一女性信徒（ローマの信徒への手紙 **16:12**)。

トリフォン（ギリシア語、「ぜいたくに暮らす男」

アンティオコス６世の後見人だった指揮官。後に自ら王になるために、この若年の王を殺害させた（マカバイ記一 **13:31**)。またデメトリオス２世やアンティオコス７世と戦い、前139年にアパメア付近で死んだ（同 **15**)。

ドリメネス

シリア王アンティオコス４世の将軍プトレマイオス→③の父（マカバイ記一 **3:38**、同二 **4:45**)。

ドルシラ

総督フェリクスの妻で、ヘロデ・アグリッパ１世の娘（使徒言行録 **24:24**)。

トロフィモ

エフェソ出身の異邦人キリスト教徒で、パウロの同行者（使徒言行録 **20:4**、**21:29**、テモテへの手紙二 **4:20**)。

ナ

ナ

ナアマ（ヘブライ語、「愛らしさ」）

①レメク（カインの子孫）の娘（創世記 4:22）。

②レハブアム王の母（列王記上 14:21・31、歴代誌下 12:13）。

ナアマン（ヘブライ語、「快い」）

①ベニヤミンの息子（創世記 46:21）、または孫（民数記 26:40、歴代誌上 8:4）。

②アラム・ダマスコ王の軍司令官。彼が患っていたらい病は預言者エリシャによって癒された（列王記下 5、ルカによる福音書 4:27）。

ナアム（ヘブライ語、「快さ」）

カレブ→②の息子（歴代誌上 4:15）。

ナアラ（ヘブライ語、「少女」）

アシュフルの妻（歴代誌上 4:5〜）。

ナアライ

ダビデ王の軍の戦士（歴代誌上 11:37）。パアライと同一人物（サムエル記下 23:35）。

ナウム（ヘブライ語、「慰める者」）

イエスの先祖（ルカによる福音書 3:25）。

ナオミ（ヘブライ語、「快い」）

ルツの義母（ルツ記 1:2）。

ナガイ

イエスの先祖（ルカによる福音書 3:25）。

ナコン

麦打ち場の所有者の名前（歴代誌上 13:9 ではキドンと呼ばれている）。契約の箱がエルサレムへ運ばれる際、その麦打ち場でウザ→①が畏敬の念を失した行動を犯したため、死をもって罰せられた（サムエル記下 6:6）。

ナザレ人（ギリシア語のナゾレオス）

イエスと、その追随者たちに対する最も古い呼称の一つ（例えばマタイによる福音書 2:23、使徒言行録 24:5、26:9）。名称の由来については、定説がない。地名ナザレから派生したという説（マタイ 2:23 参照）のほかに、ヘブライ語のナジル（→ナジル人）、もしくは――可能性は低いが――ヘブライ語のネゼール（〈メシアの〉若枝、イザヤ書4:2、11:1〜）から派生したとする説などが考えられる。

ナジル人（ヘブライ語、「神に奉献された者」）

厳格な宗教上の清めと禁欲（髪を切らない、飲酒をしない、汚れを避ける。民数記6、士師記13:5）などで際立っていたイスラエル人たち。そうすることで、彼らはヤーウェに特別な誓願を立てたのである（マカバイ記一3:49）。

ナタナエル（ヘブライ語、「神が与えた」）

①ユディト→②の先祖（ユディト記8:1）。

②『ヨハネによる福音書』は、イエスの弟子になった人として、ガリラヤのカナ出身のナタナエルに言及している（同1:45〜49、21:2）。ナタナエルの名前は他の福音書に出ていないので、イスラエルの信仰者たちにとって象徴的人物像だったのかもしれない（同1:49参照）。

ナダブ（ヘブライ語、ナダブヤの短縮形）

①アロンの息子で、祭司。規定に反した炭火をささげたため、兄弟のアビフとともに死んだ（レビ記10:1〜5）。

②北王国イスラエルの二代目の王（B.C.907〜B.C.906）。謀反を起こしたバシャに殺害され王位を奪われた（列王記上15:25〜31）。

③エラフメエル→①の子孫（歴代誌上2:28・30）。

④ベニヤミン族の人（歴代誌上8:30、9:36）。

⑤トビトの甥（トビト記11:18、14:10）。

ナタン（ヘブライ語、「彼〈神〉が与えた」）

①ダビデ王の息子の一人（サムエル記下5:14）。

②ダビデ王の宮廷で影響力のあった人だが、その官職については旧約聖書の記述からは明らかではない。ナタンはソロモンの教師であり（サムエル記下12:25）、また一計をめぐらしてソロモンの即位を成功させた支持者であった（列王記上1）。旧約聖書で預言者と呼ばれるナタンは、『サムエル記下7』において、「ナタンの預言」を伝えた。また『同12:1〜15』では、バト・シェバとの姦淫、およびその夫ウリヤ→①の殺害のゆえにダビデ王を非難した。

③イグアル→②の父（サムエル記下23:36）、またはダビデ王の軍

の勇士ヨエル→⑦の兄弟（歴代誌上 **11:38**）。
④アザルヤ→②の父（列王記上 **4:5**）。
⑤ザブドの父（列王記上 **4:5**）。
⑥エラフメエル→①の子孫（歴代誌上 **2:36**）。
⑦エズラがイド→⑥のもとに送った使者（エズラ記 **8:16**）。
⑧エズラの勧告に従い、異民族の妻を離縁したイスラエル人（エズラ記 **10:39**）。
⑨トビトの知人（トビト記 **5:13**～）。

ナナヤ

ペルシアかメソポタミアの女神。前164年にシリア王アンティオコス４世は、ナナヤを奉じる神殿の財宝を手に入れようとして、神官たちに虐殺された（マカバイ記二 **1:13～16**）。

ナハシュ（ヘブライ語、「蛇」）

①サウル王に敗北したアンモン人の王（サムエル記上 **11:1～11**）。
②→アビガルとショビの父（サムエル記下 **17:25・27**）。

ナバテア人

アラビア砂漠出身の民族。前５～前４世紀頃に、かつてのエドムの地のペトラ周辺に定住し、堂々たる王国ナバテアを築いた。ナバテア人はこの王国をヨルダン東部全域に、また紀元元年の頃にはダマスコにまでも拡大した（コリントの信徒への手紙二 **11:32**）。

ナハト（ヘブライ語、「純粋の」）

①エサウの孫で、エドムの部族の首長（創世記 **36:13・17**、歴代誌上 **1:37**）。
②トフを参照
③ヒゼキヤ王の時代のレビ人の一人（歴代誌下 **31:13**）。

ナハマニ（ヘブライ語、「慰め」）

バビロンから帰還した人々の指導者の一人（ネヘミヤ記 **7:7**）。

ナハム（ヘブライ語、「慰め」）

ユダの系譜に記されている人の名前（歴代誌上 **4:19**）。

ナバル（ヘブライ語、「愚か者〈あだ名〉」または「高貴な」）

ダビデと争いを起こしたカレブ人の地主。ナバルの死後、その妻アビガイルをダビデは娶った（サムエル記上 **25**）。

ナブ　→ネボ

ナフィシュ

イシュマエル（アブラハムとハガルの子）の息子。その子孫はヨルダン東部に住むアラブ族の一つ（創世記 **25 : 15**、歴代誌上 **1 : 31**、**5 : 19**）。

ナフション（ヘブライ語、「蛇」）

ユダ族の指導者（民数記 **1 : 7**、**2 : 3**）。ダビデ王の先祖（ルツ記 **4 : 20**）。

ナフタリ（～族）

イスラエルの12部族の一つで、ガリラヤの高地東部に定住していた。ナフタリ族はバラクの指揮の下、カナンの将軍シセラとの戦いに深く係わった（士師記 **4**）。北王国イスラエルの北東部にあるナフタリ族の地は、前９世紀にアラム王との戦いに苦しみ（列王記上 **15 : 20**）、前733年にはアッシリア王国に合併された（同下 **15 : 29**）。ナフタリ族の祖先は、ヤコブと妻ラケルの召使いビルハとの息子ナフタリとされる（創世記 **30 : 7**～）。

ナフトヒム人

エジプト内の、または近辺に住む民族（創世記 **10 : 13**、歴代誌上 **1 : 11**）。

ナフビ（ヘブライ語、「臆病な」）

カナンの土地偵察に遣わされたナフタリ族の指導者（民数記 **13 : 14**）。

ナフライ

ダビデ王の軍の戦士（サムエル記下 **23 : 37**、歴代誌上 **11 : 39**）。

ナボト（ヘブライ語、「新芽」）

イズレエルの町のぶどう畑の所有者。アハブ王にその畑を譲ることを拒んだナボトは、偽証によって罪人とされ、石で打ち殺された。ぶどう畑はアハブ王のものになった（列王記上 **21**、同下 **9 : 21**～**26**）。

ナホム（ヘブライ語、「慰める者」）

前７世紀にユダで活動していた預言者。ナホムの預言のことばのテーマは、何よりもアッシリア帝国の首都ニネベであり、彼はニネべの町にその滅亡を預言した（ナホム書 2:4〜14、3:1〜17）。ナホムが登場したのは、前663年のアッシリアによるエジプトの町テーベの征服（同 3:8）と前612年のバビロニアによるニネベの町の征服との間の頃である。

ナホル

①アブラハムとナホル→②の祖父（創世記 11:22・24）。

②ナホル→①の孫で、アブラハムの兄弟（創世記 11:26）。アラム部族の父祖とされる（同 22:20〜24）。

ナルキソ

裕福なローマ人キリスト教徒。パウロは手紙の中でその家の信徒たちへの挨拶をことづけた（ローマの信徒への手紙 16:11）。

ニ

ニカノル（ギリシア語、「征服者」）

①ユダ→⑧・マカバイとの戦いに敗れて戦死したセレウコス朝シリアの将軍（マカバイ記一 7:29〜50、同二 15:25〜）。

②キプロスの長官（マカバイ記二 12:2）。

③エルサレムの原始キリスト教団における→ヘレニストの7人グループの一人（使徒言行録 6:5）。

ニゲル（ラテン語、「黒い」）

シメオン→⑤の別名（使徒言行録 13:1）。

ニコデモ（ギリシア語、「民の征服者」）

ユダヤの最高法院のメンバーで、ファリサイ派に属する人。『ヨハネによる福音書』によれば、当時のユダヤ教がイエスに対し可能な限り接近すると同時に、距離を置く様を体現した人。『ヨハネ 3:1〜10』におけるイエスとの会話は、ニコデモがイエスを神の中心的、最終的な啓示として認める用意がないことで、失敗に終わった様子を描いている。だが他方、ニコデモはユダヤ人の権威者たちに向かってイエスを弁護し（ヨハネ 7:50〜）、またイエスの埋葬のために没薬と沈香を持参した（ヨハネ 19:39）。

ニコライ派

おそらく小アジアのグノーシス派に近いキリスト教グループであり、異教の聖餐にも参加した（ヨハネの黙示録 2:6・15）。彼らは→ニコラオに由来するのかもしれない。

ニコラオ（ギリシア語、「民の征服者」）

エルサレムの原始キリスト教団内の→ヘレニストの７人グループの一人（使徒言行録 6:5）。

ニスロク

『列王記下 19:37』『イザヤ書 37:38』によれば、アッシリアの神の名前。だが、そのような神は未知であるため、言葉が歪められたのであろう。

ニブハズ

詳細不明の神（列王記下 17:31）。

ニムシ

イエフ王→②の祖父（列王記下 9:2・14）。ニムシが家長だったので、イエフは「ニムシの子」と呼ばれている（同 9:20）。

ニムロド

ニムロド（ハムの孫）は、バビロンとアッシリアの伝説的な古代王で、勇敢な狩人（創世記 10:8〜、歴代誌上 1:10）。「ニムロドの国」とは（ミカ書 5:5）、アッシリアのことである。

ニンファ

ラオディキアの女性信徒で、家庭集会を率いていた（コロサイの信徒への手紙 4:15）。

ヌ

ヌメニオス

ヨナタンによってローマとスパルタへ派遣されたユダヤ人の使者の一人（マカバイ記一 12:16～）。

ヌン（ヘブライ語、「魚」）

エフライム族のヨシュア→①の父（ヨシュア記 1:1、歴代誌上 7:27）。ノンとも表記されている。

ネ

ネアルヤ（ヘブライ語、「ヤーウェの少年、若者」）

①→ヨヤキン王の子孫（歴代誌上 3:22～）。

②シメオン族の頭の一人（歴代誌上 4:42）。

ネコ

エジプトのファラオ（B.C.610～B.C.595）。ファラオ・ネコがシリアを目指して行進する途上、ユダの王ヨシヤがこれを迎え撃ち、そして戦死した。よって、ファラオ・ネコはエルヤキム（改名後ヨヤキム）をユダ王国の王に任命した（列王記下 23:29～35）。前605年、ファラオ・ネコはカルケミシュでバビロン王ネブカドネツァルに敗北した。

ネコダ

①バビロンから帰還した神殿の使用人一族の家系の長（エズラ記 2:48、ネヘミヤ記 7:50）。

②イスラエルの出身であることを証明できなかった一族の家系の長（エズラ記 2:60、ネヘミヤ記 7:62）。

ネダブヤ（ヘブライ語、「ヤーウェは寛大だった」）

→ヨヤキン王の息子（歴代誌上 3:18）。

ネタンエル（ヘブライ語「神が与えてくださった」）

①イサカル族の指導者（民数記 1:8、2:5）。

②ダビデ王の兄弟（歴代誌上 2:14）。

③祭司でラッパの奏者（歴代誌上 15:24）。

④シェマヤ→⑦の父（歴代誌上 24:6）。
⑤エルサレムの神殿の門衛（歴代誌上 26:4）。
⑥ヨシャファト王がユダの町々に律法を教えるために遣わした高官の一人（歴代誌下 17:7）。
⑦ヨシヤ王の時代のレビ人（歴代誌下 35:9）。
⑧エズラの勧告で、異民族の妻を離縁した祭司（エズラ記 10:22）。
⑨バビロン捕囚から帰還した祭司の家の家長（ネヘミヤ記 12:21）。
⑩エルサレムの城壁の奉献式に参加した楽士（ネヘミヤ記 12:36）。

ネタン・メレク（ヘブライ語、「王〈神〉が与えてくださった」）
ヨシヤ王の時代の役人（列王記下 23:11）。

ネタンヤ（ヘブライ語、「ヤーウェが与えてくださった」）
①司令官イシュマエル→②の父（列王記下 25:23・25）。
②ダビデ王時代の詠唱者の一グループの長（歴代誌上 25:2・12）。
③ヨシャファト王がユダの町々に律法を教えるために遣わしたレビ人（歴代誌下 17:8）。
④ユディの父（エレミヤ書 36:14）。

ネツィア
バビロン捕囚より帰還した神殿の使用人一族の家系の長（エズラ記 2:54、ネヘミヤ記 7:56）。

熱心党（ギリシア語のゼロテ、アラム語のカナナイヤ、「熱心者」）
イエスの弟子シモン→⑥の名前に添えられる名称（マタイによる福音書 10:4、マルコによる福音書 3:18、ルカによる福音書 6:15、使徒言行録 1:13）。おそらくシモンは、ユダヤが後 6 年にローマの属州になって以来、宗教的な動機から、ローマの支配に対して戦いを呼びかけるユダヤ人の一派熱心党に所属していたことがあったのであろう。

ネバイ
捕囚期後に律法順守の誓約書に捺印した民の頭（ネヘミヤ記 10:20）。

ネバト（ヘブライ語、「彼〈神〉は見た」）
ヤロブアム 1 世→①の父（列王記上 11:26）。

ネバヨト

ネ

アラビアの部族の一つ（イザヤ書 60 : 7）。その始祖はイシュマエルの長男ネバヨトとされる（創世記 25 : 13）。

ネフィシェシム　→ネフシム

ネフェグ（ヘブライ語、「緩慢な」）

①レビのひ孫（出エジプト記 6 : 21）。

②ダビデ王の息子の一人（サムエル記下 5 : 15、歴代誌上 3 : 7、14 : 6）。

ネブカドネザル　→ネブカドネツァル

ネブカドネツァル（バビロニア語、「ネボの神よ、世継ぎをお守り下さい」）

新バビロニア帝国のもっとも重要な王（B.C.605〜B.C.562）。旧約聖書では（より正確に）ネブカドレツァルとも呼ばれている。王は前587〜前586年頃にエルサレムを制圧して破壊し（既に10年前の最初の包囲の際にイスラエル人の一部を連行していた）、ユダ王国の独立性を終わらせ、国民の相当数を捕囚としてバビロンに連れ去った。それにもかかわらず、ネブカドネツァルは大元帥というよりは、むしろバビロンを拡大し、華麗に装備した建築主だった。『ダニエル書』には、ネブカドネツァルが見た夢の中で予告される一時的失権や、けものと共にする生活など、ネブカドネツァルにまつわる伝説が語られている（同 4）。

ネブザルアダン（バビロニア語、「ネボ→②は子孫を与えた」）

前587〜前586年頃エルサレムを征服し、民を流刑に処したネブカドネツァル王の親衛隊の長（列王記下 25 : 8〜20）。

ネフシム

バビロンから帰還した神殿の使用人一族（エズラ記 2 : 50、ネヘミヤ記 7 : 52）。ネフィシェシムとも呼ばれている。

ネブシャズバン（バビロニア語、「ネボよ、救い出して下さい」）

ネブカドネツァルの侍従長（エレミヤ書 39 : 3・13）。

ネフシュタ

→ヨヤキン王の母（列王記下 24 : 8）。

ネフム　→レフム①

ネヘミヤ（ヘブライ語、「ヤーウェは慰めた」、ヘブライ語でネヘムヤと同音）

パレスチナがペルシア帝国の一部だった前5世紀頃に、ユダヤ人の共同社会を改造したユダヤ人。自己の活動についてネヘミヤは、『ネヘミヤ記』の中に「記録」を残している。それによれば、ペルシアの王宮で献酌官の職務にあったネヘミヤは、前445年にアルタクセルクセス1世によって、破壊されたエルサレムの城壁を再建するための全権を付与され、それまでサマリア州に属していたユダヤの総督に任命された（ネヘミヤ記**1:1-2:10**）。エルサレムに着くと、当地の権力者たち、ことにサマリア州の総督サンバラトが阻止しようとしたにも拘らず、比較的短期間に城壁の再建を遂行した（同**2:11-4:17**、**6:1～19**）。経済的弱者が城壁再建に参加できるように、ネヘミヤは彼らの負債を帳消しにし、また自身は給与を受け取らなかった（同**5**）。エルサレムにほとんど住民がいなかったので、ユダヤの地方居住者を移住させた（同**11**）。更に、神殿の流用を排除し、安息日を聖とし、異民族の女との結婚を禁じた（同**13**）。

ネヘムヤ（ヘブライ語、「ヤーウェは慰めた」、ヘブライ語でネヘミヤと同音）

①バビロン捕囚から帰還した民の指導者の一人（エズラ記**2:2**、ネヘミヤ記**7:7**）。

②エルサレムの城壁再建の際に手伝った人（ネヘミヤ記**3:16**）。

ネボ

①バビロン捕囚から帰還した人の先祖、または郷里の名前（エズラ記**2:29**、**10:43**、ネヘミヤ記**7:33**）。

②アッシリアおよびバビロニアの、書と知恵の神ナブのヘブライ語名（イザヤ書**46:1**）。

ネムエル

①エムエルを参照

②ルベンの子孫（民数記**26:9**）。

ネリ

イエスの先祖（ルカによる福音書**3:27**）。

ネリヤ（ヘブライ語、「ヤーウェはわが灯火」）

①バルク→①の父（エレミヤ書**32:12**、**36:4**、バルク書**1:1**）。おそらくネリヤ→②と同一人物。

②セラヤ→⑩の父（エレミヤ書 **51:59**）。

ネル（ヘブライ語、「灯火」）

①ベニヤミン族の人。キシュの兄弟であり、アブネルの父、サウル王の伯父であった（サムエル記上 **14:50**〜）。

②別のベニヤミン族の人（歴代誌上 **8:30**）。

ネレウス

ローマの教会にいた信徒。パウロは手紙の中でネレウスとその姉妹に挨拶を送った（ローマの信徒への手紙 **16:15**）。

ネレガル

バビロニアのクトの町の神（列王記下 **17:30**）。

ネレガル・サル・エツェル（バビロニア語、「神ネレガルが王を守って下さるように」）

前587〜前586年頃エルサレムの制圧に参加したネブカドネツァル王の軍の指揮官（エレミヤ書 **39:3・13**）。

ノ

ノア

①『創世記 **6:5 - 9:29**』における旧約聖書の記述では、ノアは人類の父祖の一人となった。その信仰心によって（エゼキエル書 **14:12**〜**23**）家族を洪水から守り、それによって大災害後の人類の祖となり、彼をもって神と人間との新しい契約関係が始まった。また他の伝承によれば、ノアは最初の葡萄畑の農夫として登場する（創世記 **9:20**〜**27**）。

②マナセの子孫ツェロフハドの娘（民数記 **26:33**）。

ノアドヤ（ヘブライ語、「ヤーウェは会ってくださった」）

①レビ人（エズラ記 **8:33**）。

②城壁再建を阻止するためネヘミヤを脅迫した女預言者（ネヘミヤ記 **6:14**）。

ノガ（ヘブライ語、「輝き」）

ダビデ王の息子（歴代誌上 3:7、14:6）。

ノダブ

アラブ族の一つ（歴代誌上 5:19）。

ノハ

ベニヤミンの四男（歴代誌上 8:2）。

ノバ

マナセの部族の人（民数記 32:42）。

ノン　→ヌン

ハ

バアセヤ（ヘブライ語、「ヤーウェのわざ」）

神殿の詠唱者アサフ→②の先祖（歴代誌上 6:25）。

バアナ

①王イシュ・ボシェト（サウル王の息子）のもとにいた略奪隊の長（サムエル記下 4:2〜6）。

②ダビデ王の軍の勇士ヘレドの父（サムエル記下 23:29、歴代誌上 11:30）。ヘレドはヘレブとも呼ばれる。

③④ソロモン王の２人の知事（列王記上 4:12・16）。

⑤バビロン捕囚から帰還した民の頭の一人（エズラ記 2:2、ネヘミヤ記 7:7）。

⑥エルサレムの城壁再建の際に、修復作業を手伝ったツァドク→③の父（ネヘミヤ記 3:4）。

⑦ネヘミヤの時代に、律法順守の誓約書に捺印した民の頭の一人（ネヘミヤ記 10:28）。おそらくバアナ→⑤と⑥、もしくは⑥と⑦は同一人物であろう。

バアラ

ベニヤミン族のシャハライムの妻（歴代誌上 8:8）。

パアライ

ダビデ王の軍の戦士(サムエル記下 **23 : 35**)。ナアライと同一人物(歴代誌上 **11 : 37**)。

バアリス

総督ゲダルヤを暗殺させたアンモンの王(エレミヤ書 **40 : 14**)。

バアル(ヘブライ語、「主人、所有者」)

①バアルという語は、カナンの神の呼称として次の3つのカテゴリーに登場する。(a) もっとも多いのは、バアルがある特定の土地に結びついた神を指す場合である。例えばオフラのバアル(士師記 **6 : 25〜32**)や、カルメルのバアル(列王記上 **18 : 19〜40**)、ティルスのバアル(同 **16 : 31〜**)等が挙げられる。(b) ホセア書や、続いてエレミヤ書には、イスラエル人による豊饒の祭儀と結びついたバアル崇拝を非難する言葉が見られる(ホセア書 **2 : 5**、エレミヤ書 **2 : 23**)。この場合、それは「偶像崇拝」を意味している。(c) ホセア書やエレミヤ書に続き、聖書の歴史文書は、イスラエル人のヤーウェへの背信を示すためにバアル崇拝について語っている。(士師記 **2 : 11・13**、サムエル記上 **12 : 10**、歴代誌下 **33 : 3**)。その際、バアルとともに女神アシェラやアシュトレトに言及することが多い(列王記上 **18 : 19**、同下 **23 : 4**、士師記 **2 : 13**、**10 : 6**)。旧約聖書に挙げられている個々の土地に結びついたそれぞれのバアル神は、おそらくカナン地方において大きな役割を演じた「バアルという名を持つ一つの神」の各表現形であると理解される。バアルは何よりも、死しては蘇る天候と豊饒の神として崇められた。その死とともに自然は枯れ果て、生き返ると自然は再び花開くのである。人名としての、もしくは名前の一部に組み合わされた人名としてのバアル(例えばベアルヤ、メリブ・バアル)は、ヤーウェもまた初期にはバアルと呼ばれたことを示している。だが、バアルを偶像神として扱い、バアルという言葉を軽視する風潮の中でユダヤ教の律法学者たちは人名の構成要素であったバアルを「ボシェト(恥)」に替えることまでした。例えば、エシュバアルをイシュ・ボシェト(恥の人)としたように。

②ルベン族の人(歴代誌上 **5 : 5**)。

③ベニヤミン族の人（歴代誌上8:30、9:36）。

バアル・ゼブブ

『列王記下1:2〜16』に、ヘブライ語でバアル・ゼブブ（蠅の所有者）という言葉が登場するが、これはエクロンで崇拝されたカナン人の神バアル・ゼブル（崇高なる者バアル）を歪曲したヘブライ語である。

バアル・ハナン（ヘブライ語、「バアルは慈悲を垂れた」）

①エドムの王（創世記36:38〜、歴代誌上1:49〜）。

②ダビデ王の下の、農耕作業の責任者（歴代誌上27:28）。

バアル・ペオル

モアブのペオル山の土着神（民数記25:3・5、申命記4:3、詩編106:28、ホセア書9:10）。

バアル・ベリト（ヘブライ語、「契約のバアル」）

シケムのカナン人に崇められた神（士師記8:33、9:46）。エル・ベリトとも呼ばれている。

バイアン

おそらくアラビアの部族の一つ（マカバイ記一5:4〜）。

パウロ

①異教徒への宣教の先駆者で、キリスト教神学の本来の創始者パウロは、原始キリスト教のもっとも名高い人物である。

キリキア州のギリシア風の町タルソスで、厳格なユダヤ教徒の両親の息子として生まれた（使徒言行録9:11、21:39、22:3）。おそらくバイリンガルに育てられ、サウロという誕生名のほかに、一家がローマの市民権を持つ印しに、ラテン語のパウロという別名を持っていた。パウロはファリサイ派に所属し（フィリピの信徒への手紙3:5〜）、またエルサレムで律法学者としての教育を受けた（使徒言行録22:3）。そこで、原始キリスト教団のヘレニストたち（ギリシア語を話すユダヤ人キリスト教徒）に対する迫害や追放に積極的に参加した。

ダマスコへの旅の途上で、パウロの人生が決定的に転換する（A.C.34頃）。復活したキリストがパウロの前に現われて、パウロ自身が旧約聖書中の預言者の召命に類似すると解したある働きをもって、彼を奉仕の道へ導いたのである（ガラテヤの信徒への手紙 **1:17**〜。コリントの信徒への手紙一 **15:9** 参照）。

キリスト者としてのパウロの初期の年月については、漠然としか分からない（ガラテヤ **1:17〜21**）。たとえばダマスコにおける宣教活動の最初の試み（コリント二 **11:32**〜）、ペトロとの出会いにつながる最初のエルサレム訪問、同じく故郷の地タルソスでの長期滞在などはその頃のことだった。バルナバが彼をタルソスからオロンテス川沿いの首都アンティオキアに新しく作られた教団へ連れ出した（A.C.40頃）。この教団はエルサレムから追い出されたヘレニストのユダヤ人キリスト教徒たちによって形成され、異教徒伝道に着手することを決意していた（使徒言行録 **11:25**〜）。じきにパウロもその指導部に属することとなったアンティオキアの教団は（同 **13:1**）、約10年間パウロの故郷だった。ここからパウロはバルナバと第一回目の宣教旅行で（A.C.46〜47頃）キプロスと小アジア南部へ出かけた（同 **13:1 - 14:28**）。続いて、いわゆる使徒公会議（A.C.48）で、異教徒への布教に対する根本的事柄の承諾を原始教団から得るためにエルサレムへ旅した（使徒言行録 **15**、ガラテヤ **2**）。承諾は得たものの、その後パウロはこの承諾をエルサレム教団の人たちよりもはるかに広義に解釈したことが分かる。それによってパウロは、もはやユダヤ教の律法が適用される余地のない、純粋な異邦人キリスト教団設立への権限を与えられたものと見なした。一方で、エルサレムの教団の人たちは、主として異邦人キリスト教徒の集まる教団に所属するユダヤ人キリスト教徒たちが、引き続きユダヤ教の律法を守ることを期待したのである。

この超え難い相違は、その頃から始めたパウロの世界宣教の重要な時期に（A.C.48〜56）最後まで陰を落としていた。ヤコブ→⑥とエルサレムの教団の指示を受けたペトロによって、「ユダヤ人キリスト教徒と異邦人キリスト教徒の共同の食事」の取り消し（ガラテヤ **2:11〜14**）が伝えられた後、パウロがバルナバと離別し、アンティオキアへの結びつきをゆるめたのも、エルサレム教団との見解の相違に影響されたものだ。イエス・キリストによって召命された、世界のあらゆる国民の使徒であるとの自覚をもって（ローマの信徒への手紙**1:5**）、パウロは第二回の宣教旅行で(A.C.48〜53)、小アジア、マケドニア、ギリシアへ急ぐ（使徒言行録**15:36-18:22**）。その折に、フィリピや、コリント、エフェソなど、ガラテヤ北部の地に教団を設立するに至った。それから間もなく第三回の宣教旅行（A.C.53〜56）で、再びエフェソ、マケドニア、そしてギリシアへ赴いた（同**18:23-21:14**）。この旅は、パウロが使徒公会議で請け負ったエルサレムの教団のための募金にも役立った。この旅行中にパウロは『コリントの信徒への手紙』を書き、また ローマのキリスト教団を西方のスペインまでの宣教旅行の拠点に得ようと願い、『ローマの信徒への手紙』を書いた（同**15:24**）。しかしそれは実現に至らなかった。パウロが募金を教団に届けようとして、もう一度エルサレムを訪問したとき、彼に敵対するユダヤ人の陰謀の犠牲になったのだ。パウロはギリシア人を神殿の境内に入れて、これを汚したとの（もちろん誤った）咎の下に、神殿で拘束された（使徒言行録**21**）。するとローマの役人が彼を勾留し、総督の居住地カイサリアへ移送した。そこでパウロは約２年間（A.C.56〜58頃）を囚人として過ごした。パウロは、神殿の冒涜および暴動を煽動したかどで——つまり重罪で——（同**24:5**〜）自分に反対するユダヤ人たちによって進められる訴訟から、ひとまず免れた。パウロが、ローマの市民権の所有者として、皇帝に上訴したからである（同**25:11**）。そのためパウロは囚人としてローマへ移送された。裁判の成り行きと、その後のパウロの運命については不明である。だがパウロがローマで長期間収監された後、殉教死したことを多くの事象が語っている。

新約聖書に含まれたパウロによるものとされる13本の手紙のうち７本については、その真筆性に議論の余地がある。すなわち(年代順に列挙すれば)『テサロニケの信徒への手紙一』『ガラテヤの信徒への手紙』『コリントの信徒への手紙一、二』『ローマの信徒への手紙』『フィレモンへの手紙』『フィリピの信徒への手紙』である。パウロの真筆性がはっきりしないものに、『テサロニケの信徒への手紙二』と『コロサイの信徒への手紙』がある。それに反し、『エフェソの信徒への手紙』『テモテへの手紙一、二』『テトスへの手紙』は、今日ではパウロの弟子たちによって書かれたものとされている。

②→セルギウス

ハガイ（ヘブライ語、「祭りの日に生まれた」）

前520年、ペルシア王ダレイオスの第２年に、エルサレムでゼカリヤの同時代人として活動した預言者。ハガイは預言のことばを以て、前587～前586年にバビロニア人によって破壊された神殿の再建へユダヤ人を動かそうとした。それを目指して、ペルシア王に任命されたユダの総督ゼルバベルと大祭司ヨシュア→④の指導の下、再建工事が開始された（ハガイ書 **1:12～15**）。

ハカタン（ヘブライ語、「小さい」）

ヨハナン→⑪の父（エズラ記 **8:12**）。

ハ

ハガバ

バビロン捕囚から帰還した神殿の使用人一族の先祖（エズラ記 **2:45**、ネヘミヤ記 **7:48**）。

ハガブ

バビロン捕囚から帰還した神殿の使用人一族の先祖（エズラ記 **2:46**）。

ハガル

アブラハムの妻サラの女奴隷で、エジプト人。アブラハムとの間にイシュマエル→①を産み、後に追い出された（創世記 **16:1～16**、**21:8～21**）。パウロの書簡の中で、ハガルは旧約の象徴としてアレゴリー風の解説に登場する（ガラテヤの信徒への手紙 **4:24～**）。

ハガル人

東ヨルダンの地に住むアラブ族（歴代誌上 **5:10**、詩編 **83:7**）。ハガルとの関連については不明。

ハカルヤ

総督ネヘミヤの父（ネヘミヤ記 **1:1**、**10:2**）。

ハギ（ヘブライ語、「祭りの日に生まれた」）

ガドの息子（創世記 **46:16**、民数記 **26:15**）。

バキデス（ギリシア語、「〈葡萄酒の神〉バッカスの息子」）
アンティオコス4世シリア王の下では、ユダ→⑧・マカバイとの戦いにおける将軍（マカバイ記二 **8:30**）であり、デメトリオス1世の下では北シリア総督（同一 **7:8**）だったバキデスは、ひとまず大祭司として認められた（B.C.162）→アルキモスと共に再度出陣した。バキデスはマカバイ軍を破り、ユダ・マカバイは戦死した（同一 **9:1〜18**）。

ハギト（ヘブライ語、「祭りの日に生まれた」）
ダビデの妻の一人。アドニヤ→①の母（サムエル記下 **3:4**、列王記上 **1:5**）。

ハギヤ
レビの子孫（歴代誌上 **6:15**）。

パグイエル
アシェル族の指導者（民数記 **1:13**、**10:26**）。

バクバカル
レビ人の詠唱者（歴代誌上 **9:15**）。バクブクヤと同一人物。

ハクファ（ヘブライ語、「曲がった」）
バビロン捕囚から帰還した神殿の使用人一族の先祖（エズラ記 **2:51**、ネヘミヤ記 **7:53**）。

バクブク（ヘブライ語、「瓶」）
バビロンから帰還した神殿の使用人一族の先祖（エズラ記 **2:51**、ネヘミヤ記 **7:53**）。

バクブクヤ（ヘブライ語、「小瓶」）
レビ人の詠唱者（ネヘミヤ記 **11:17**、**12:9・25**）。バクバカルと同一人物。

ハクモニ
ダビデ王の軍の三勇士の頭イシュバアルの父（サムエル記下 **23:8**）。但し、イシュバアルは、『歴代誌上 **11:11**』や『同 **27:2**（ここではザブディエル→①の子として）』では、誤ってヤショブアムと呼ばれている。また『同 **27:32**』では、ハクモニはダビデの王子たちの養育係エヒエル→④の父とされている。

ハゲドリム

ザブディエル→②の父（ネヘミヤ記 11:14）。

バケノル

アンティオコス4世の将軍ゴルギアスと戦ったユダ・マカバイの軍の隊長（マカバイ記二 12:35）。

バゴアス

アッシリア軍の総司令官ホロフェルネスの宦官（ユディト記 12:11・13）。

ハコツ（ヘブライ語、「いばら」）

ダビデ王時代の祭司の一グループの長（歴代誌上 24:10）。彼の子孫は、バビロンから帰還後、イスラエルの出身であることを証明する家系の記録を発見できなかった（エズラ記 2:61、ネヘミヤ記 7:63）。メレモト→①とエウポレモスの先祖（ネヘミヤ記 3:4・21、マカバイ記一 8:17）。

ハザエル（ヘブライ語、「神は〈困窮を〉見た」）

ダマスコのアラム王国の王（B.C.842～B.C.800）。『列王記下 8:7～15』に記述されたハザエルの暴力的な王位簒奪は、預言者エリシャの言葉と関係がある。ハザエルは北王国イスラエルと戦って領土の多くを攻め取り（同 10:32～）、また南王国ユダにも進攻した（同 12:18～）。

パサク

アシェルの子孫（歴代誌上 7:33～）。

ハサドヤ（ヘブライ語、「ヤーウェの善意」）

→ヨヤキン王の子孫（歴代誌上 3:20）。

ハザヤ（ヘブライ語、「神は〈困窮〉を見た」）

ユダ族のマアセヤ→⑭の先祖（ネヘミヤ記 11:5）。

ハシェム　→ベネヤシェン

ハジエル（ヘブライ語、「神は〈困窮〉を見た」）

レビ人（歴代誌上 23:9）。

ハシダイ派（ヘブライ語、「敬虔な者たち」）

アンティオコス4世の治世の下、ヘレニズム化に抵抗するために結束したユダヤ人の男たち（マカバイ記一 2:42、7:13、同二 14:6）。ハシダイ派から後に→ファリサイ派が起こった。

バシャ

北王国イスラエルの王（B.C.906〜B.C.883)。ヤロブアム１世王の息子ナダブ王に対し謀反を起こして自ら王位に就き、ヤロブアム王家の人々を一人残らず滅ぼした。バシャは、南王国ユダのアサ王、およびアサ王と同盟していたダマスコのアラム王ベン・ハダドと交戦し、敗退した（列王記上 **15:16〜22・27〜34**、**16:1〜7**）。

ハシャブナ

捕囚期後に律法を順守する誓約に捺印した民の頭の一人（ネヘミヤ記 **10:26**）。

ハシャブネヤ

①エルサレムの城壁の修復作業を手伝ったハトシュ→②の父（ネヘミヤ記 **3:10**）。

②レビ人（ネヘミヤ記 **9:5**）。

ハシャブヤ（ヘブライ語､「ヤーウェは〈良い振舞いを〉考慮に入れた｣）

①神殿の詠唱者エタン→①の先祖（歴代誌上 **6:30**）。

②レビ人シェマヤ→⑤の先祖（歴代誌上 **9:14**、ネヘミヤ記 **11:15**）。

③ダビデ王の治世の詠唱者たちの一グループの長(歴代誌上 **25:3・19**）。

④レビ人、ダビデ王に仕えた役人（歴代誌上 **26:30**）。

⑤ダビデ王の治世のレビ族の指導者（歴代誌上 **27:17**）。

⑥ユダの王ヨシヤの治世のレビ族の指導者（歴代誌下 **35:9**）。

⑦バビロンからの帰還の際に祭具をエルサレムの神殿まで運び、また律法順守の誓約に捺印したレビ人（エズラ記 **8:19・24**、ネヘミヤ記 **10:12**、**12:24**）。

⑧エルサレムの城壁の修復に協力した人（ネヘミヤ記 **3:17**）。

⑨レビ人ウジ→⑤の祖父（ネヘミヤ記 **11:22**）。

⑩バビロン捕囚から帰還した祭司の一族ヒルキヤ家→⑥の家長（ネヘミヤ記 **12:21**）。

ハシュバ

→ヨヤキン王の子孫（歴代誌上 **3:20**）。

ハシュバダナ

律法の朗読の集まりに参加した人（ネヘミヤ記 **8:4**）。

ハシュブ（ヘブライ語、「〈良い振舞い〉を考慮される者」）

①レビ人シェマヤ→⑤の父（歴代誌上 9:14、ネヘミヤ記 11:15）。

②③エルサレムの城壁の修復に協力した２人（ネヘミヤ記 3:11・23）。

④捕囚期後、律法を順守する誓約に捺印した民の頭の一人（ネヘミヤ記 10:24）。

パシュフル（エジプト語、「〈神〉ホルスの息子」）

①祭司アダヤ→⑤の祖父（歴代誌上 9:12、ネヘミヤ記 11:12）。

②バビロン捕囚から帰還した祭司一族の先祖（エズラ記 2:38、10:22、ネヘミヤ記 7:41）。子孫に、律法順守の誓約書に捺印した祭司がいる（ネヘミヤ記 10:4）。

③預言者エレミヤを一日勾留したエルサレムの祭司。そのため、エレミヤは、パシュフルがバビロンに連行され、その地で死ぬことを予告した（エレミヤ書 20:1〜6）。

④ゼデキヤ王→①の役人（エレミヤ書 21:1、38:1）。

⑤ユダの役人ゲダルヤ→④の父（エレミヤ書 38:1）。

ハシュム（ヘブライ語、「鼻の低い」）

捕囚期後の時代の、一家系の先祖（ネヘミヤ記 8:4、10:19）。子孫がバビロンから帰還した（エズラ記 2:19、ネヘミヤ記 7:22）。その一部は、異民族の妻を離縁した（エズラ記 10:33）。

ハスファ（ヘブライ語、「速い」）

バビロンから帰還した神殿の使用人一族の先祖（エズラ記 2:43、ネヘミヤ記 7:46）。

ハスモン家　→マカバイ

ハスラ

女預言者フルダの夫シャルム→②の祖父（歴代誌下 34:22、列王記下 22:14）。ハルハスとも呼ばれる。

パセア（ヘブライ語、「足の不自由な」）

①ユダ族のケルブの子孫（歴代誌上 4:11）。

②バビロンから帰還した神殿使用人の一族の先祖（エズラ記 2:49、ネヘミヤ記 7:51）。

③ヨヤダ→④の父（ネヘミヤ記 3:6）。

ハセナア　→セナア

バセマト（ヘブライ語、「乳香」）

①エロン→①の娘で、エサウ（ヤコブの兄弟）の妻の一人（創世記 26 : 34、36 : 4・10・13・17）。彼女は、『同 36 : 3』ではイシュマエルの娘バセマトと記されているが、『同 28 : 9』ではイシュマエルの娘マハラト→①と間違えられている。

②ソロモン王の娘の一人。知事アヒマアツ→③の妻となった（列王記上 4 : 15）。

ハゾ

ナホル→②の息子で、アブラハムの甥（創世記 22 : 22）。

ハタク

クセルクセス王の妃エステルの世話をした宮廷の宦官（エステル記 4 : 5〜10）。

ハダサ

→エステルのヘブライ語名（エステル記 2 : 7）。

ハタト（ヘブライ語、「弱虫」）

ユダの子孫（歴代誌上 4 : 13）。

ハダド（北西セム人の植物の神の名）

①イシュマエル→①の息子の一人（創世記 25 : 15、歴代誌上 1 : 30）。また、アラビアの一部族の先祖。

②エドムの４代目の王（創世記 36 : 35、歴代誌上 1 : 46）。

③エドムの８代目の王（創世記 36 : 39、歴代誌上 1 : 50）。

④ソロモン王に敵対して、エジプトに逃亡したエドムの王家の人（列王記上 11 : 14〜25）。

ハダドエゼル（ヘブライ語、「ハダドは助け」）

北シリアのアラム人の王国ツォバの王（サムエル記下 8 : 3〜10）。ハダドエゼルはダビデに制圧され、後に、臣下レゾンに押し退けられた（列王記上 11 : 23〜）。

ハダド・リモン

今日その由来などが不確かになった名前（ゼカリヤ書 12 : 11）。おそらくバビロンの神ハダドとアラムの神リモンの２神の融合により生じた名前なのであろう。死んでは蘇る神としてのハダド・リモンのためにメギドの平野では嘆きの儀式が執り行われていた。

ハダル　→ハダド③

ハツァルマベト

ヨクタン（セムの子孫）の息子（創世記10:26、歴代誌上1:20）。同時に、南アラビアの一地方の名称となる。今日のハドラマウト地方。

バツルト

捕囚の地バビロンから帰還した神殿の使用人一族の家長（エズラ記2:52、ネヘミヤ記7:54）。

ハツレルポニ

ユダの子孫フル→⑤の娘（歴代誌上4:3）。

ハティタ

バビロンから帰還した神殿の門衛一族の先祖（エズラ記2:42、ネヘミヤ記7:45）。

ハティファ（ヘブライ語、「さらわれた」）

バビロンから帰還した神殿の使用人一族の先祖（エズラ記2:54、ネヘミヤ記7:56）。

ハティル

バビロンから帰還したソロモン王の使用人一族の家長（エズラ記2:57、ネヘミヤ記7:59）。

パテロス人

上エジプトのパテロスの住民（創世記10:14、歴代誌上1:12）。
［＊単に「上エジプト人」と呼ばれていることもある。］

バト・シェバ（ヘブライ語、「充溢の娘、幸運の～」）

ダビデ王が姦淫を犯した相手であり、ウリヤの妻だった。後にバト・シェバはダビデの妻としてソロモンを産んだ（サムエル記下11-12）。また預言者ナタンの協力を得て、ソロモンを後継の王座に就かせることに成功した（列王記上1）。

ハトシュ

①→ヨヤキン王の子孫で、シェカンヤ→①の孫（歴代誌上3:22、エズラ記8:2）。

②エルサレムの城壁の修復作業を手伝った人（ネヘミヤ記3:10）。

③捕囚期後、律法順守の誓約に捺印した祭司（ネヘミヤ記 10 : 5、12 : 2）。

ハドライ（ヘブライ語、「肥満体」）

エフライム人の頭の一人アマサ→②の父（歴代誌下 28 : 12）。

ハドラム

①ヨクタン（セムの子孫）の息子（創世記 10 : 27、歴代誌上 1 : 21）。アラビアの一部族の先祖。

②ハマトの王トイの息子（サムエル記下 8 : 10 、歴代誌上 18 : 10）。ヨラムとも呼ばれる。

③『歴代誌下 10 : 18』では、誤ってアドニラムの代わりに記されている。

パトロクロス

将軍ニカノル→①の父（マカバイ記二 8 : 9）。

パトロバ

パウロが手紙の中で挨拶を送った信徒（ローマの信徒への手紙 16 : 14）。

パドン（ヘブライ語、「彼〈神〉は救い出した」）

バビロン捕囚から帰還した神殿使用人の一族の先祖（エズラ記 2 : 44、ネヘミヤ記 7 : 47）。

ハナニ（ヘブライ語、ハナンヤの短縮形）

①ユダ王国の預言者（列王記上 16 : 1、歴代誌下 16 : 7）。

②ダビデ王時代の詠唱者の一グループの長（歴代誌上 25 : 4・25）。

③エズラの時代に、異民族の妻を離縁した祭司（エズラ記 10 : 20）。

④ネヘミヤの兄弟（ネヘミヤ記 1 : 2、7 : 2）。

⑤エルサレムの城壁の奉献式に参加した祭司（ネヘミヤ記 12 : 36）。

ハナニア（ヘブライ語、「ヤーウェは慈悲深かった」）

①ハナニアはトビトの知人。天使ラファエルは自らをハナニアの息子であると、トビトに名乗った（トビト記 5 : 13〜）。

②ユディト→②の先祖の一人。（ユディト記 8 : 1）。

ハナニエル（ヘブライ語、「神は慈悲深かった」、ハナムエルと同義）

トビトの祖父であり、トビアの曾祖父（トビト記 1 : 1・8）。

ハナムエル（ヘブライ語、「神は慈悲深かった」、ハナニエルと同義）

預言者エレミヤの従兄弟。エルサレムがバビロン軍に攻囲されていた時に、エレミヤはハナムエルの畑を買い取った（エレミヤ記32:7〜12)。

ハナン（ヘブライ語、ハナニエルの短縮形）

①ベニヤミンの子孫（歴代誌上8:23)。

②別のベニヤミン人（歴代誌上8:38、9:44)。

③ダビデ王の軍の戦士（歴代誌上11:43)。

④バビロン捕囚から帰還した神殿の使用人一族の先祖（エズラ記2:46、ネヘミヤ記7:49)。

⑤エズラの傍らで、律法を民に説明したレビ人（ネヘミヤ記8:7、10:11)。

⑥⑦律法を守る誓約に捺印した民の頭２人（ネヘミヤ記10:23・27)。

⑧神殿の貯蔵室の管理人助手（ネヘミヤ記13:13)。

⑨神の人イグダルヤの息子。その息子たちに神殿の中の一室が当てられていた（エレミヤ記35:4)。

ハナンヤ（ヘブライ語、「ヤーウェは慈悲深かった」）

①→ヨヤキン王の子孫（歴代誌上3:19・21)。

②ベニヤミンの子孫（歴代誌上8:24)。

③ダビデ王の治世の詠唱者の一グループの長（歴代誌上25:4・23)。

④ユダの王ウジヤの軍の最高司令官（歴代誌下26:11)。

⑤捕囚期後、異民族の妻を離縁したイスラエル人（エズラ記10:28)。

⑥エルサレムの城壁の修復作業を手伝った香料調合師（ネヘミヤ記3:8)。

⑦城壁の修復作業を手伝ったもう一人の人（ネヘミヤ記3:30)。

⑧エルサレムの要塞の長（ネヘミヤ記7:2)。

⑨捕囚期後、律法順守の誓約に捺印した民の頭の一人（ネヘミヤ記10:24)。

⑩祭司の一族イルメヤ家→⑥の家長（ネヘミヤ記12:12)。

⑪エルサレムの城壁の奉献式でラッパを吹奏した祭司（ネヘミヤ記12:41)。

⑫預言者エレミヤに対決し、そのために死に至った偽りの預言者（エレミヤ書 28）。

⑬ユダの王ヨヤキムに仕えた役人ツィドキヤ→③の父（エレミヤ書 36 : 12）。

⑭守備隊長イルイヤの祖父（エレミヤ書 37 : 13）。

⑮ダニエルの友の一人（ダニエル書 1 : 6〜19、2 : 17、マカバイ記一 2 : 59）。

バニ（ヘブライ語、ベナヤの短縮形）

①ダビデ王の軍の戦士（サムエル記下 23 : 36）。

②レビ人で詠唱者（歴代誌上 6 : 31）。

③捕囚期後にエルサレムに住んだユダの一族の人（歴代誌上 9 : 4）。

④バビロン捕囚から子孫が帰還した一族の先祖（エズラ記 2 : 10、8 : 10、10 : 34、ネヘミヤ記 7 : 15 のビヌイは誤りであろう）。一族の頭が律法順守の誓約書に捺印した（ネヘミヤ記 10 : 15）。

⑤エズラの時代に、異民族の妻を離縁した子孫数人が属する家系の先祖（エズラ記 10 : 29）。

⑥レビ人（ネヘミヤ記 3 : 17）。

⑦別のレビ人（ネヘミヤ記 8 : 7、9 : 4〜）。律法順守の誓約に捺印した（同 10 : 14）。

⑧レビ人（ネヘミヤ記 9 : 4）。

⑨ウジ→⑤の父（ネヘミヤ記 11 : 22）。

ハニエル（ヘブライ語、「神は慈悲深かった」）

①カナンの土地配分の際に、マナセ族を代表した指導者（民数記 34 : 23）。

②アシェルの子孫の一人（歴代誌上 7 : 39）。

ハヌン（ヘブライ語、「恩寵に恵まれた」）

①ダビデ王と紛争を起こしたアンモン人の王（サムエル記下 10 : 1〜4、歴代誌上 19 : 2〜6）。

②③エルサレムの城壁の修復を手伝った２人（ネヘミヤ記 3 : 13・30）。

ハノク

①ミディアン（アブラハムとケトラの子）の息子（創世記 25 : 4、

ハ

歴代誌上 1 : 33)。

②ルベンの息子（創世記 46 : 9)。

ハバクク（ヘブライ語、「園芸植物」）

南王国ユダの預言者。『ハバクク書』の叙述によるなら、ハバククは、バビロンによるユダへの最初の威嚇がなされていた当時、すなわち前608年～前598年頃に活動していた。『ハバクク書』は、バビロニア人の凱旋行進を目前にした預言者と神との対話（同 1 : 2 - 2 : 5）、および一連の嘆きの言葉（同 2 : 6～20）と賛歌（同 3）から成り立っている。後の伝説では、ハバククは獅子の洞穴に投げ込まれたダニエルの助け手となった（ダニエル書補遺ベルと竜 33～39）。

ハバツィンヤ

レカブ人の一族の人（エレミヤ書 35 : 3)。

パハト・モアブ（ヘブライ語、「モアブの総督」）

バビロン捕囚から帰還した一族の家長（エズラ記 2 : 6、8 : 4、ネヘミヤ記 10 : 15)。

ハピツェツ

ダビデ王時代の祭司の一グループの長（歴代誌上 24 : 15)。

バビロニア人

メソポタミア下流地域（今日のイラク南部）の住民。聖書の中ではほとんどの場合→カルデア人と呼ばれている。前19～前11世紀にかけてバビロニア人は強大な王国を建て、偉大な王ハンムラビ（B.C.1728～B.C.1686）を輩出したが、その後アッシリア人の支配下に入った。前612年にアッシリア帝国が滅び、将軍ナボポラッサルが新バビロニア王国を再建した。→ネブカドネツァル王（B.C.605～B.C.562）の下で絶頂期を迎えるが――前587年にはエルサレムを制圧――滅亡するのも速く、前539年にはキュロスによってペルシア帝国の一地方になり下がった。前597年と、更に前587年に始まったバビロンへの連行および捕囚期は、イスラエル民族にとって決定的なエポックとなった。この時代の預言者たちの文書の中に、バビロニア王国に対する切迫した警告の言葉が多く発せられており、その滅亡を預言している（イザヤ書 13 : 1～22、14 : 4～23、エレミヤ書 50 - 51)。

ハマト

もはや解明されえない伝承の『歴代誌上 2 : 55』によるなら、カイン人の先祖とされる。

ハマン

『エステル記』によれば、ペルシアのクセルクセス王の宮廷で最高の地位にあった大臣。ハマンはペルシア帝国内のユダヤ人の殲滅を謀ったが、その前に失脚した（同 3 : 1 - 9 : 25）。

ハム

ノアの３人の息子たちの一人で、北アフリカと南アラビアの民族の先祖（創世記 5 : 32、10 : 6〜20）。この名前はまたエジプト人を表す名称としても使われている（詩編 78 : 51）。

ハムエル

シメオンのひ孫（歴代誌上 4 : 26）。

ハムタル

ユダの王ヨシヤの妻、ヨアハズ王とゼデキヤ王の母（列王記下 23 : 31、24 : 18、エレミヤ記 52 : 1）。

ハムル

ペレツの息子で、ユダの孫（創世記 46 : 12、民数記 26 : 21、歴代誌上 2 : 5）。

ハメダタ

ユダヤ人の迫害者ハマンの父（エステル記 3 : 1）。

ハモル（ヘブライ語、「ロバ」）

カナンの地の首長、もしくはシケムの町の長（創世記 33 : 19、34、ヨシュア記 24 : 32、士師記 9 : 28）。

ハモレケト（ヘブライ語、「王妃」）

ギレアドの姉妹（歴代誌上 7 : 18）。

バラキア（ヘブライ語の名ベレクヤのギリシア語形）

『マタイによる福音書 23 : 35』によれば、ゼカルヤ→⑭の父。このゼカルヤは『歴代誌下 24 : 20・22』の祭司ゼカルヤのことかもしれない。とはいえ、『歴代誌』ではヨヤダ→②の子と記されている。

バラク

①イスラエルに呪いをかけるよう、予見者バラムに依頼したモアブ

の王。ところがバラムはイスラエルを祝福した（民数記 22 - 24）。

②（ヘブライ語で「稲光」）

女預言者デボラ→②の強い要請で、シセラ→①の軍と戦い、打ち破ったナフタリの指揮官（士師記 4〜）。

バラクエル

ヨブの話し相手の一人エリフ→⑤の父（ヨブ記 32 : 2・6）。

バラバ（『マタイによる福音書 27 : 16〜』ではバラバ・イエスと呼ばれている）

投獄されていたユダヤ人の首謀者。おそらくローマ帝国による占領に逆らうゼロテ一派（熱心党）のリーダーだったと思われる。過越の祭の際に、群衆の要求で、総督ピラトによってイエスの代わりに釈放された（マタイによる福音書 27 : 16〜26、マルコによる福音書 15 : 7〜15、ルカによる福音書 23 : 18、ヨハネによる福音書 18 : 40）。

バラム

イスラエルの民による土地獲得の時代の占い師。この人物については、旧約聖書中では、多数の伝説が互いに結び合った『民数記 22 - 24』にもっとも詳細に叙述されている。それによれば、モアブの王バラクがイスラエルの民を呪うようバラムに依頼したところ、神の命令でバラムは 4 つの託宣をもって彼らを祝福した。他の伝承によれば、バラムはミディアン人と組んでイスラエルと戦った（同 31 : 8・16、ヨシュア記 13 : 22）。

ハラリ人

未知の町の、または氏族の人たち（サムエル記下 23 : 11）。

パラル（ヘブライ語、「彼〈神〉は仲裁に入った」）

エルサレムの城壁の修復を手伝った人（ネヘミヤ記 3 : 25）。

ハラン

①アブラハムの兄弟（創世記 11 : 26〜31）。

②カレブ→①の息子（歴代誌上 2 : 46）。

③レビ人（歴代誌上 23 : 9）。

バリア

→ヨヤキン王の子孫（歴代誌上 3 : 22）。

パリサイ人　→ファリサイ人

ハリフ（ヘブライ語、「賢い」）
バビロンから帰還した一族の先祖。一族の頭が律法順守の誓約に捺印した（ネヘミヤ記 7 : 24、10 : 20）。『エズラ記 2 : 18』ではヨラと呼ばれている。

ハリム（ヘブライ語、「捧げられた」）
①ダビデの時代の祭司（歴代誌上 24 : 8）。その子孫がバビロンから帰還した。（エズラ記 2 : 39、ネヘミヤ記 7 : 42、12 : 15）。また、一族の頭が律法順守の誓約に捺印した（ネヘミヤ記 10 : 6）。
②バビロンから帰還した一族の先祖（エズラ記 2 : 32、10 : 31、ネヘミヤ記 3 : 11、7 : 35）。一族の頭が律法順守の誓約に捺印した（ネヘミヤ記 10 : 28）。

パル（ヘブライ語、ペラヤの短縮形、『民数記 16 : 1』ではペレト）
ルベンの息子（創世記 46 : 9、民数記 26 : 5・8）。

パルア（ヘブライ語、「快活な」）
知事ヨシャファト→②の父（列王記上 4 : 17）。

バルアダン
バビロンの王→メロダク・バルアダンの父（列王記下 20 : 12、イザヤ書 39 : 1）。

バルイエス（アラム語、「イエスの子」）
キプロス島のユダヤ人魔術師（別名エリマ）。彼はパウロの説教に反抗し、そのため目が見えなくなった（使徒言行録 13 : 6〜11）。

パルオシュ（ヘブライ語、「ノミ」）
バビロンから帰還した一族の先祖（エズラ記 2 : 3、8 : 3）。子孫に、律法順守の誓約書に捺印した家長がいる（ネヘミヤ記 10 : 15）。

バルク（ヘブライ語、「祝福された者」）
①預言者エレミヤの書記官であり友人。エレミヤが前605年までに口述した言葉を書き記し、人々に読み聞かせた（エレミヤ書 36）。バルクはエレミヤとともにエジプトへ連れ去られたが（同 43 : 3〜6）、エレミヤから主の慰めの言葉が伝えられた（同 45）。彼は、主要な内容が２つの詩編から成る旧約聖書続編の一冊、『バルク書』の筆者とされる。
②エルサレムの城壁再建の際に修復作業を助けた人（ネヘミヤ記 3 :

ハ

20)。

③ネヘミヤの時代に、律法を順守する誓約に捺印した祭司（ネヘミヤ記 **10:7**)。

④マアセヤ→⑭の父（ネヘミヤ記 **11:5**)。

バルコス

バビロンから帰還した神殿の使用人一族の先祖（エズラ記 **2:53**、ネヘミヤ記 **7:55**)。

バルサバ

①イスカリオテのユダの後継の候補者に上がったヨセフ→⑭・ユストの別名（使徒言行録 **1:23**)。

②ユダヤ人キリスト教徒で、預言する者でもあったユダ→⑯の別名（使徒言行録 **15:22**)。

ハルシャ

バビロンから帰還した神殿の使用人一族の先祖（エズラ記 **2:52**、ネヘミヤ記 **7:54**)。

パルシャンダタ

ユダヤ人迫害者ハマンの息子の一人（エステル記 **9:7**)。

バルジライ（ヘブライ語、「不屈な者」)

①アブサロム→①の蜂起の際に、ダビデ王と兵士たちに食料等を提供した東ヨルダンの土地所有者。戦勝後、王はそのことに感謝を表した（サムエル記下 **17:27**～、**19:32 - 40**、列王記上 **2:7**)。

②サウル王の娘婿アドリエルの父（サムエル記下 **21:8**)。

③バルジライ→①の子孫であり、バビロンから帰還後に自らの家系の記録を発見できなかった祭司一族の先祖（エズラ記 **2:61**、ネヘミヤ記 **7:63**)。

ハルツ（ヘブライ語、「金」または「勤勉な」)

ユダの王アモンの祖父（列王記下 **21:19**)。

パルティ（ヘブライ語、パルティエルの短縮形)

①モーセによって遣わされたカナン偵察隊の一人で、ベニヤミン族の指導者（民数記 **13:9**)。

②サウル王の娘ミカルの２番目の夫（サムエル記上 **25:44**)。『同下 **3:15**』ではパルティエル→②と呼ばれている。

パルティア人

イランの一民族。前250年頃カスピ海の南東に王国を築き、すぐにペルシアとメソポタミアへ拡大し、後224年まで存続した。聖書では『使徒言行録 2:9』に言及されている。

パルティエル（ヘブライ語、「神は救い手」）

①カナンの土地配分の際、イサカル族を代表した指導者（民数記 34:26）。

②ミカルの２番目の夫（サムエル記下 3:15）。『同上 25:44』ではパルティ→②と呼ばれている。

バルティマイ（アラム語、「ティマイの子」）

イエスに癒された盲人の名前（マルコによる福音書 10:46）。

バルトロマイ（アラム・ギリシア語、「タルマイの子」）

イエスの12使徒の一人（マルコによる福音書 3:18）。

パルナク

エリツァファン→②の父（民数記 34:25）。

バルナバ（意味の不確かな呼称。『使徒言行録 4:36』では、「慰めの子」という意味であると記されているが、おそらく「預言の子」であろう）

キプロス出身のレビ人ヨセフ→⑮の別名。バルナバはアンティオキアの教会の指導者の一人であり（使徒言行録 13:1〜3、15:2・12）、パウロの第一回宣教旅行の同伴者である（同 13-14）。また、バルナバはエルサレムの原始キリスト教団と密接な係わりがあった（同 4:36、11:22）。パウロはエルサレムの使徒会議（ガラテヤの信徒への手紙 2:1〜10、使徒言行録 15）にひき続き、ユダヤ人信徒と異邦人信徒との会食に関してアンティオキアで起きた意見の相違がもととなり、バルナバと別れた。（ガラテヤ 2:13、使徒言行録 15:37〜39）。

ハルネフェル（エジプト語、「〈神〉ホルスは善い」）

アシェルの子孫（歴代誌上 7:36）。

ハルハス

女預言者フルダの夫シャルム→②の祖父（列王記下 22:14）。『歴代誌下 34:22』ではハスラと呼ばれている。

ハルハヤ

エルサレムの城壁の修復に協力したウジエル→⑥の父（ネヘミヤ記3:8）。

ハルフ人

『歴代誌上12:6』に記されたハルフ人に関し、ハルフが町の名称か、氏族の名称かについては不明。

ハルフル

バビロン捕囚から帰還した神殿の使用人一族の先祖（エズラ記2:51、ネヘミヤ記7:53）。

ハルボナ

ペルシア王クセルクセスに仕える侍従（エステル記1:10、7:9）。

パルマシュタ

ユダヤ人迫害者ハマンの息子の一人（エステル記9:9）。

ハルマフ（ヘブライ語、「裂けた鼻」）

エルサレムの城壁の修復に協力したエダヤ→③の父（ネヘミヤ記3:10）。

ハ

ハルム

アハルヘルの父（歴代誌上4:8）。

パルメナ

エルサレムの原始キリスト教団にいた→ヘレニストの7人グループの一人（使徒言行録6:5）。

バルヨナ（アラム語、「ヨナの子」）

ヨナはイエスの弟子シモン・ペトロの父の名、つまりバルヨナとは、「ヨナの息子」の意味（マタイによる福音書16:17）。だが、『ヨハネによる福音書1:42』ではシモン・ペトロはヨハネ→⑧の子と記されている。

ハレフ（ヘブライ語、「賢い」）

ユダの子孫の一人（歴代誌上2:51）。

ハロエ　→レアヤ

ハロヘシュ（ヘブライ語、「呪術師」）

捕囚期後に、律法順守の誓約に捺印した人（ネヘミヤ記10:25）。シャルム→⑫の父（同3:12）。

ハンナ（ヘブライ語、「彼〈神〉は慈悲深かった」）
①預言者サムエルの母（サムエル記上1-2）。
②トビトの妻で、トビアの母（トビト記1:9、2:1）。

ヒ

ヒエル（ヘブライ語、アヒエルの短縮形、「神の兄弟」）
イスラエルの王アハブの治世に、エリコの城壁を再建させたベテルの人（列王記上16:34）。

ヒエロニモス（ギリシア語、「聖なる名とともに」）
アンティオコス5世の統治下のシリア人総督（マカバイ記二12:2）。

ビグタ
ペルシア王クセルクセスの宮殿の宦官（エステル記1:10）。

ビグタン
王宮の番人。同僚テレシュと共にクセルクセス王を襲撃するもくろみをエステル王妃の後見人モルデカイに発見され、処刑された（エステル記2:21～、6:2）。

ビクリ（ヘブライ語、「若い雄のラクダ」）
ダビデに対し反乱を起こしたシェバ→②の父（サムエル記下20:1～22）。

ビグワイ
バビロン捕囚から帰還した12人の民の指導者の一人（エズラ記2:2・14、8:14、ネヘミヤ記7:7・19）。律法順守の誓約に捺印した（ネヘミヤ記10:17）。『エズラ記10:29』に記されたバニ→⑤も、おそらくビグワイのことと思われる。

ピコル
アビメレク→①の軍隊の長（創世記21:22・32、26:26）。

ビシュラム
ペルシア王アルタクセルクセスのサマリアにおける官吏で、神殿再建に反対する手紙を王に送った（エズラ記 4:7）。

ヒズキ（ヘブライ語、ヒゼキヤの短縮形）

ベニヤミンの子孫（歴代誌上 8:17）。

ヒズキヤ（ヘブライ語、「ヤーウェはわが力」）

①→ヨヤキン王の子孫（歴代誌上 3:23）。

②バビロン捕囚から帰還した一族の先祖。『エズラ記 2:16』および『ネヘミヤ記 7:21』ではアテル→①と同一人物とされるが、『同 10:18』では別人とされている。

③預言者ゼファニヤの先祖（ゼファニヤ書 1:1）。

ピスパ

アシェルの子孫（歴代誌上 7:38）。

ヒゼキヤ（ヘブライ語、「ヤーウェはわが力」）

南王国ユダの王（B.C.725～B.C.697、列王記下 18-20）。ヒゼキヤ王は長年アッシリアの忠実な家臣だったが、前705年に生じたアッシリアに対する反乱の動きに加わった。おそらくその関連で、アッシリアの、また他の異教を象徴するもの一切を排除した。そのことが、聖書記者による絶大な称賛をヒゼキヤにもたらすことになる（同 18:3～7）。前701年、アッシリア王センナケリブが懲罰のためにユダ王国に進軍して、エルサレムを脅かした。ヒゼキヤは多額の金銀を支払わねばならなかった（同 18:13～16）。ヒゼキヤ王と預言者イザヤの出会いについての話が、『同 18:17-20:19』『イザヤ書 36-39』の中に――大部分は伝説的なものであるが――述べられている。

ビゼタ

ペルシア王クセルクセスの宮殿に仕える宦官（エステル記 1:10）。

ヒダイ

ダビデ王の軍の戦士の一人（サムエル記下 23:30、歴代誌上 11:32）。フライとも呼ばれている。

ピツェツ　→ハピツェツ

ビドカル

イエフ→②の侍従（列王記下 9:25）。

ビトヤ（エジプト語、「王妃」）

ファラオの娘で、ユダ族のカレブの子孫メレドの妻（歴代誌上 4：18）。

ピトン

サウル王の子孫（歴代誌上 8：35、9：41）。

ビヌイ（ヘブライ語、ベナヤの短縮形）

① バビロンから子孫が帰還したレビ人の家系の祖（エズラ記 2：40、ネヘミヤ記 7：43）。子孫の一部は、異民族の妻を離縁した（エズラ記 10：38）。

②ノアドヤ→①の父（エズラ記 8：33）。おそらくビヌイ→④と同一人物。

③異民族の妻を離縁したイスラエル人（エズラ記 10：30）。

④エルサレムの城壁の修復を手伝ったレビ人。律法順守の誓約に捺印した（ネヘミヤ記 3：18・24、10：10、12：8・24）。

⑤『ネヘミヤ記 7：15』のビヌイは、おそらくバニ→④のことであろう。

ピネハス（エジプト語、「肌の浅黒い」）

①アロンの孫で、エルアザル→①の息子（出エジプト記 6：25）。大祭司の家系の先祖（歴代誌上 6：35）。ピネハスはヤーウェに対する熱情をもって、モーセ（民数記 25：6〜15）とヨシュア（ヨシュア記 22：9〜34）の下で功績をあげた。→コズビ

②シロの祭司エリの 2 人の息子のうちの一人（サムエル記上 2 - 4）。

③エルサレムの祭司（エズラ記 8：33）。

ピノン

エドムの首長の一人であり、同時に地名でもある（創世記 36：41、歴代誌上 1：52）。

ヒビ人

カナン地方に住む民族の一つだった（出エジプト記 3：8）。彼らの居住地域としては、シケム（創世記 33：18、34：2）、ギブオン（ヨシュア記 9：7）、またレバノン山のふもと一帯（サムエル記下 24：7）が挙げられる。

ビムハル

アシェルの子孫（歴代誌上 7：33）。

ヒメナイ

偽りの教理を教える人であり、教会から追放された（テモテへの手紙一 1:20、同二 2:17）。

ヒラ

ユダ→①の友（創世記 38:1・12）。

ピラト

ポンティオ・ピラト。後26～36年まで、ユダヤ地方におけるローマ帝国のプロクラトル（属州総督）。聖書以外の資料には、ユダヤ人に対し、ローマの利益を情け容赦なく貫徹する、粗暴な権力政治家と指摘されている。サマリア人に対する残忍なやり方のため最終的に解任された。ピラトがイエスに死刑を宣告し、処刑を執行させた（マルコによる福音書 15:15・26）。それにもかかわらず、福音書は少なくとも部分的にピラトの責任を軽減し、それをユダヤ人たちに負わせようと苦心している。

ヒラム（ヘブライ語、アヒラムの短縮形、「兄弟は高貴」）

①ティルスの王（B.C.973～B.C.942）。ヒラムは取引契約の枠内で（列王記上 5:15～26）、ソロモン王に大量の材木を送り、熟練した職人の頭を送り、さらに貿易船団の編成を助けた（同 9:26～28）。これに対する返礼として、ソロモン王は油や小麦を送り、またガリラヤ地方の20の町を贈った（同 9:11）。

②工芸師（列王記上 7:13～45）。→フラム・アビ

ピルアム

反イスラエル連合軍の参加者ヤルムトの王（ヨシュア記 10:3）。

ビルガ（ヘブライ語、「輝き」）

バビロン捕囚から帰還した祭司（歴代誌上 24:14、ネヘミヤ記 12:5・18）。律法に従うための誓約に捺印した（ネヘミヤ記 10:9）。ビルガイとも呼ばれる。

ビルガイ　→ビルガ

ヒルカノス

エルサレム神殿の宝庫に金銀を預託した身分の高い人（マカバイ記二 3:11）。

ヒルキヤ（ヘブライ語、「わたしの分け前はヤーウェ」）

①ヒゼキヤ王の宮廷長エルヤキム→①の父（列王記下 18 : 18、イザヤ書 22 : 20）。

②ユダの王ヨシヤの時代の大祭司。『列王記下 22 - 23』によれば、ヒルキヤは神殿で律法の書を見つけた。それがヨシヤ王による祭祀の改革の契機となった。

③ダビデ王の時代の詠唱者エタン→①の先祖（歴代誌上 6 : 30）。

④エルサレムの神殿の門衛（歴代誌上 26 : 11）。

⑤律法の書を朗読するエズラの脇に立った民の代表格の人（ネヘミヤ記 8 : 4）。

⑥バビロンから帰還した祭司（ネヘミヤ記 12 : 7・21）。

⑦預言者エレミヤの父（エレミヤ書 1 : 1）。

⑧ゲマルヤ→①の父（エレミヤ書 29 : 3）。

ビルシャ

ゴモラの王。ソドムの王→ベラと同盟していた（創世記 14 : 2）。

ビルシャン

バビロンから帰還した12人の民の指導者の一人（エズラ記 2 : 2、ネヘミヤ記 7 : 7）。

ピルタイ（ヘブライ語、ペラトヤの短縮形）

バビロン捕囚から帰還した祭司の家の家長（ネヘミヤ記 12 : 17）。

ピルダシュ

ナホル→②の息子で、アブラハムの甥（創世記 22 : 22）。

ビルダド

ヨブの友人の一人（ヨブ記 2 : 11）。

ビルハ（ヘブライ語、「心配の無い」）

ヤコブの妻ラケルの召使い。ヤコブとの間に２人の息子ダンとナフタリを得た（創世記 30 : 3〜8）。ビルハはヤコブの長男ルベンによって陵辱された（同 35 : 22）。

ピルハ

捕囚期後、律法順守の誓約書に捺印した民の頭（ネヘミヤ記 10 : 25）。

ビルハン（ヘブライ語、「心配の無い」）

①セイルの孫で（創世記 36 : 27、歴代誌上 1 : 42）、同時にエドム（セ

イル）に住む氏族の名称でもある。

②ベニヤミンの子孫で、家系の長（歴代誌上 7:10）。

ヒレル

士師アブドン→①の父（士師記 12:13〜15）。

ピロ（ギリシア語、「金褐色の」）

ソパトロの父（使徒言行録 20:4）。

ビンア

サウル王の子孫（歴代誌上 8:37、9:43）。

ビンヤミン（ヘブライ語、「右側の子」、つまり南の子らを意味する）

①ベニヤミン族に属する家系の長（歴代誌上 7:10）。

②異民族の妻を離縁したイスラエル人（エズラ記 10:32）。

③エルサレムの城壁の修復に協力した人（ネヘミヤ記 3:23）。

④祭司（ネヘミヤ記 12:34）。

フ

プア

①エジプトにいたヘブライ人の助産婦の一人（出エジプト記 1:15）。

②士師トラ→②の父（士師記 10:1）。

③プワを参照。

ファシロン

おそらくアラビアの部族の一つであろう（マカバイ記一 9:66）。

ファヌエル

女預言者アンナの父（ルカによる福音書 2:36）。

ファラオ

聖書中のファラオ（ヘブライ語のパロ）という名称は、「大きな家」という意味を持つエジプト語から派生しており、初めは王宮を、後には王自身をも指すようになった。聖書中で、ファラオという言葉は、名前を挙げずに単独で用いられるか（モーセとヨセフの物語や、新約聖書のローマの信徒への手紙**9:17**など)、あるいは固有名詞の前に付く称号として用いられている(列王記下**23:29**、エレミヤ書**44:30**)。この称号はエジプトでは約1000年前から一般に使われている。

ファリサイ人(アラム語、「分離した者たち」)

ユダヤ教の一教派であるファリサイ派に属する人たち。その起源は前2世紀にまで遡る。メンバーはほとんどが世俗の人だったが、彼らは日常生活において、神殿で任務中の祭司に対して定められた、旧約の厳格な清めの掟に従うことを心がけていた。ファリサイ派に属する律法学者たちは律法の正しい解釈を行わねばならなかったゆえ、指導者層になった。神の王国を到来させるというダビデの家系出身の、民族的な色合いを持つ→メシアへの待望や、死者の復活への希望、および最後の審判への期待などが、旧約聖書を超えて出て来たファリサイ派の重要な教義である。律法を厳格に遵守し、善行を為すことで、この正しい人間が神の慈悲に助けられ、審判を首尾よく切り抜けられる、とファリサイ人は期待していたのである。

イエスの神信仰と伝える言葉には、ファリサイ人に近い要素が多く含まれていた。例えばイエスは、彼らの復活への期待(マルコによる福音書**12:18〜27**)や、彼らの「現在」にとって拘束力のある律法解釈を得ようと努力する真剣さなどを共有していた。ところで、聖書の伝承が、ファリサイ人をイエスの第一の敵対者とするときに生じるそれへの矛盾は、単にうわべだけのものでしかない。というのも、両者の共通点の背後に、違いがなおさら鋭く浮かび上がってくるからである。イエスは、神の意志を代表するというファリサイ人の独善的な主張と、神の意志の下に自らを全面的にゆだねようとする心構えの欠如との間の隔たりを、批判をもって暴いている(ルカによる福音書**18:9〜14**)。

フィゲロ

パウロから離れ去ったと言われる小アジアのキリスト教徒(テモテへの手紙二**1:15**)。

フィリポ(ギリシア語、「馬を愛する者」)

①イエスの12人の弟子たちの一人(マタイによる福音書**10:3**、マ

フ

ルコによる福音書**3:18**、ヨハネによる福音書**1:43**〜**48**、**6:5**〜**7**)。

②ヘロデ大王の3人の息子の一人で、ヘロディアの最初の夫(マタイ**14:3**、マルコ**6:17**)。

③ヘロデ大王の別の息子で、イトラヤとトラコン地方の四分領主(B.C.4〜A.C.34。ルカによる福音書**3:1**)。

④エルサレムの教団における→ヘレニストの7人グループの一人であり、サマリアの福音宣教者だった(使徒言行録**6:5**、**8:5**〜**40**)。最後に女預言者である彼の娘たち4人とカイサリアで暮らした(同**21:8**)。

フィリポス(ギリシア語、「馬を愛する者」)

①フィリポス2世。マケドニアの王で(B.C.358〜B.C.336)、アレキサンドロス大王の父(マカバイ記一**1:1**、**6:2**)。

②シリア王アンティオコス4世の信頼する友人。一時期、王国の摂政だったが、リシアス→①に敗れた(マカバイ記一**6:14**・**55**〜**63**、同二**9:29**、**13:23**)。

③フィリポス5世。マケドニアの王(B.C.221〜B.C.179)。紀元前197年にローマ人に征服された(マカバイ記一**8:5**)。

④アンティオコス4世が任命したエルサレムの総督(マカバイ記二**5:22**、**6:11**、**8:8**)。

フィレト(ギリシア語、「愛される(者)」)

熱狂的な邪教グノーシス派の代表的人物(テモテへの手紙二**2:17**)。

フィレモン(ギリシア語、「愛する(者)」)

パウロによってキリスト教に改宗した資産家で、『フィレモンへの手紙**1**』の序文で最初に名前を挙げられている人。この手紙に名指された他の人たち(アルキポ、オネシモ)がコロサイに住んでいたことから(コロサイの信徒への手紙**4:9**・**17**)、フィレモンもまたコロサイに住んでいたと考えられる。

フィロメトル(ギリシア語、「母を愛する者」)

エジプト王プトレマイオス6世の別名(マカバイ記二**4:21**、**9:29**、**10:13**)。

フィロロゴ(ギリシア語、「話し好きの」)

パウロが手紙の中で挨拶を送ったキリスト教徒(ローマの信徒への

手紙 16 : 15)。

フェストゥス(ラテン語、「祝祭の」)

ポルキウス・フェストゥス。後58〜62頃、フェリクスの後を継いだローマの属州ユダヤの総督。カイサリアの官邸でパウロに対する訴訟の手続きを開始し、更にローマ皇帝に控訴を委ねることにした(使徒言行録 25 - 26)。

フェベ(ギリシア語、「輝かしい」)

コリントの東の港町ケンクレアイの教会の女性信徒(ローマの信徒への手紙 16 : 1)。

フェリクス(ラテン語、「幸せな」)

後52〜58年頃の、ローマの属州ユダヤの総督。フェリクスはカイサリアの官邸にパウロを２年間勾留した。これには不正な動機が関与していた可能性がある(使徒言行録 23 : 24 - 24 : 27、25 : 14)。フェリクスの後継者はフェストゥス。

フォルトナト(ラテン語、「幸運に恵まれた」)

コリントの教会の信徒で、教会からの使者としてアカイコやステファナと一緒に、エフェソにいたパウロを尋ねた(コリントの信徒への手紙一 16 : 17)。

ブガイ人

ユダヤ人の迫害者ハマンの、由来不明な別称(エステル記〈ギリシア語版〉A : 17)。

ブキ

①カナンの土地配分の際、ダン族を代表した指導者(民数記 34 : 22)。

②祭司ツァドク→①の先祖の一人(歴代誌上 5 : 31、6 : 36、エズラ記 7 : 4)。

ブキヤ

ダビデ王時代の詠唱者の一グループの長(歴代誌上 25 : 4・13)。

ブジ

預言者エゼキエルの父で祭司(エゼキエル書 1 : 3)。

フシム(ヘブライ語、「大きな鼻の」)

①ダンの息子(創世記 46 : 23、歴代誌上 7 : 12)。『民数記 26 : 42』

フ

ではシュハムと呼ばれている。

②ベニヤミン人シャハライムの妻（歴代誌上 8:8）。

フシャイ

①ダビデの友人。アブサロム→①による蜂起の際に、決然としてダビデを助けた（サムエル記下 15:32〜37、16:16 - 17:22、歴代誌上 27:33）。

②ソロモン王の知事バアナ→④の父（列王記上 4:16）。

フシャ人

フシャは土地の名で、その住民がフシャ人（サムエル記下 21:18）。『歴代誌上 4:4』では、フシャはユダの子孫として擬人化されている。

フシャム（ヘブライ語、「大きな鼻の」）

エドムの王（創世記 36:34〜、歴代誌上 1:45〜）。

ブズ

①ナホル→②の息子で、アブラハムの甥（創世記 22:21）。その子孫がアラビア北西部に住む部族のブズ人（エレミヤ書 25:23、ヨブ記 32:2）。

②ガド族に属する一氏族の先祖（歴代誌上 5:14）。

ブズ人　→ブズ①

プティ

ユダ族に属する一氏族（歴代誌上 2:53）。

プティエル

祭司エルアザル→①の義父（出エジプト記 6:25）。

プデンス（ラテン語、「上品な、慎み深い」）

パウロの交際範囲にいた小アジアのキリスト教徒（テモテへの手紙二 4:21）。

プト

ハムの息子の一人（創世記 10:6、歴代誌上 1:8）。おそらくリビアの、あるいは東アフリカ沿岸の一民族の祖とされる（イザヤ書 66:19、エゼキエル書 27:10）。

プトレマイオス

①プトレマイオス 6 世フィロメトル。シリア王アンティオコス 4 世に敗北したエジプトの王（B.C.180〜B.C.145、マカバイ記一 1:

18〜20)。後に娘のクレオパトラ→①をまずアレキサンドロス・バラスの妻に、次にデメトリオス2世の妻にした(同10:51〜60、11:1〜18)。

②プトレマイオス7世エウエルゲテス。エジプト王(B.C.145〜B.C.117、マカバイ記一15:16、シラ書序言)。

③シリア王アンティオコス4世の将軍(マカバイ記一3:38、マカバイ記二4:45〜)。

④プトレマイオス・マクロン。キプロスの総督(マカバイ記二10:12)。

⑤大祭司シモン→②を暗殺させた彼の娘婿(マカバイ記一16:11〜21)。

⑥『エステル記』の伝達者(エステル記〈ギリシア語版〉F11)。

⑦リシマコス→①の父(エステル記〈ギリシア語版〉F11)。

⑧エジプト王プトレマイオス8世(B.C.114〜B.C.113)、またはプトレマイオス12世(B.C.48〜B.C.47)。(エステル記〈ギリシア語版〉F11)。

ブナ

ユダの子孫(歴代誌上2:25)。

フバ

アシェル族の子孫(歴代誌上7:34)。

フパ

ダビデ王時代の祭司の一グループの長(歴代誌上24:13)。

フピム

①ベニヤミンの息子(創世記46:21、歴代誌上7:12)。『民数記26:39』ではフファムと呼ばれている。

②マナセの子孫(歴代誌上7:15)。

フファム

ベニヤミンの息子(民数記26:39)。『創世記46:21』と『歴代誌上7:12』ではフピムと呼ばれている。

プブリウス

マルタ島の長官。難船のため上陸した島で、パウロはプブリウスの父親を癒した(使徒言行録28:7〜)。

プラ

ギデオンの従者（士師記 7:10～）。

フライ　→ヒダイ

ブラスト（ギリシア語、「新芽」）

ヘロデ王（アグリッパ１世）の侍従（使徒言行録 12:20）。

フラム

ベニヤミンの孫（歴代誌上 8:5）。

フラム・アビ

『歴代誌下 2:12、4:16』によるなら、ヒラム→②の別名である。但し、「アビ」という言葉（ヘブライ語の「父」→アブ）は、ここでは「職人の頭」もしくは「マイスター」を意味する。

フリ

ガドの子孫（歴代誌上 5:14）。

フリ人

セイルの山地に住んでいた旧住民（創世記 14:6）で、後から来た→エドム人（エサウの一族）に追い出された（申命記 2:12・22）。フリ人は、前２千年紀に、主としてシリアや北メソポタミアに住んでいた一大民族フルリ人の子孫だと思われる。『創世記 36:20～30』に記されたフリ人セイルの息子や孫の一覧表には、エドム地方（セイルの山地）に住んでいたその部族や氏族が記述されている。『同 36:2』に記された「ヒビ人」は、「フリ人」と読み取るべきであろう。

フリギア人

アナトリア高原の西部に定住する民族で、フィリポス→④はその出身だった（マカバイ記二 5:22）。

プリスカ

プリスキラとも呼ばれる（使徒言行録 18:2・18・26）。コリントとエフェソにおけるパウロの協力者で、→アキラの妻（ローマの信徒への手紙 16:3、コリントの信徒への手紙一 16:19、テモテへの手紙二 4:19）。

プリスキラ　→プリスカ

フル

①セムの子アラム→①の息子であり（創世記 10:23）、アラムの兄

弟ではない（歴代誌上 **1:17**）。

②モーセとアロンの同行者（出エジプト記 **17:10**）。

③ミディアンの王たちの一人（民数記 **31:8**）。シホン王の臣下だった（ヨシュア記 **13:21**）。

④ソロモン王の知事の父。知事の名前は言及されていない（列王記上 **4:8**）。

⑤カレブ→①の息子（歴代誌上 **2:19**〜）。『同 **4:1**』ではユダの息子の一人に数えられている。

⑥レファヤ→⑤の父（ネヘミヤ記 **3:9**）。

プル

アッシリアの王ティグラト・ピレセル３世がバビロン王として持っていた王名（列王記下 **15:19**）。『歴代誌上 **5:26**』には、両方の名前が同格として同時に出ている。

フルダ（ヘブライ語、「もぐら」）

ユダ王国のヨシヤ王が遣わした代表団から、神殿で発見された律法の書について意見を求められた女預言者（列王記下 **22:14**〜**20**、歴代誌下 **34:22**〜**28**）。

フレゴン（ギリシア語、「燃えている」）

パウロが手紙の中で挨拶を送ったキリスト教徒（ローマの信徒への手紙 **16:14**）。

プロコロ

エルサレムの原始キリスト教団における→ヘレニストの７人グループの一人（使徒言行録 **6:5**）。

プワ（ヘブライ語、「西洋茜」）

イサカルの息子（創世記 **46:13**、民数記 **26:23**、歴代誌上 **7:1**）。プアとも呼ばれている。

ブンニ

①レビ人（ネヘミヤ記 **9:4**）。

②律法を順守する誓約に捺印した民の頭の一人（ネヘミヤ記 **10:16**）。

③レビ人シェマヤ→⑤の先祖（ネヘミヤ記 **11:15**）。

ヘ

ベアルヤ（ヘブライ語、「ヤーウェは主人」→バアル参照）
サウル王から逃れるダビデの側についた戦士（歴代誌上 12 : 6）。

ペウレタイ（ヘブライ語、「報酬」）
エルサレムの神殿の門衛（歴代誌上 26 : 5）。

ベエラ
①アッシリアの捕囚となったルベン族の首長（歴代誌上 5 : 6）。
②アシェルの子孫（歴代誌上 7 : 37）。

ベエリ
①エサウの妻の一人ユディト→①の父（創世記 26 : 34）。
②預言者ホセアの父（ホセア書 1 : 1）。

ヘ

ベエルヤダ（ヘブライ語、「バアルは知っている」）
ダビデの息子たちの一人（歴代誌上 14 : 7）。『サムエル記下 5 : 16』および『歴代誌上 3 : 8』では、エルヤダ→①と呼ばれている。

ベオル
①エドムの王ベラ→①の父（創世記 36 : 32）。
②予見者バラムの父（民数記 22 : 5）。

ペオル（→バアル・ペオルの短縮形）
モアブの山岳の土着神（民数記 25 : 18、31 : 16、ヨシュア記 22 : 17）。

ペカ（ヘブライ語、ペカフヤの短縮形）
北王国イスラエルの最後から 2 番目の王（B.C.735～B.C.732、列王記下 15 : 25・27～31）。先代の王ペカフヤを殺害し王位に就いたが、自身もホシェア→②に殺害された。アッシリアに敵対するペカの政治（同 16 : 5～9）は、結局その侵入を招き、イスラエルの多くの都市を失うこととなった。

ヘガイ
ペルシア王クセルクセスの後宮の監督（エステル記 2 : 3～15）。

ペカフヤ（ヘブライ語、「ヤーウェは〈目を〉開いた」）
ペカに暗殺された北王国イスラエルの王（B.C.737～B.C.736、列王記下 15 : 23～26)。

ヘゲモニデス

シリアの王アンティオコス５世の総督（マカバイ記二 13 : 24)。

ベケル（ヘブライ語、「若いラクダの雄」）

①ベニヤミンの次男（創世記 46 : 21、歴代誌上 7 : 6)。

②エフライムの次男（民数記 26 : 35)。『歴代誌上 7 : 20』では、エフライムの孫ベレドと記されている。

ペコド

バビロニア東部の遊牧民（エレミヤ書 50 : 21、エゼキエル書 23 : 23)。

ベコラト（ヘブライ語、「第一子」）

サウル王の先祖（サムエル記上 9 : 1)。

ベサイ

バビロン捕囚から帰還した神殿の使用人一族の先祖（エズラ記 2 : 49、ネヘミヤ記 7 : 52)。

ヘジル

①ダビデ王時代の祭司の一グループの長（歴代誌上 24 : 15)。

②捕囚期後、律法順守の誓約に捺印した民の頭の一人（ネヘミヤ記 10 : 21)。

ヘズヨン

アラム王ベン・ハダド→①の祖父（列王記上 15 : 18)。

ヘセド（ヘブライ語、ハサドヤの短縮形）

ソロモン王の知事の父。知事の名前は不明（列王記上 4 : 10)。

ベソデヤ（ヘブライ語、「ヤーウェの助言で」）

エルサレムの城壁の修復に協力したメシュラム→⑭の父（ネヘミヤ記 3 : 6)。

ペダツル（ヘブライ語、「岩〈即ち神〉が救い出してくださった」）

ガムリエルの父（民数記 1 : 10)。

ベダド

エドムの王ハダド→②の父（創世記 36 : 35、歴代誌上 1 : 46)。

ペダフエル（ヘブライ語、「神は救い出した」）

カナンの土地分配の際、ナフタリ族を代表した指導者（民数記 34 :

28)。

ペタフヤ（ヘブライ語、「ヤーウェは〈胎を〉開いた」）

①ダビデの時代の祭司の一グループの長（歴代誌上 24:16)。

②エズラの時代に、異民族の妻を離縁したレビ人（エズラ記 10:23、ネヘミヤ記 9:5)。

③ユダヤ人に関する事柄について、ペルシア王に助言する顧問（ネヘミヤ記 11:24)。

ペダヤ（ヘブライ語、「神は救い出した」）

①→ヨヤキン王の祖父（列王記下 23:36)。

②→ヨヤキン王の息子（歴代誌上 3:18～)。

③ヨエル→⑨の父（歴代誌上 27:20)。

④エルサレムの城壁の修復を手伝った人（ネヘミヤ記 3:25)。

⑤律法の書を朗読したエズラの脇に立った人（ネヘミヤ記 8:4)。

⑥サル→②の父（ネヘミヤ記 11:7)。

⑦神殿の貯蔵室の管理を担当した（ネヘミヤ記 13:13)。

ベダン

マナセの子孫の一人（歴代誌上 7:17)。

ベツァイ（ヘブライ語、ベツァルエルの短縮形）

バビロン捕囚から子孫が帰還した一族の先祖。（エズラ記 2:17、ネヘミヤ記 7:23)。一族の頭が律法を順守する誓約に捺印した（ネヘミヤ記 10:19)。

ベツァルエル（ヘブライ語、「神の影で」）

①助手オホリアブとともに聖所の建設や祭具を作った技術者（出エジプト記 31:1～11、35 - 38)。

②異民族の妻を離縁したイスラエル人（エズラ記 10:30)。

ベツェル

アシェルの子孫の一人（歴代誌上 7:37)。

ヘツライ　→ヘツロ

ヘツロ

ダビデ王の軍の戦士の一人（サムエル記下 23:35、歴代誌上 11:37)。ヘツライとも呼ばれている。

ヘツロン

①ルベンの息子（創世記 46 : 9）。

②ユダの孫（創世記 46 : 12）で、ダビデ王の先祖（ルツ記 4 : 18～）。

ベデヤ

異民族の妻を離縁したイスラエル人（エズラ記 10 : 35）。

ヘト（～人）

『創世記 10 : 15』『歴代誌上 1 : 13』によれば、ヘトはカナンの次男で、ヘト人（＝ヒッタイト人）の始祖。旧約聖書において、ヘト人とは、前1200年頃に滅亡したアナトリア地方の大帝国ヒッタイトの国民を指すのではなく、北シリア地方におけるその後継諸国家の国民（列王記上 10 : 29、同下 7 : 6）、またその出自がおそらくヘト人に由来すると思われる個々の人たちを指す（サムエル記上 26 : 6、同下 11 : 3）。後の時代になると、ヘト人は単にカナン地方のイスラエル先住民とされた（創世記 23、出エジプト記 3 : 8）。

ベトエル

アブラハムの兄弟ナホル→②の息子（創世記 22 : 22）。他の伝承では、→ラバンとリベカ兄妹の父（同 24 : 15～50、25 : 20、28 : 2・5）。

ペトエル

預言者ヨエル→⑫の父（ヨエル書 1 : 1）。

ベト・ラファ

ユダ族のケルブの子孫――又は場所――の名前（歴代誌上 4 : 12）。

ペトロ

イエスの弟子グループの中の、また最古のキリスト教団の中の傑出した人物であるペトロは、本名をシモンという（シモン・ペトロとも）。ペトロ（ギリシア語のペトラ「岩」の男性形、アラム語の→ケファ）という別名は、ゲネサレト湖畔の村ベトサイダの漁師シモンにイエスが与えたものだった（マルコによる福音書 3 : 16、ヨハネによる福音書 1 : 42）。それによって使徒としての彼の役割を示すためである。即ち、ペトロの証しと奉仕を通して、神自らが堅固な岩を据え、その上に神の支配を確立するという意味である。だが、この機能上の名前の授与がイエスの復活より以前に行われたのか否かについては、議論の余地がある（マタイによる福音書 16 : 18～20 の言葉をイエスによるものとするのは難しい）。どちらにしてもペトロは、イエスの復活以前にすでに12人の弟子グループの代弁者だった（マルコ 8 : 29〜33､9 : 2〜5)。ペトロは､聖書の言伝えによって、その人物像がはっきり性格づけられた唯一の弟子でもある。それによれば、活動力があり、献身的で、かつ衝動的であるが（マルコ 9 : 5、ルカによる福音書 22 : 31〜、ヨハネ 13 : 37)、他方、イエスの知り合いであることを断固として否定したという話（マルコ 14 : 66〜72）は、彼が情緒不安定の傾向があることを示す。

古い伝承では、ペトロを復活したイエスの姿を見た最初の証人としている（コリントの信徒への手紙一 15 : 5、ルカ 24 : 34)。ペトロはイエス復活後の弟子たちの結集に際して、またエルサレムへの帰還に際してイニシアチブを取ったようだ。また、10年以上エルサレムの原始キリスト教団の指導部に深く係わった。当初は12人の使徒のリーダーとして、次に、イエスの兄弟ヤコブ→⑥とゼベダイの子ヨハネ→⑦と共に、いわゆる「柱」（ガラテヤの信徒への手紙 2 : 9）と目された３人グループのメンバーとしてである。西暦44年以降、ヤコブがエルサレムの教団全般の指導を引き継ぎ、ペトロはエルサレムから広がる宣教（ガラテヤ 2 : 7〜）に専念した。彼はそれ以前からすでにその推進者だった(使徒言行録 9 : 32 - 11 : 18)。妻を伴ったペトロが（コリント一 9 : 5)､毎回いずこへ宣教旅行に赴いたのか､詳しいことは我々には分からない。明らかになっているのは、パウロとの間に争いが起きたアンティオキアへの訪問のみである（ガラテヤ 2 : 11〜14)。それは、ペトロがヤコブとエルサレムの教団の人たちへの配慮から、ユダヤ人信徒と異邦人信徒が食卓を共にすることを拒否したからだった。なお、ペトロの最期についてもはっきりしない。新約聖書は、彼が殉教死したことを示唆するだけだ（ヨハネ 21 : 18〜)。

新約聖書に収録された『ペトロの手紙一、二』は、確かに真正のものではないゆえ、ペトロの手によって書かれた直接の証しではない。それで、初期のキリスト教にとってペトロの持つ意味は非常に大きかった筈であるのに、それを間接的に推定することしかできないのである。ペトロは原始キリスト教団の設立者だった。また、宣教の主唱者であり、パウロによって行われた異邦人への宣教も間接的に支援したようである（使徒言行録15:7〜9）。

ヘナダド

レビ人。その息子たちはエルサレムの神殿再建の工事を指揮した（エズラ記3:9）。ビヌイ→④の父（ネヘミヤ記3:18・24、10:10）。

ベナヤ（ヘブライ語、「ヤーウェは建てた、創った」）

①ダビデの30勇士の中で最も名を上げた人（サムエル記下23:20〜23）。後にダビデの護衛兵の監督官に任じられる（同8:18）。ソロモンの王位継承を支援し、軍の司令官に任命された（列王記上1:8〜44、2:35）。おそらく、②と同一人物であろう。

②ダビデ王の顧問ヨヤダの父（歴代誌上27:34）。

③ダビデ王に仕えた別の勇士（サムエル記下23:30）。

④シメオンの子孫（歴代誌上4:36）。

⑤ダビデの時代のレビ人の門衛で、楽士（歴代誌上15:18）。

⑥祭司（歴代誌上15:24）。

⑦神殿の詠唱者ヤハジエル→④の祖父（歴代誌下20:14）。

⑧ヒゼキヤ王の時代のレビ人（歴代誌下31:13）。

⑨〜⑫異民族の妻を離縁した4人のイスラエル人（エズラ記10:25・30・35・43）。

⑩ペラトヤ→④の父（エゼキエル書11:1）。

ペニナ（ヘブライ語、「サンゴ」）

サムエルの父エルカナ→②の2人目の妻（サムエル記上1:2〜7）。

ベニヌ

捕囚期後に、律法順守の誓約に捺印したレビ人（ネヘミヤ記10:14）。

ベニヤミン（〜族）（ヘブライ語、「右側の息子」、すなわち「南の息子」を意味する）

イスラエルの12部族のうち、最小の部族の名称。彼らはエリコの地域とその東側の丘陵地帯に住み着いた。この部族の名前は、北境に接する「ヨセフの家」（ヨセフの子エフライムとマナセ）の人たちによって与えられたもので、ベニヤミン族が同じ→ラケル（ヨセフとベニヤミンの母）の系統に属することを示している。前1000年頃、ベニヤミン人のサウルがイスラエルの最初の王に選ばれたことによって（サムエル記上 9 - 11）、ベニヤミン族は指導的部族となり、後にはダビデに抵抗することとなる（同下 20 : 1〜22）。イスラエル王国が分裂したとき、ベニヤミン族の地は南王国ユダに属することになったが、レハブアム王の時代ではなく（列王記上 12 : 21〜24）、アサ王の時代になってからのことである（同 15 : 22）。ベニヤミンの部族の先祖はラケルによるヤコブの12番目の子ベニヤミンとされる。その名前は語源俗解では「幸いの子」（「右側の＝幸せな」）を意味する（創世記 35 : 16〜18）。

ペヌエル（ヘブライ語、「神の顔」）

①ユダの子孫（歴代誌上 4 : 4）。

②ベニヤミン族の家長（歴代誌上 8 : 25）。

ベネヤシェン

ダビデの軍の勇士（サムエル記下 23 : 32、歴代誌上 11 : 34）。ハシェムとも呼ばれている。

へ

ベバイ

バビロン捕囚から子孫が帰還した一族の先祖（エズラ記 2 : 11、8 : 11）。

ヘフェル

①マナセの（ヨシュア記 17 : 2〜）、もしくはギレアドの（民数記 26 : 32〜、27 : 1）息子。

②ユダの子孫（歴代誌上 4 : 6）。

③ダビデ王の軍の戦士（歴代誌上 11 : 36）。

ヘフツィ・バ（ヘブライ語、「わが喜びは彼女にあり」）

ユダの王マナセの母（列王記下 21 : 1）。

ヘブライ人（ヘブライ語のイブリ）

他民族、殊にエジプト人（創世記 39 : 14）やペリシテ人（サムエル記上 4 : 6〜9）などに対比して使われたイスラエル人の名称だったが、それほど頻繁に用いられる言葉ではなかった（創世記 14 : 13、出エジプト記 21 : 2）。この名称は、前 2 千年紀のエジプトやメソポタミアの記録文に残されたハビル人もしくはアピル人という言葉と関連があるかもしれない。彼らは、おそらく文明国に侵入する遊牧民だったのであろう。バビロン捕囚以後の時代は、ヘブライ人という言葉は改まった響きを持つものだった（ヨナ書**1:9**、ユディト記**10:12**）。また『使徒言行録**6:1**』においては、ヘブライ人という言葉は、原始キリスト教団の→ヘレニスト（ギリシア語を話すユダヤ人信徒）に対し、アラム語を話すユダヤ人信徒のことを指した。

ヘブロン

①レビの孫（出エジプト記**6:18**、歴代誌上**15:9**）。

②カレブ→①の孫（歴代誌上**2:42**〜）で、ユダの地域にあるヘブロン市（ヘブライ語で「同盟の場所」）が擬人化された名前。

ヘベル（ヘブライ語、「伴侶」）

①アシェルの孫（創世記**46:17**、民数記**26:45**、歴代誌上**7:31**〜）。

②カイン人で→ヤエルの夫（士師記**4:11・17・21**、**5:24**）。

③ユダの子孫の一人（歴代誌上**4:18**）。

④ベニヤミンの子孫の一人（歴代誌上**8:17**）。

ヘマム

セイルの孫であり（創世記**36:22**、歴代誌上**1:39**）、同時にエドム（セイル）に住む一氏族の名称でもある。

ヘマン

①名高い知恵者だった（列王記上**5:11**）。おそらく②と同一人物であろう。

②エルサレム神殿の詠唱者の一団の祖（歴代誌上**6:18**、**25:1**、詩編**88:1**）。

ヘムダン

セイルの孫であり（創世記**36:26**、歴代誌上**1:41**）、同時にエドム（セイル）の一氏族の名称でもある。

ベラ（ヘブライ語、「雄弁な」）

①エドムの王（創世記**36:32**〜）。

②ベニヤミンの長男（民数記**26:38**）。

③ルベンの子孫の一人（歴代誌上**5:8**）。

④『創世記**14**』の伝説的な伝承によれば、ソドムの王。エラムの王ケドルラオメルに支配されていたが、ゴモラの王たちと同盟を結んで共に戦い、そして敗退した。だが、奪われた彼の財産はアブラハムによって取り戻された。

ベラカ

サウル王から逃れるダビデを支援した勇士（歴代誌上 **12:3**）。

ヘラクレス

ギリシア神話の半神的英雄。ティルスでは神として崇められていた（マカバイ記二 **4:19**〜）。

ペラトヤ（ヘブライ語、「ヤーウェが救った」）

①→ヨヤキン王の子孫（歴代誌上 **3:21**）。

②シメオン族の頭の一人（歴代誌上 **4:42**）。

③ネヘミヤの時代に、律法順守の誓約に捺印した民の頭（ネヘミヤ記 **10:23**）。

④預言者エゼキエルの時代のエルサレムに住む指導者の一人（エゼキエル書 **11:1・13**）。

ベラヤ（ヘブライ語、「ヤーウェは創造した」）

ベニヤミンの子孫の一人で、家系の長（歴代誌上 **8:21**）。

へ

ペラヤ（ヘブライ語、「ヤーウェは素晴らしいことをなさった」）

①→ヨヤキン王の子孫（歴代誌上 **3:24**）。

②エズラの時代に、律法を民に説明したレビ人（ネヘミヤ記 **8:7**、**10:11**）。

ペラルヤ（ヘブライ語、「ヤーウェは〈仲裁に〉入った」）

祭司アダヤ→⑤の祖父（ネヘミヤ記 **11:12**）。

ベリ

アシェルの子孫の一人（歴代誌上 **7:36**）。

ベリア

①アシェルの息子（創世記 **46:17**、民数記 **26:44**〜、歴代誌上 **7:30**〜）。

②エフライムの息子（歴代誌上 **7:23**）。

③ベニヤミンの子孫（歴代誌上 **8:13・16**）。

④レビ人で、家系の長（歴代誌上 **23:10**〜）。

ベリアル

ユダヤ人の悪魔に対する呼称（コリントの信徒への手紙二 **6:15**）。ヘブライ語のベリヤアル「無駄な、悪意、破滅」から派生した語。

ヘリオドロス（ギリシア語、「〈太陽神〉ヘリオスの贈り物」）

セレウコス4世に仕える宰相。『マカバイ記二3:7〜40』によれば、王命を受けた宰相は、エルサレム神殿の宝庫の預託金を略奪しようと試みたが、神的介入によって阻まれた。

ペリシテ人

前1200年頃パレスチナ南部に定住し、カナン人と混血した印欧語族。5都市（アシュドド、アシュケロン、エクロン、ガト、ガザ）の連合を組織したペリシテ人は（ヨシュア記**13:3**)、前1000年頃ヨルダン川西側のパレスチナを支配した。国を形成中のイスラエルが彼らと衝突した。ペリシテ人は軍備が優っていたため、当初は勝利を収めたが（サムエル記上**4**)、ペリシテ王に一時期仕えたことのあるダビデが（同**27**）彼らを破った。イスラエル王国とユダ王国に分かれた時代にも、ペリシテ人と繰り返し戦いになった（列王記上**15:27**、列王記下**18:8**)。イスラエルとユダの両国と同様に、ペリシテ人もまた最終的にアッシリアや、バビロニア、そしてペルシアの支配下に入った。旧約聖書では、彼らは無割礼者として（士師記**14:3**、サムエル記上**14:6**)、長いあいだ民族の、また宗教上の宿敵とされた。

ペリジ人

イスラエル人より以前にカナンに定住していた諸先住民の一つ（出エジプト記**3:8**、士師記**3:5**)。彼らについては正確なことは分かっていない。

ベル（バビロニア語のベールーに由来、「主人」、→バアル）

バビロンの最高神マルドゥック（メロダク）の通称（イザヤ書**46:1**、エレミヤ書**50:2**)。

ヘルア（ヘブライ語、「首飾り」）

ユダ族のアシュフルの妻の一人（歴代誌上**4:5・7**)。

ヘルカイ（ヘブライ語、ヒルキヤの短縮形）

バビロン捕囚から帰還した祭司の家の家長（ネヘミヤ記**12:15**)。

ペルシア人

イランの一部族で、→メディア人と血縁関係にあり、当初はその支配下にあった。だが、ペルシア人の王→キュロス（B.C.558〜B.C.529）が、バビロニア王国の領土、それに付随してパレスチナを獲得した後、メディア人を制圧し、インダス川からエジプトにまで亘る世界帝国をうち建てた。このペルシア帝国は、前334～前332頃、アレキサンドロス大王によって滅ぼされた。――ペルシア人は非常に寛大な宗教政策を行った。そのため聖書の中で、アッシリアや、バビロニア、ギリシア、ローマのような占領国はその暴力行為のため、国の滅亡をもって脅されるが、反ペルシアの言葉は一つも見当たらない。

ペルシス

パウロが手紙の中で挨拶を送った女性信徒（ローマの信徒への手紙16:12）。

ベルシャザル　→ベルシャツァル

ベルシャツァル

『ダニエル書』によれば、ネブカドネツァル王の息子で、バビロンの王となった（同5:2、7:1）。ベルシャツァルは、冒涜的思い上がりをもって開いた大宴会の最中に、人の指が現われて王宮の白い壁に謎めいた言葉を書くのを見る（同5:5～9）。だが、歴史上のベルシャツァルはバビロンの王ナボニドの息子であり、一度も王位に就いたことはない。

ペルセウス

マケドニアの最後の王。前168年にローマ人に征服された（マカバイ記一8:5）。

ベルゼブル

新約聖書においてベルゼブルは、悪霊の頭の名前として登場する（マタイによる福音書10:25、12:24）。言葉の起源はラビ（ユダヤ教の師）にあり、ヘブライ語のズィッブル「糞」から派生している。

ペルダ

バビロンから帰還したソロモン王の使用人一族の家長（エズラ記2:55、ネヘミヤ記7:57）。

ヘルダイ

①ダビデ王に仕えた将軍の一人（歴代誌上27:15）。ヘレドと同一人物。

②捕囚の地バビロンからの帰還者（ゼカリヤ書6:10、6:14）。ヘ

レムとも呼ばれる。

ベルテシャザル　→ベルテシャツァル

ベルテシャツァル

バビロンの王宮でダニエル→④に与えられた名前(ダニエル書 **1:7**)。

ベルニケ（ギリシア語、『勝利をもたらす女』）

アグリッパ２世→②の姉妹。彼女はカイサリアにおいて王と総督フェストゥスとともにパウロの弁明を聞いた（使徒言行録 **25:13・23**、**26:30**)。

ヘルマス（ギリシア語、「〈神〉ヘルメスに属する」）

ローマの教会の信徒の一人（ローマの信徒への手紙 **16:14**)。

ヘルメス

①ギリシア神話の商人や弁士の守護神。足の不自由な人を癒したパウロを見て、群衆はパウロをヘルメスだと勘違いした（使徒言行録 **14:12**)。

②ローマの教会の信徒の一人（ローマの信徒への手紙 **16:14**)。

ヘルモゲネス（ギリシア語、「〈神〉ヘルメスに由来する」）

パウロから離れ去った小アジアの一信徒。その詳細については不明(テモテへの手紙二 **1:15**)。

ヘレク（ヘブライ語、ヒルキヤの短縮形）

マナセの（ヨシュア記 **17:2**)、またはギレアドの（民数記 **26:30**）息子。→リクヒ。

ペレグ

セム（ノアの息子）の子孫で、太古の人物像（創世記 **10:25**、**11:16〜19**)。

ベレクヤ（ヘブライ語、「ヤーウェは祝福した」）

①→ヨヤキン王の子孫（歴代誌上 **3:20**)。

②神殿の詠唱者の先祖アサフ→②の父（歴代誌上 **6:24**、**15:17**)。

③捕囚期後、エルサレムに住んだレビ人（歴代誌上 **9:16**)。

④ダビデの時代のレビ人（歴代誌上 **15:23**)。

⑤ユダの王アハズの時代の、北王国のエフライム人の頭（歴代誌下 **28:12**)。

⑥エルサレムの城壁の修復に協力したメシュラム→⑬の父（ネヘミ

ヤ記 3:4・30、6:18)。

⑦預言者ゼカリヤの父(ゼカリヤ書 1:1・7)。

ヘレシュ(ヘブライ語、「口のきけない」)

捕囚期後にエルサレムに住んだレビ人の一人(歴代誌上 9:15)。

ペレシュ

マナセの孫(歴代誌上 7:16)。

ヘレツ(ヘブライ語、「彼〈神〉は救った」)

①ダビデ王の軍の戦士で、将軍(サムエル記下 23:26、歴代誌上 11:27、27:10)。

②エラフメエル→①の子孫(歴代誌上 2:39)。

ペレツ

ユダとタマル→①の息子(創世記 38:29、ルツ記 4:18)。

ペレティ人　→クレタ人①

ヘレド

ダビデ王の軍の戦士(サムエル記下 23:29、歴代誌上 11:30)。ヘルダイ→①と同一人物。ヘレブとも呼ばれている。

ベレド

『歴代誌上 7:20』では、エフライムの孫。『民数記 26:35』では、――ベケルと呼ばれ――エフライムの息子とされる。

ペレト

①エラフメエル→①の子孫(歴代誌上 2:33)。

②カレブ→①の子孫(歴代誌上 2:47)。

③サウル王から逃れるダビデを支援した勇士(歴代誌上 12:3)。

ヘレニスト

パレスチナ以外で生まれた、ギリシア語を話すユダヤ人を指す。相当数のヘレニストたちがキリスト教徒になっていた(使徒言行録 6:1)。その中に、おそらくステファノや、またパウロもいた。他方、キリスト教に改宗したパウロの命をつけ狙うヘレニストたちもいた(同 9:29)。

[＊なお、日本語の聖書では「ギリシア語を話すユダヤ人」と訳されている。]

ヘレブ　→ヘレド

ヘレム　→ヘルダイ②、ホタム①

ヘロデ（ギリシア語、「英雄的な」）

①パレスチナの大部分を支配した大王（B.C.37〜B.C.4）。ヘレニズム風の諸都市を建設した（例えばカイサリア、使徒言行録**23:35**）。またエルサレムで、豪華な神殿の建築工事に着手した。イエスの誕生はおそらくヘロデ大王による統治の末期のことであろう（マタイによる福音書**2**章、ルカによる福音書**1:5**）。

②ヘロデ・アンティパス（B.C.4〜A.C.39）。①の息子で、ガリラヤとペレアの四分統領（領主、ローマに従属する統治者）。イエスの領主にあたる（ルカ**23:7〜11・15**）。ヘロデ・アンティパスは、義姉妹ヘロディアとの結婚を非難した洗礼者ヨハネを幽閉し、打ち首に処した（マルコによる福音書**6:17〜28**）。

③→アグリッパ①。

ヘロディア

ヘロデ大王→①の孫娘。伯父のヘロデ・アンティパス→②と結婚するために最初の夫のもとを去った。また洗礼者ヨハネの斬首を促した（マタイによる福音書**14:3〜11**、マルコによる福音書**6:17〜28**、ルカによる福音書**3:19**）。

ヘロディオン

ローマの教会のユダヤ人信徒（ローマの信徒への手紙**16:11**）。

ヘロデ派

ヘロデ→②に追随する党派のユダヤ人たち。彼らはイエスに対抗するためなら、普段は嫌悪し合っていたファリサイ派の人々とも組みした（マタイによる福音書**22:16**、マルコによる福音書**3:6**、**12:13**）。

ペロニ人

アヒヤ→⑦に付された（由来などの不明な）名称（歴代誌上**11:36**）。

ヘロン（ヘブライ語、「強い」）

エリアブ→①の父（民数記**1:9**、**2:7**）。

ベン・アミ（ヘブライ語、「わたしの肉親の子」）

『創世記**19:30〜38**』の言伝えるところでは、ベン・アミはロトと次女との子で、その名前が民間語源説的にアンモン人の先祖と解釈されている。

ベン・オニ（ヘブライ語、「わたしの苦しみの子」）

ヤコブの妻ラケルが難産による死の直前、自分の産んだ子に名付けた名前。ヤコブがこれを→ベニヤミン「幸いの子」と改名した（創世記 35 : 18）。

ベン・ハイル

ユダの町々に律法を教えるためにヨシャファト王が遣わした高官の一人（歴代誌下 17 : 7）。

ベン・ハダド（ヘブライ語、「〈神〉ハダドの息子」）

ダマスコのアラム王国の王たちの名前、例えば、

①ベン・ハダド１世（B.C.875頃没）。南王国ユダのアサ王と同盟し、北王国イスラエルのバシャ王と戦った（列王記上 15 : 18〜20）。

②ベン・ハダド２世。１世の息子。北王国イスラエルのアハブ王と戦って敗れ（列王記上 20 : 1〜34）、その後のサマリア包囲も徒労に終わり（同下 6 : 24〜7 : 16）、ハザエルに殺害されて王位を奪われた（同下 8 : 7〜15）。

③ベン・ハダド３世。ハザエルの息子。前790年に北王国イスラエルのヨアシュ王との戦いに敗北した（列王記下 13 : 24〜）。このベン・ハダド３世は、おそらく『エレミヤ書 49 : 27』および『アモス書 1 : 4』に登場するベン・ハダドだと思われる。

ベン・ハナン

ユダの子孫の一人（歴代誌上 4 : 20）。

ホ

ボアズ

ユダの畑地所有者で、→ルツの夫。また、ダビデ王の家系の先祖（ルツ記 2 - 4）。

ボアネルゲス

ゼベダイの子ヨハネ→⑦とヤコブ→③兄弟にイエスから与えられた（アラム語の）名前。ボアネルゲスとは「雷の子ら」を意味する（マルコによる福音書 **3:17**）。

ホグラ（ヘブライ語、「ヤマウズラ」）

→ツェロフハドの娘たちの一人（民数記 **27:1**）。

ボクル

サウル王の子孫（歴代誌上 **8:38**、**9:44**）。

ポケレト・ハツェバイム（ヘブライ語、「ガゼルの狩人」）

バビロン捕囚から帰還したソロモン王の使用人一族の家長（エズラ記 **2:57**、ネヘミヤ記 **7:59**）。

ホサ

ダビデ王の時代の、エルサレム神殿の門衛（歴代誌上 **16:38**、**26:10〜16**）。

ホシェア（ヘブライ語、ホシャヤの短縮形、ヘブライ語でホセアと同音）

①→ヨシュアの別名（民数記 **13:8・16**）。

②北王国イスラエルの最後の王（B.C.732〜B.C.722）。ペカ王に対して謀反を起こし、代わりに王位に就いた（列王記下 **15:30**）。ホシェアがエジプトと結び、アッシリアの王シャルマナサルへの貢ぎ物の納入を中止すると、シャルマナサルはイスラエルに軍隊を送ってサマリアを占領し、ホシェアを投獄した（同 **17:1〜6**、**18:1・9〜**）。

③エフライム族の長（歴代誌上 **27:20**）。

④律法順守の誓約に捺印した民の頭の一人（ネヘミヤ記 **10:24**）。

ポシドニオス（ギリシア語、「〈神〉ポセイドンに属する」）

シリアの将軍ニカノル→①がユダ・マカバイのもとへ遣わした和解のための使者の一人（マカバイ記二 **14:19**）。

ホシャマ（ヘブライ語、「ヤーウェは聞いてくださった」）

→ヨヤキン王の息子（歴代誌上 **3:18**）。

ホシャヤ（ヘブライ語、「ヤーウェは助けてくださった」）

①ユダの軍の長アザルヤ→㉒の父（エレミヤ書 **42:1**、**43:2**）。

②エルサレムの城壁の奉献式に参加した人（ネヘミヤ記 **12:32**）。

ホ

ホセア（ヘブライ語、ホシャヤの短縮形、ヘブライ語でホシェアと同音）前750〜前725年頃に活動した北王国イスラエルの預言者。ホセアの伝えることばは、ヤーウェのイスラエルへの愛をテーマとするものであり、それを夫の妻への愛や（ホセア書 **2 : 4〜25**）、父親の子への愛（同 **11 : 1〜10**）に喩える。また、同朋たちの掟への違反（同 **4 : 1〜**）や、特にバアル崇拝の豊饒・多産の儀式（同 **4 : 10〜19**、**9 : 1**）への傾倒などに現われたイスラエル人の背信を、姦通に喩えてテーマとしている。こうして、ホセアは北王国の滅亡を預言するのだが（同 **9 : 11〜13**）、滅亡は回心へ導く浄化の裁きだとも見なしている（同 **14 : 2〜9**）。ホセアは自己のメッセージを、『同 **1**』で「彼の話」として、また『同 **3**』で「私の話」として、（姦淫を犯した）女と自らの関係を述べることで、象徴的に強調する。但し、それが一つの同じ出来事を指すのか、二つの別々の出来事なのか、一人の女を指すのか、二人の別々の女なのか、また−例えば、婚姻での不誠実、神殿売春、カナンの豊饒と多産の儀式への参加のような——女の「淫行」をどのように解釈すべきなのか（同 **1 : 2**、**3 : 3**）、数多くの議論がなされているが、解決されそうにはない。

ホダウヤ（ヘブライ語、「ヤーウェを讃えよ」）

①→ヨヤキン王の子孫（歴代誌上 **3 : 24**）。

②マナセの部族に属する家系の長（歴代誌上 **5 : 24**）。

③ベニヤミン族の人（歴代誌上 **9 : 7**）。

④バビロン捕囚から帰還したレビ人の一族の先祖（エズラ記 **2 : 40**、**3 : 9**、ネヘミヤ記 **7 : 43**）。また『ネヘミヤ記 **10 : 11**』では、代わりにホディヤ→②と呼ばれている。

ホタム（ヘブライ語、「印章」）

①アシェル族の子孫（歴代誌上 **7 : 32・35**）。ヘレムとも呼ばれる。

②ダビデ王の軍の２人の戦士シャマとエイエル→②の父（歴代誌上 **11 : 44**）。

ポティファル（エジプトの名前または称号、「〈太陽神〉ラーが与えた者」）ヨセフ（ヤコブの息子）が売られた先のエジプトの役人（侍従長）。彼の妻はヨセフを誘惑しようと試みたが失敗し、そのためヨセフは投獄された（創世記 **37 : 36**、**39 : 1**）。

ポティ・フェラ（ポティファルと同義）

ヨセフの舅で、太陽神の町オンの祭司（創世記41:45・50、46:20）。

ホディヤ（ヘブライ語、「ヤーウェは偉大」）

①『歴代誌上4:19』に名前が記されているユダ族の人。

②律法順守の誓約書に捺印したレビ人（ネヘミヤ記8:7、9:5、10:14・19、——なお、10:11のホディヤはホダウヤ→④を指す）。

ホティル

ダビデ王時代の詠唱者の一グループの長（歴代誌上25:4・28）。

ホデシュ（ヘブライ語、「新月の日に生まれた」）

ベニヤミン族のシャハライムの妻（歴代誌上8:9）。

ホド（ヘブライ語、ホディヤの短縮形）

アシェルの子孫の一人（歴代誌上7:37）。

ホバブ

カイン人の一人（士師記4:11）。ホバブは『民数記10:29』によれば、イスラエル人のために荒れ野で道案内をしてほしいと義弟モーセに頼まれた。この引用文では、後の補足で、ホバブをレウエルの息子としているが、そのほかにも、『士師記4:11』における後の補足のように、ホバブをモーセの舅としているものもある。→エトロ

ホハム

ヨシュアの率いるイスラエル人の軍に対抗して、カナン地方の他の王たちと連合したものの、滅ぼされたヘブロンの王（ヨシュア記10:3）。

ホバヤ（ヘブライ語、「ヤーウェはかくまった」）

バビロンから帰還後、イスラエルの家系の出身であることを証明することができなかった一族の先祖の名前（エズラ記2:61、ネヘミヤ記7:63）。

ボハン（ヘブライ語、「親指」）

ルベンの息子（ヨシュア記15:6、18:17）。

ボフシ

カナンの土地偵察に行ったナフタリ族の指導者ナフビの父（民数記13:14）。

ホフニ

祭司エリの、涜神の罪を犯した2人の息子のうちの一人（サムエル記上1:3、4:11）。

ホフラ

前588年、バビロン軍によって包囲されたエルサレムに救援部隊を送ったエジプトのファラオ（エレミヤ書37:5〜11、44:30）。

ポラタ

ユダヤ人迫害者ハマンの息子の一人（エステル記9:8）。

ホラム

ヨシュアの率いるイスラエル人の軍と交戦し、全滅したゲゼルの王（ヨシュア記10:33）。

ホリ

①セイルの孫の一人であり（創世記36:22、歴代誌上1:39）、エドム（セイル地方）の一氏族の名称でもある。

②モーセによって、カナンの土地偵察に遣わされた者たちの一人シャファト→①の父（民数記13:5）。

ポルキウス　→フェストゥス

ホロフェルネス

ネブカドネツァル王の軍の総司令官。ユダヤ人たちを脅かしていたが、美しい寡婦ユディトに籠絡されて、首を刎ねられた（ユディト記2:4 - 14:19）。

ポンティオ　→ピラト

マ

マアイ

レビ人で、エルサレム神殿の奉献式に参加した楽士（ネヘミヤ記12:36）。

マアカ

①ナホル→②の息子で、アブラハムの甥（創世記22:24）。ヨルダ

ン川上流の東側に位置するマアカ王国のアラム系住民マアカ人の祖とされる（申命記 3:14、ヨシュア記 12:5、サムエル記下 10:6・8）。

②ダビデ王の妻の一人で、アブサロム→①の母（サムエル記下 3:3、歴代誌上 3:2）。

③アキシュ王の父（列王記上 2:39）。マオク（サムエル記上 27:2）と同一人物。

④ユダの王レハブアムの妻、アビヤ→③の母、アサ→①の祖母（列王記上 15:2・10・13）。ミカヤ→①と同一人物（歴代誌下 13:1〜2）。

⑤カレブ→①の側女（歴代誌上 2:48）。

⑥マキル→①の姉妹（？）とも、妻ともされる（歴代誌上 7:15〜）。

⑦エヒエル→①の妻（歴代誌上 9:35）。

⑧ダビデ王の軍の勇士ハナン→③の父（歴代誌上 11:43）。

⑨シェファトヤ→④の父（歴代誌上 27:16）。

マアカ人

①マアカ→①を参照

②『列王記下 25:23』『歴代誌上 4:19』『エレミヤ書 40:8』に言及されるマアカ人が、マアカ→①に――あるいはマアカ→⑤に――属するのか否かは不明。

マアズヤ（ヘブライ語、「ヤーウェは避難所」）

①ダビデ王時代の祭司の一グループの長（歴代誌上 24:18）。

②捕囚期後、律法順守の誓約に捺印した祭司（ネヘミヤ記 10:9）。

マアセヤ（ヘブライ語、「ヤーウェの業」）

①レビ人。神殿の門衛で、琴の奏者（歴代誌上 15:18・20）。

②ユダの女王アタルヤに対する謀反の計画に加わった隊長の一人（歴代誌下 23:1）。

③ユダの王ウジヤに仕えた官吏（歴代誌下 26:11）。

④ユダの王アハズの王家の王子（歴代誌下 28:7）。

⑤ヨシヤ王の治世におけるエルサレムの町の長（歴代誌下 34:8）。

⑥〜⑨異民族の妻を離縁した3人の祭司と世俗の一人（エズラ記 10:18・21・22・30）。

⑩アザルヤ→⑱の父（ネヘミヤ記 3:23）。

⑪⑫律法の書を朗読するエズラの脇に立った民の代表格の人と、民に律法を説明したレビ人（ネヘミヤ記 8:4・7）。

⑬捕囚期後、律法順守の誓約に捺印した人（ネヘミヤ記 10:26）。

⑭捕囚期後のエルサレムに住んだ人（ネヘミヤ記 11:5）。

⑮サル→②の先祖（ネヘミヤ記 11:7）。

⑯⑰エルサレムの城壁の奉献式に参加した祭司２人（ネヘミヤ記 12:41・42）。

⑱祭司ツェファンヤ→①の父（エレミヤ書 21:1、29:25、37:3）。

⑲偽預言者ゼデキヤ→②の父（エレミヤ書 29:21）。

⑳神殿の門衛（エレミヤ書 35:4）。

マアダイ（ヘブライ語、マアドヤの短縮形）

捕囚期後に、異民族の妻を離縁したイスラエル人（エズラ記 10:34）。

マアツ（ヘブライ語、アヒマアツの短縮形）

エラフメエル→①の孫（歴代誌上 2:27）。

マアドヤ（ヘブライ語、「ヤーウェの装飾」）

バビロン捕囚から帰還した祭司（ネヘミヤ記 12:5・17）。

マオク

アキシュ王の父（サムエル記上 27:2）。マアカ→③と同一人物（列王記上 2:39）。

マオン

ユダの町の名（ヨシュア記 15:55）。『歴代誌上 2:45』にカレブ→①の子孫として登場する名前。

マオン人

『士師記 10:12』に記された民族名。

マカバイ（〜家の人）

おそらくヘブライ語のマカバ（金づち）から派生した言葉。前166〜前160年頃、セレウコス朝シリアの支配に対して武装蜂起し、ユダヤの民を勝利へと導いた自由の戦士ユダ→⑧の尊称だった（マカバイ記一 2:4）。また、マカバイという言葉は、マカバイ家の人々全体に対しても用いられる。一族の多くの人たちがこの闘争に積極的に係わっていたのである。なお、マカバイ家一族とは、祭司の家系であるハスモン家（祖先ハスモンの名に由来）を指す。

マカベア　→マカバイ

マキ

ゲウエルの父（民数記 **13 : 15**）。

マキル（～人）（ヘブライ語、「売られた」すなわち賃金労働者）

①イスラエルの一部族（士師記 **5 : 14**）。初め、ヨルダン川西側に住み、その後、東側のギレアドに定着した（民数記 **32 : 39**～）。マキル人はイスラエル人の12部族のリストに入っておらず、彼らの領地はマナセ族の領地に組み込まれていた（ヨシュア記 **17 : 1**）。そのため、マキルをマナセの息子とし、更にギレアドの父として、マキルとマナセの両部族を系図上で結びつけたようである（民数記 **26 : 29**）。

②サウル王家の知人で、王の孫をかくまっていた。アブサロムの反乱の際に、マキルはダビデ王を支援した（サムエル記下 **9 : 4**～、**17 : 27**）。

マグダレーナ

マグダラのマリア→②の出身地から成った名（ルカによる福音書 **8 : 2**）。なお、マグダレーナは「マグダラの女」と和訳されている。

マグディエル（ヘブライ語、「神の贈り物」）

エドムの首長。同時に、エドムの一地域名ともなった（創世記 **36 : 43**、歴代誌上 **1 : 54**）。

マクナドバイ

異民族の妻を離縁したイスラエル人（エズラ記 **10 : 40**）。

マクバナイ（ヘブライ語、「首飾り」）

サウル王から逃れるダビデの側に加わった戦士（歴代誌上 **12 : 14**）。

マグピアシュ

捕囚期後、律法順守の誓約に捺印した人（ネヘミヤ記 **10 : 21**）。

マグビシュ

バビロン捕囚から帰還した一族の先祖、あるいは出身地名（エズラ記 **2 : 30**）。

マクベナ（ヘブライ語、「首飾り」）

カレブ→①の孫（歴代誌上 2:49）。

マクロン

プトレマイオス→④のあだ名（マカバイ記二 10:12）。

マケドニア人

マケドニアの住民（今日のギリシアの北部）。一時期――フィリポス２世と息子のアレキサンドロス大王の下で（マカバイ記一 1:1）――、マケドニアは強大な王国だったが、前148年以後、ローマの属州になった。パウロは第二回と第三回宣教旅行でマケドニアを訪れ、フィリピとテサロニケ、ベレアの教会を設立した（使徒言行録 16:9 - 17:15）。

マゴグ

ヤフェト（ノアの子）の息子（創世記 10:2、歴代誌上 1:5）。パレスチナ北方の一民族の祖とされる（エゼキエル書 38:2、39:6）。おそらく今日のトルコの東部であろう。後にマゴグは世界終末時の神の敵となった（ヨハネの黙示録 20:8）。

マサ

イシュマエル（アブラハムとハガルの子）の息子（創世記 25:14、歴代誌上 1:30）。その子孫は北アラビアの一部族となる（箴言 30:1、31:1）。

マサイ（ヘブライ語、マアセヤの短縮形）

捕囚期後にエルサレムに住んだ祭司（歴代誌上 9:12）。アマシュサイと同一人物（ネヘミヤ記 11:13）。

マシュ

アラム→①の息子で、セムの孫。アラム族の人（創世記 10:23）。メシェク→②と同一人物（歴代誌上 1:17）。

マタイ（ギリシア語名のマテオのヘブライ語形、マタンヤの短縮形）

イエスの12人の弟子の一人（マタイによる福音書 10:3、マルコによる福音書 3:18、ルカによる福音書 6:15、使徒言行録 1:13）。『マタイ 9:9』によると、イエスに召命された徴税人と同じ人物。ところが、それよりも古い『マルコによる福音書』の中の徴税人はレビと呼ばれているので（マルコ 2:14。ルカ 5:27〜29 参照）、名前の転用は二義的なものであり、12人の弟子のメンバーを他のイエス物語に結びつけることによって無名性から救い出す意図から発したことのようだ。古代教会の伝承が述べるようにマタイが『マタイによる福音書』の著者であるとするには、信ずるに足る手がかりがほとんど無いに等しい。

マタタ（ヘブライ語、「〈神の〉贈り物」）

①異民族の妻を離縁したイスラエル人（エズラ記 **10:33**）。

②イエスの先祖（ルカによる福音書 **3:31**）。

マタティア（ヘブライ語のマティトヤのギリシア語形）

①モデインの村の祭司。前167年、セレウコス朝シリアによるギリシア化の政策に抵抗し、律法に忠実なユダヤ人たちによる反乱の先頭に立った（マカバイ記一 **2:15～28**）。５人の息子たちの父で、その一人がユダ→⑧・マカバイである（マカバイ記一 **2:2～5**）。

②ヨナタン→⑰の軍の指揮官（マカバイ記一 **11:70**）。

③マタティア→①の孫（マカバイ記一 **16:14**）。

④ユダヤ人たちのもとへ遣わされたニカノル→①の使者の一人（マカバイ記二 **14:19**）。

⑤⑥イエスの先祖２人（ルカによる福音書 **3:25・26**）。

マタト

①②イエスの先祖２人（ルカによる福音書 **3:24・29**）。

マタン（ヘブライ語、マタンヤの短縮形）

①バアル神殿の祭司（列王記下 **11:18**、歴代誌下 **23:17**）。

②シェファトヤ→⑨の父（エレミヤ書 **38:1**）。

③イエスの系図による先祖（マタイによる福音書 **1:15**）。

マタンヤ（ヘブライ語、「ヤーウェの贈り物」）

①即位前のゼデキヤ王→①の名前（列王記下 **24:17**）。

②捕囚期後のエルサレムに住んだ賛歌の先唱者（歴代誌上 **9:15**、ネヘミヤ記 **11:17**、**12:8・25**）。ウジ→⑤とゼカルヤ→㉖の先祖（ネヘミヤ記 **11:22**、**12:35**）。

③ダビデ王の治世における詠唱者の一グループの長（歴代誌上 **25:4・16**）。

④ヤハジエル→④の父祖（歴代誌下 **20:14**）。

⑤ユダの王ヒゼキヤの治世に、神殿を清めたレビ人の一人（歴代誌

下 29:13)。

⑥〜⑨異民族の妻を離縁したイスラエル人4人(エズラ記 10:26・27・30・37)。

⑩ハナン→⑧の祖父(ネヘミヤ記 13:13)。

マティア(ギリシア語、マタティアの短縮形)

イエスの復活後に、裏切り者イスカリオテのユダの代わりとして選ばれ、12人のイエスの使徒グループの一人として受け入れられた使徒(使徒言行録 1:15〜26)。

マティトヤ(ヘブライ語、「ヤーウェの贈り物」)

①レビ人で、神殿の菓子製造の責任者(歴代誌上 9:31)。

②レビ人。門衛で、竪琴の奏者(歴代誌上 15:18・21、16:5)。

③神殿詠唱者の一グループの長(歴代誌上 25:3・21)。

④捕囚期後に、異民族の妻を離縁したイスラエル人(エズラ記 10:43)。

⑤律法の書を朗読するエズラの脇に並んだ民の代表格の人(ネヘミヤ記 8:4)。

マテナイ(ヘブライ語、「〈神の〉贈り物」)

①②異民族の妻を離縁したイスラエル人2人(エズラ記 10:33・37)。

③バビロン捕囚から帰還した祭司の家の長(ネヘミヤ記 12:19)。

マドマナ

『歴代誌上 2:49』では、ユダ族のカレブの子孫として登場する名前だが、土地名でもある(ヨシュア記 15:31)。

マトリ →マトリ人

マトリ人

ベニヤミン部族に属するマトリ(ヘブライ語、「雨期に生まれた」)の氏族の人たち(サムエル記上 10:21)。

マトレド

メヘタブエル→①の母(創世記 36:39、歴代誌上 1:50)。

マナエン

アンティオキアの教会の預言者で、教師(使徒言行録 13:1)。

マナセ(〜族)(ヘブライ語、「忘れさせる」)

①マナセ族はイスラエルの12部族の一つで、ヨルダン川中流あたりを挟む両岸地方に住んでいた。ギデオンの指導の下、マナセ族はミディアン人との防衛戦で主役を演じた（士師記**6 - 8**）。この部族の父祖は、ヨセフの長男で、エフライムの兄弟であるマナセとされる（創世記**41 : 51**、**48**）。

②南王国ユダの王（B.C.696～B.C.642）。マナセ王は――明らかに、隷属していたアッシリアの指示に従って――ユダ国内に多数の異教祭儀を導入した。『列王記下**21 : 1～18**』のマナセ王を酷評する記述によれば、マナセ王は自らこの祭儀を実行し、預言者たちの抗議には残虐な迫害をもって対処した。

③ユディト→②の夫（ユディト記**8 : 2**）。

マナハト

セイルの孫。同時にエドム（セイル）の一氏族の名称（創世記**36 : 23**、歴代誌上**1 : 40**）。

マニウス

ユダ→⑧・マカバイの下で獲得した信教の自由（B.C.162）を祝う手紙をユダヤ人に送ったローマの使節（マカバイ記二**11 : 34**）。

マノア（ヘブライ語、「寛大な」）

サムソンの父（士師記**13 : 2～24**）。

マハジオト

ダビデ王時代の詠唱者の一グループの長（歴代誌上**25 : 4・30**）。

マハト

①レビ人。詠唱者ヘマン→②の先祖（歴代誌上**6 : 20**、同下**29 : 12**）。

②ユダの王ヒゼキヤの治世のレビ人（歴代誌下**31 : 13**）。

マハビム人

ダビデ王の勇士エリエルに付された名称（歴代誌上**11 : 46**）。

マハラト

①エサウ（ヤコブの兄）の妻の一人（創世記**28 : 9**）。

②ユダの王レハブアムの妻の一人（歴代誌下**11 : 18**）。

マハラルエル（ヘブライ語、「神は光を放つ」）

①太古の人物（創世記**5 : 12～17**、歴代誌上**1 : 2**、ルカによる福音書**3 : 37**）。メフヤエルと同一人物（→セトの系譜を参照）。

②アタヤの先祖（ネヘミヤ記 11:4）。

マフセヤ（ヘブライ語、「ヤーウェは避難所」）

バルク→①とセラヤ→⑩の祖父（エレミヤ書 32:12、51:59、バルク書 1:1）。

マフラ

①マナセ族のツェロフハドの娘（民数記 26:33）。

②マナセ族のハモレケトの娘（歴代誌上 7:18）。

マフライ

ダビデ王の軍の戦士（サムエル記下 23:28、歴代誌上 11:30、27:13）。

マフリ

①レビの子メラリの息子（出エジプト記 6:19、歴代誌上 6:4）。

②メラリの孫（歴代誌上 6:32）。

マフロン（ヘブライ語、「病弱な」）

ルツの亡夫（ルツ記 1:2・5、4:9〜）。

マヘル・シャラル・ハシュ・バズ（ヘブライ語、「分捕りは早く、略奪は速やかに来る」）

預言者イザヤの息子の名前。アッシリア人によるイスラエルとダマスコ両王国の滅亡を先取って名付けたもの（イザヤ書 8:1〜4）。

マホル

「マホルの子ら」とは、4人の知恵者や詠唱者を呼んだもの（列王記上 5:11）。「詠唱者の団員」と訳すことも可能であろう。

マムレ

アブラハムと同盟を結んでいた人（創世記 14:13・24）。

マラ（ヘブライ語、「苦い」）

ナオミが自らに付けた別名（ルツ記 1:20）。

マラキ（ヘブライ語、マレアヒヤ「ヤーウェの使者」の短縮形であろう、マラキ書 1:1）

旧約聖書の預言諸書の最後に位置する『マラキ書』には、前5世紀頃にエルサレムで活動したと思われる一人の預言者の言葉が収録されている。

マリア（ヘブライ語のミリアム。イエスの時代のごく一般的な名前）

マ

①イエスの母マリア。より古い伝承に既に名前が挙げられている（マルコによる福音書 6 : 3、マタイによる福音書 13 : 55）。マリアがガリラヤ地方のナザレの出身であること（ルカによる福音書 1 : 26）、ダビデの家系のヨセフ→⑩と結婚していたこと、初めは家族ともどもイエスの活動に距離を置いていたが、イエスの復活後にその弟子たちのグループに接したことは（使徒言行録 1 : 14）、歴史的にも確かなことだと言ってよい。さらに、マリアにはイエスのほかにも子供が何人もいたらしい。とはいえ、伝統的なカトリックの神学は、マリアの純潔は保たれたとの教条主義的な教理から、「イエスの兄弟たち」を（マルコ 3 : 31、使徒言行録 1 : 14）イエスの従兄弟たち、あるいはマリアの義理の息子たちと見なそうとする。初期のキリスト教において、当初欠けていたイエスの出自への関心が高まるにつれて、その母への関心もまた高まった。後の伝承では、彼女はイエスの活動の重要な節目に関連づけられている（ヨハネによる福音書 2 : 1〜11、19 : 25〜27）。殊に、『マタイ 1 - 2』『ルカ 1 - 2』に語られるイエスの誕生と幼少年期の物語において、母マリアは主要な位置を占めている。こうした物語は、旧約聖書の中の神に選ばれた男たちの物語と同様に、イエスの誕生の奇跡的な性格を際立たせようとするものだが、その物語の歴史的評価についてはそれぞれ大いに議論がなされている。

②マグダラのマリア。イエスの女弟子（マルコ 15 : 40・47、ルカ 8 : 2）。イエスの墓が空になっているのを見つけた婦人たちの一人（マルコ 16 : 1、ヨハネ 20 : 1〜18）。

③小ヤコブ→⑤とヨセフ→⑫の兄弟の母で、マグダラのマリアと並んで、イエスの墓所にいたもう一人のマリア（マルコ 15 : 40・47、16 : 1、マタイ 27 : 56・61、28 : 1）。クロパの妻（ヨハネ 19 : 25）。

④マルタの姉妹（ルカ 10 : 39）。また、『ヨハネ 11 : 2、12 : 1〜3』によれば、ラザロの姉妹でもある。

⑤ヨハネ（→マルコ）の母（使徒言行録 12 : 12）。エルサレムの初代教会の成員。

⑥ローマの教会にいたユダヤ人キリスト教徒の女性（ローマの信徒への手紙 16 : 6）。

マルカム（ヘブライ語、「王」）

ベニヤミンの子孫（歴代誌上 8:9）。

マルキ…　→メレク

マルキエル（ヘブライ語、「神は王」）

アシェルの孫（創世記 46:17、民数記 26:45、歴代誌上 7:31）。

マルキ・シュア（ヘブライ語、「王は助けなり」）

サウル王の息子（サムエル記上 14:49、31:2）。

マルキヤ（ヘブライ語、「ヤーウェは王」）

①詠唱者アサフ→②の先祖（歴代誌上 6:25）。

②祭司アダヤ→⑤の先祖（歴代誌上 9:12、ネヘミヤ記 11:12）。

③ダビデ王時代の祭司の一グループの長（歴代誌上 24:9）。

④～⑥異民族の妻を離縁したイスラエル人３人（エズラ記 10:25・31）。

⑦エルサレムの城壁の再建に協力した人（ネヘミヤ記 3:11）。⑥と同一人物かもしれない。

⑧⑨城壁再建の際の更なる協力者２人（ネヘミヤ記 3:14・31）。

⑩律法の書を朗読するエズラの脇に立った民の代表格の人（ネヘミヤ記 8:4）。

⑪律法順守の誓約書に捺印した祭司（ネヘミヤ記 10:4）。

⑫エルサレムの城壁の奉献式に参加した祭司（ネヘミヤ記 12:42）。

⑬パシュフル→④の父（エレミヤ書 21:1、38:1）。

⑭ユダの王ゼデキヤの王家の王子（エレミヤ書 38:6）。

マルキラム（ヘブライ語、「王は高貴」）

→ヨヤキン王の息子（歴代誌上 3:18）。

マルク（ヘブライ語、「王」）

①レビ人。詠唱者エタン→①の先祖（歴代誌上 6:29）。

②③異民族の妻を離縁したイスラエル人２人（エズラ記 10:29・32）。

④捕囚期後に、律法順守の誓約書に捺印した祭司（ネヘミヤ記 10:5、12:2・14）。メリクとも呼ばれている。

⑤律法順守の誓約書に捺印した民の頭（ネヘミヤ記 10:28）。

マルコ

ヨハネ→⑩の別称。エルサレムに家を持つ彼の母マリア→⑤と同じく（使徒言行録 **12 : 12〜17**）、エルサレムの原始キリスト教団のメンバーだった。『同 **12 : 25**』によれば、パウロとバルナバは彼をエルサレムからアンティオキアへ伴い、第一回宣教旅行へ出立した。ところがマルコは、ペルゲから突然エルサレムに帰ってしまった（同 **13 : 5・13**）。パウロはあてにならない者を第二回宣教旅行へ同行させたくなかったため、バルナバとの間に亀裂が生じ、バルナバはマルコを連れてキプロス島へ旅立った（同 **15 : 37〜39**）。『フィレモンへの手紙 **24**』『コロサイの信徒への手紙 **4 : 10**』『テモテへの手紙二 **4 : 11**』によれば、マルコは後に再びパウロの協力者たちに加わり、また『ペトロの手紙一 **5 : 13**』によれば、ペトロとともにローマへ行った。マルコはペトロの通訳であり、また『マルコによる福音書』の著者だと見なす古代教会の伝承は、このペトロの手紙の、歴史的に見て疑問のある短文に由来するのである。

マルコス（ヘブライ語のメレク〈王〉のギリシア語形）

比較的後期の伝承によれば、イエスが逮捕される際に、ペトロに右耳を切り落とされた大祭司の手下（ヨハネによる福音書 **18 : 10**）。『マルコによる福音書 **14 : 47**』には、この名前はまだ載っていない。

マルセナ

ペルシア王に仕えた大臣（エステル記 **1 : 14**）。

マルタ

イエスの女弟子。姉妹マリア→④、兄弟ラザロとともに、ルカおよびヨハネによる福音書に度々言及されている（ルカによる福音書 **10 : 38〜42**、ヨハネによる福音書 **11 : 1 - 12 : 2**）。

マルドゥク

バビロンの主神（エレミヤ書 **50 : 2**）。メロダクとも呼ばれる。

マレシャ

ユダの町の名（歴代誌下 **11 : 8**）。『同上 **2 : 42**』にはカレブ→①の次男と記されている。

マロティ

ダビデ王時代の詠唱者の一グループの長（歴代誌上 **25 : 4・26**）。

ミ

ミカ（ヘブライ語、ミカエルまたはミカヤの短縮形）

①士師の時代のエフライムの人。ミカが所有していた彫像をダン族の男たちが奪った（士師記 17 - 18）。

②サウル王のひ孫（サムエル記下 9 : 12、歴代誌上 8 : 34〜、9 : 40〜）。

③アクボル→②の父（列王記下 22 : 12、歴代誌下 34 : 20）。父ミカはミカヤとも、また子アクボルはアブドンとも呼ばれている。

④ルベンの子孫（歴代誌上 5 : 5）。

⑤マタンヤ→②の父（歴代誌上 9 : 15、ネヘミヤ記 11 : 17）。ウジ→⑤の先祖（ネヘミヤ記 11 : 22）。ミカヤ→⑤と同一人物。

⑥レビ人（歴代誌上 23 : 20、24 : 24〜）。

⑦捕囚後、律法順守の誓約に捺印したレビ人（ネヘミヤ記 10 : 12）。

⑧前 8 世紀後半、即ちアッシリアにパレスチナが隷属した頃に活動した南王国ユダの預言者（ミカ書 1 : 1、エレミヤ書 26 : 18）。『ミカ書』のうち、実際にミカが記した言葉は一部分に過ぎない。エルサレムの裕福な上層階級に対する警告の言葉（同 2 : 1〜11、3 : 1〜4・9〜12）、サマリアに対する警告の言葉（同 1 : 2〜7）、またユダの荒廃への哀歌（同 1 : 8〜18）などだ。ミカの真筆性がはっきりしないものとして、帰ってくるダビデについての預言（同 5 : 1〜4）と、イスラエルの純化についての預言（同 5 : 9〜13）がある。

⑨オジアの父（ユディト記 6 : 15〜21）。

ミカエル（ヘブライ語、「誰が神のようであろうか」）

①カナンの土地偵察に遣わされたセトルの父（民数記 13 : 13）。

②③ガドの子孫２人（歴代誌上 5 : 13・14）。

④詠唱者アサフ→②の先祖（歴代誌上 6 : 25）。

⑤イサカルの子孫（歴代誌上 7 : 3）。

⑥ベニヤミンの子孫（歴代誌上 8 : 16）。

⑦サウル王から逃れるダビデの側についた戦士（歴代誌上 12 : 21）。

⑧オムリ→④の父（歴代誌上 27 : 18）。ミカエル⑤と同一人物かもしれない。

⑨ユダの王ヨシャファトの息子（歴代誌下 21 : 2）。

⑩ゼバドヤ→⑧の父（エズラ記 8 : 8）。

⑪神の民（イスラエルの民）を守護する大天使（ダニエル書 10 : 13・21、12 : 1）。サタンの敵対者（ユダの手紙 9、ヨハネの黙示録 12 : 7）。

ミカヤ（ヘブライ語、「誰がヤーウェのようであろうか」）

①レハブアム王の妻（歴代誌下 13 : 2）。マアカ→④と同一人物。

②イムラの息子で、紀元前 9 世紀に北王国イスラエルで活動した預言者（列王記上 22 : 5～28、歴代誌下 18 : 7～27）。ミカヤは、ダマスコのアラム王に対するアハブ王の軍事行動に賛成しなかった。

③ユダの町々に律法を教えるためにヨシャファト王が遣わした高官の一人（歴代誌下 17 : 7）。

④ユダの王ヨヤキンの宮廷にいた人（エレミヤ書 36 : 11・13）。

⑤楽士ゼカルヤ→㉖の先祖（ネヘミヤ記 12 : 35）。ミカ→⑤と同一人物。

⑥エルサレムの城壁の奉献式でラッパを吹いた祭司（ネヘミヤ記 11 : 41）。

ミカル

ダビデと結婚していたサウル王の娘（サムエル記上 18 : 27）。ダビデの逃亡後、パルティ→②に嫁がされた（同 25 : 44）。後にダビデ王に取り戻された（同下 3 : 13～16）。

ミクネヤ（ヘブライ語、「ヤーウェの所有物」）

レビ人。門衛で、竪琴の奏者（歴代誌上 15 : 18・21）。

ミクリ

捕囚期後にエルサレムに住んだベニヤミンの子孫（歴代誌上 9 : 8）。

ミクロト

①ベニヤミンの子孫（歴代誌上 8 : 31～、9 : 37～）。

②ダビデ王に仕えた軍の指揮官（歴代誌上 27 : 4）。

ミザ

エサウの孫で、エドムの一部族の首長（創世記 36 : 13・17、歴代誌上1:37)。

ミシャエル(ヘブライ語、「神に属するのは誰か」)

①レビのひ孫(出エジプト記6:22、レビ記10:4)。

②律法の書を朗読するエズラの脇に並んだ民の代表格の人(ネヘミヤ記8:4)。

③ダニエル→④の友の一人(ダニエル書1:6)。

ミシュアム

ベニヤミンの子孫(歴代誌上8:12)。

ミシュマ

①イシュマエルの息子の一人で、イシュマエルの一部族の首長(創世記25:14、歴代誌上1:30)。

②シメオン族の一氏族の祖(歴代誌上4:25〜)。

ミシュマナ

サウル王から逃れるダビデの側についた戦士(歴代誌上12:11)。

ミシュライ人

カレブ→①の部族に属する一氏族(歴代誌上2:53)。

ミスパル

バビロンから帰還したユダヤ人たちの指導者の一人(エズラ記2:2、ネヘミヤ記7:7)。ミスペレトとも呼ばれる。

ミスペレト →ミスパル

ミディアン(〜人)

アブラハムとケトラの子で、シリア〜アラビア砂漠の遊牧民の一団ミディアン人の祖。イスラエルによる土地獲得以前は、例えばモーセとミディアン人との結びつきについての言伝えからも分かるように(出エジプト記2:15〜22、18)、イスラエル人とミディアン人との間には友好関係があった。イスラエル人による土地獲得以後、ミディアン人はおびただしいラクダの群れを引き連れパレスチナを度々襲って来るため、脅威となった。最後にギデオンが阻止した(士師記6 - 8)。

ミトレダト

①ペルシアのキュロス王の財務官(エズラ記1:8)。

②アルタクセルクセス王に仕えた役人で、エルサレムの神殿再建に

反対した（エズラ記 4:7）。

ミブサム

①イシュマエルの息子（創世記 25:13、歴代誌上 1:29）。

②シメオンの孫（歴代誌上 4:25）。

ミブツァル

エドムの一地域の首長（創世記 36:42、歴代誌上 1:53）。

ミブハル（ヘブライ人、「エリート」）

ダビデ王の軍の戦士（歴代誌上 11:38）。

ミヤミン

①ダビデ王時代の祭司の一グループの長（歴代誌上 24:9）。

②エズラの時代に、異民族の妻を離縁したイスラエル人（エズラ記 10:25）。

③バビロン捕囚から帰還した祭司（ネヘミヤ記 10:8、12:5・17。なお、12:17 ではミンヤミンと呼ばれている）。

ミラライ

エルサレムの城壁の奉献式の際の楽器奏者（ネヘミヤ記 12:36）。

ミリアム（名前の由来と意味は不明。４つの可能性が考えられる。１．強情者、２．太っちょ、３．〈神の〉贈り物、４．恋人。ただし、４番は２番のため排除されるであろう）

①より旧い伝承の『出エジプト記 15:20』では、ミリアムはアロンの姉で、女預言者とされているが、後にはモーセの姉ともされた（民数記 26:59）。ミリアムはアロンと組んでモーセに反抗し、その結果、重い皮膚病をもって罰せられた（同 12）。

②カレブ→②の子孫（歴代誌上 4:17）。

ミルカ（ヘブライ語、「王妃」）

①ナホル→②の姪で妻（創世記 11:29）。

②マナセ族のツェロフハドの娘の一人（民数記 26:33）。

ミルコム

アンモン人の民族神（エレミヤ書 49:1・3）。この名称はヘブライ語の→メレク（王）と関係がある。『列王記上 11:5』によれば、ソロモン王はミルコム崇拝を個人的な祭祀として彼のアンモン人の妻たちのために導入した。このミルコムの祭壇は、後にヨシヤ王によって破壊された（同下 23 : 13）。

ミルマ

ベニヤミンの子孫（歴代誌上 8 : 10）。

ミンヤミン

①ヒゼキヤ王の時代のレビ人（歴代誌下 31 : 15）。

②エルサレムの城壁の奉献式でラッパを吹いた祭司（ネヘミヤ記 12 : 41）。

ム

ムシ

レビの子メラリの息子（出エジプト記 6 : 19、民数記 3 : 20）。

ムナソン

キプロス島出身のユダヤ人キリスト教徒。エルサレムでパウロに宿を提供した人（使徒言行録 21 : 16）。

ムピム

ベニヤミンの息子（創世記 46 : 21）。

メ

メウニム人

アラビアのベドウィン族（歴代誌上 4 : 41、同下 20 : 1、26 : 7）。彼らの居住地は死海の南東にあったと思われる。バビロンから帰還した神殿の使用人の中にメウニム人の子孫がいた（エズラ記 2 : 50、ネヘミヤ記 7 : 52）。

メオノタイ

ユダ族のケナズの子孫（歴代誌上 4 : 13〜）。

メ・ザハブ

メヘタブエル→①の祖母（創世記 36 : 39、歴代誌上 1 : 50）。

メシア

アラム語のメシアハ（油を注がれた者）のギリシア語形で、『ヨハネによる福音書 1 : 41、4 : 25』にのみ出てくる言葉。このアラム語の言葉に相当するのは、バビロン捕囚以前のダビデ王朝において、現職の王ただ一人に適用されたヘブライ語マシアハである（サムエル記下 19 : 22、詩編 2 : 2、18 : 51。但し「マシアハ」は「油注がれた方」と和訳されている）。即位の際に聖油を塗油するとは、王の神に対する特別な関係を打ち立て、神の権威を王に授けるということである。捕囚期以後は、大祭司や、遂にはすべての祭司にも聖別の油が注がれた（出エジプト記 29 : 7、レビ記 10 : 7）。前 1 世紀のユダヤの文書において初めて、アラム語のメシアハ（ギリシア語のクリストス）は、「来たるべき救い主」という機能上の意味を得た。それは――旧約聖書の用語と結びつけて――王または祭司であると想定された。また、ときにはメシアが王であり、同時に祭司でもあると想定されることもあった。

メシェク

①ヤフェトの息子。その子孫が今日のトルコの北東部にいた民族ムシュキ人（創世記 10 : 2、エゼキエル書 27 : 13）。

②アラム→①の兄弟（歴代誌上 1 : 17）。息子とする方が正しい。マシュと同一人物（創世記 10 : 23）。

メシェザブエル（バビロニア語、「神は救う」）

①メシュラム→⑬の先祖（ネヘミヤ記 3 : 5）。

②捕囚期後、律法順守の誓約に捺印した人（ネヘミヤ記 10 : 22）。

③ペタフヤ→③の父（ネヘミヤ記 11 : 24）。

メシェレムヤ（ヘブライ語、「ヤーウェは埋め合わせて下さる」）

エルサレム神殿の門衛（歴代誌上 26 : 1〜3・9・14）。ゼカルヤ→④の父（同 9 : 21）。

メシャ

①イスラエルのヨラム王およびユダのヨシャファト王と交戦したモ

アブの王（列王記下 3:4）。
②カレブ→①の長男（歴代誌上 2:42）。
③ベニヤミンの子孫（歴代誌上 8:9）。

メシャク

ダニエルの友ミシャエル→③に与えられたバビロン名（ダニエル書 1:7）。

メシュラム（ヘブライ語、「代わりとして与えられた」）

①シャファン→①の祖父（列王記下 22:3）。
②→ヨヤキン王の子孫（歴代誌上 3:19）。
③ガド族の人（歴代誌上 5:13）。
④捕囚期後にエルサレムに住んだベニヤミン族の人（歴代誌上 8:17）。
⑤サル→②の父（歴代誌上 9:7、ネヘミヤ記 11:7）。
⑥捕囚期後にエルサレムに住んだベニヤミン族の人（歴代誌上 9:8）。
⑦祭司ツァドク→①の息子（歴代誌上 9:11、ネヘミヤ記 11:11）。シャルム→⑥と同一人物（歴代誌上 5:38〜、エズラ記 7:2）。
⑧マサイの先祖（歴代誌上 9:12）。
⑨ユダの王ヒゼキヤの治世のレビ人（歴代誌下 34:12）。
⑩エズラがイド→⑥のもとに遣わした使者の一人（エズラ記 8:16）。
⑪エズラの勧める異民族の妻との離縁に反対したイスラエル人（エズラ記 10:15）。
⑫異民族の妻を離縁した人（エズラ記 10:29）。
⑬エルサレムの城壁の再建を助けた人（ネヘミヤ記 3:4・30、6:18）。
⑭城壁の再建を助けた別の人（ネヘミヤ記 3:6）。
⑮律法の書を朗読するエズラの助手（ネヘミヤ記 8:4）。
⑯⑰律法順守の誓約書に捺印した司祭と民の頭（ネヘミヤ記 10:8・21）。
⑱⑲バビロン捕囚から帰還した祭司の家の長２人（ネヘミヤ記 12:13・16）。
⑳レビ人の頭で、門衛（ネヘミヤ記 12:25）。
㉑城壁の奉献式でラッパを吹奏した祭司（ネヘミヤ記 12:33）。

メシュレメト（ヘブライ語、「代わりとして与えられた」）
ユダの王アモンの母（列王記下 **21 : 19**）。

メショバブ（ヘブライ語、「返した」）
シメオン族の一氏族の長（歴代誌上 **4 : 34**）。

メシレモト（ヘブライ語、「彼〈神〉は報いて下さる」）
①祭司マサイまたはアマシュサイの先祖（歴代誌上 **9 : 12**、ネヘミヤ記 **11 : 13**）。
②エフライム人の頭の一人ベレクヤ→⑤の父（歴代誌下 **28 : 12**）。

メダド
モーセの時代、霊を受けて「預言状態」になったイスラエル人の長老（民数記 **11 : 26**～）。

メダン
アブラハムとケトラの息子（創世記 **25 : 2**、歴代誌上 **1 : 32**）。その子孫はアラビアの一部族となった。

メディア
→ヤフェトの息子でメディア人の祖（創世記 **10 : 2**、歴代誌上 **1 : 5**）。→メディア人

メディア人（ヘブライ語の呼称はマダイ）
イラン北西部の民族。前670年頃からアッシリアの支配に抵抗し、エクバタナを首都とする独立した王国を築いた。前612年にバビロニアと同盟してアッシリア帝国を滅ぼした（ニネベの陥落、ナホム書 **2 : 4**～**14**）。前553年に、それまでメディア人に隷属していたペルシア人が→キュロス王の下でメディア人に反逆し、メディアをペルシア帝国に合併した。これによって、旧約聖書がペルシア人のことを意味しつつ、しばしばメディア人と言う理由が明らかになる（例えばイザヤ書 **13 : 17**、ダニエル書 **6 : 1**）。

メトシェラ
エノクの息子で、レメクの父（創世記 **5 : 21**～・**25**～**27**、歴代誌上 **1 : 3**、ルカ **3 : 37**）→メトシャエル。メトシェラは969年生きたと記されている。これは聖書においては最高齢である。それゆえ、メトシェラは、古代教会で広がったメトゥザレムという名前の下に、その長寿で有名になった。

メトシャエル（ヘブライ語、「神の人」）
レメクの父（創世記 **4 : 18**）。メトシェラの別名（→セトの系図を参照）。

メナシェ（ヘブライ語、「忘れさせる」）
①②捕囚期後、異民族の妻を離縁したイスラエル人２人（エズラ記 **10 : 30・33**）。

メナヘム（ヘブライ語、「慰める人」）
北王国イスラエルの王（B.C.747～B.C.738）。ゼカルヤ王→①が暗殺された後の混乱に乗じて王座に就くことに成功した。また、自国の有力者たちから多額の銀を取り立て、それをアッシリアの王→ティグラト・ピレセル（別名プル）に貢ぐことによって、自己の統治権を確かなものにした（列王記下 **15 : 14・17～22**）。

メニ
運命の神の名前（イザヤ書 **65 : 11**）。この名前はおそらくヘブライ語の「分配する」という語と関連がある。なお、メニの代わりに単に「運命の神」と呼ばれることもある。

メネステウス
アポロニオス→①の父（マカバイ記二 **4 : 4・21**）。『同 **3 : 5**』ではトラサイアスと呼ばれている。

メネラオス
マカバイ戦争当時の、前127年に任命された大祭司。先代の大祭司オニア３世→②を殺害させ、また、律法に忠実な人たちを迫害した。前162年に処刑された（マカバイ記二 **4 : 23～50**、**13 : 1～8**）。

メヒダ
バビロンから帰還した神殿の使用人一族の先祖（エズラ記 **2 : 52**、ネヘミヤ記 **7 : 54**）。

メヒル
ユダ族のケルブの息子（歴代誌上 **4 : 11**）。

メフィボシェト
①サウル王の、処刑された息子の一人（サムエル記下 **21 : 8**）。
②ヨナタン→②の息子でサウル王の孫。ダビデ王は彼をエルサレムの宮殿に呼び寄せた（サムエル記下 **9**）。アブサロムが反逆した

際にメフィボシェトはダビデの側に付かなかったにも拘らず、ダビデは彼を許した（同 16 : 1〜4、19 : 25〜31）。『歴代誌上 8 : 34、9 : 40』では別名でメリブ・バアル（バアルは主人）と呼ばれている。

メブナイ　→シベカイ

メフマン

ペルシアの王宮の宦官（エステル記 1 : 10）。

メフヤエル

カインの子孫（創世記 4 : 18）。マハラルエルと同一人物（→セトの系図を参照）。

メヘタブエル（ヘブライ語、「神は善い」）

①エドムの王ハダド→③の妻（創世記 36 : 39、歴代誌上 1 : 50）。

②シェマヤ→⑱の祖父（ネヘミヤ記 6 : 10）。

メミウス

クイントゥス・メミウス。ローマとの平和条約に関してユダヤ人に手紙を書いたアンティオキアのローマ使節 2 人のうちの一人（マカバイ記二 11 : 34）。→ティトゥス

メムカン

ペルシア王に仕えた大臣の一人（エステル記 1 : 14・16・21）。

メラトヤ（ヘブライ語、「ヤーウェが救った」）

エルサレムの城壁の修復を手伝った人（ネヘミヤ記 3 : 7）。

メラブ

サウル王の長女。ダビデの妻になる約束だったが、アドリエルに嫁がされた（サムエル記上 18 : 17〜19）。なお、『同下 21 : 8』ではメラブではなく、次女ミカルの名が記されている。

メラヤ（ヘブライ語、「反抗的な人」）

バビロン捕囚から帰還した祭司の家の家長（ネヘミヤ記 12 : 12）。

メラヨト（ヘブライ語、「反抗的な人」）

祭司ツァドク→①の父（歴代誌上 9 : 11、ネヘミヤ記 11 : 11）、またはその先祖（歴代誌上 5 : 32〜、6 : 37、エズラ記 7 : 3）。

メラリ（ヘブライ語、「強い」）

①レビ人の三大家系の一つで（歴代誌上 9 : 14）、家系の始祖はレビ

の３人の息子の一人メラリとされる（創世記46:11）。

②ユディト→②の父（ユディト記8:1）。

メリク　→マルク④

メリブ・バアル　→メフィボシェト

メルキ

①②イエスの先祖２人（ルカによる福音書3:24・28）。

メルキ…　→メレク

メルキエル（ヘブライ語、「神は王」）

カルミスの父（ユディト記6:15）。

メルキゼデク（ヘブライ語、「〈神〉ゼデクは王」、「義の王」）

エルサレム市の王で、同時に大祭司。ダビデによってエルサレムが征服された後、メルキゼデクと同じように祭司の栄誉がユダ王国の王に移譲された（詩編110:4）。メルキゼデクがアブラハムから「すべての物の十分の一」を与えられた折の、アブラハムとの出会いの物語は（創世記14:18〜20）、明らかにエルサレムの祭司職が同じく「十分の一の権利」を得ることの正当性を認めようとするものである。――新約聖書では、『ヘブライ人への手紙』が、メルキゼデクという謎に満ちた人物像を比喩的にキリストを指し示すものとして、『創世記14:18〜20』の記述に触れている。その中で、メルキゼデクがアブラハムから十分の一の物を受け、アブラハムを祝福したということは、ひいてはユダヤ人祭司職に対するキリストの優位性を表現するとしている（ヘブライ7:4〜10）。また、旧約聖書がメルキゼデクの出自にも最期にも触れていないのは、『ヘブライ7:1〜3』によるなら、イエスの永遠の祭司職を示唆したものと理解される。そうしたことから、キリストは「メルキゼデクと同じような大祭司」なのだという（ヘブライ5:6・10、6:20、7:11）。

メレア

イエスの先祖（ルカによる福音書3:31）。

メレク（ヘブライ語、「王」）

①「マルキ…」や「メルキ…」の形をとって、固有名詞の１番目の構成要素として、また「…メレク」の形で２番目の構成要素として表現される（例、マルキエル、アビメレク、エリメレク）。

②サウル王の子孫（歴代誌上 **8:35**、**9:41**）。

メレス

ペルシア王に仕えた大臣（エステル記 **1:14**）。

メレド（ヘブライ語、「大胆な」）

カレブ→②の子孫（歴代誌上 **4:17**～）。

メレモト

①エルサレムの城壁再建の際に、助力した祭司。律法順守の誓約に捺印した（エズラ記 **8:33**、ネヘミヤ記 **3:4**、**10:6**、**12:3**）。

②エズラの勧めに従い、異民族の妻を離縁したイスラエル人（エズラ記 **10:36**）。

メロダク　→マルドゥク

メロダク・バルアダン（カルデア語、「マルドゥクは世継ぎの息子を授けた」）

カルデア人の君侯だった。前722年、宗主国アッシリアの王シャルマナサル5世の死に乗じて、バビロンの王になることに成功した。『列王記下 **20:12**』『イザヤ書 **39:1**』によれば、ユダ王国のヒゼキヤ王に病気見舞いの使者を送った。

メンナ

イエスの先祖（ルカによる福音書 **3:31**）。

モ

モアブ（～人）

イスラエル人と血縁関係にあった民族で、死海の東部の肥沃な台地に定住していた。モアブの中心地域はこの台地の南部だった。彼らは度々アルノン川の北部の、イスラエル人の居住地域を襲った。ダビデがモアブ人を制圧し、隷属させた（サムエル記下 **8:2**）。だが前9世紀半ばにモアブの王メシャ→①がモアブの独立を取り戻した。前8世紀の半ばからアッシリアの、続いてバビロニア帝国の属国となった。前5世紀末頃に国土はナバテア人の所有となった。

モーセ

旧約聖書中の代表的な人物の一人。モーセという名前は、『出エジプト記2:10』にヘブライ語のマーシャー「引き上げる」から派生したとあるが、これは通俗語源説的で、誤りに違いなく、おそらくは「生む」という意味のエジプト語に属し（参考：トゥトゥモーセ、ラムセス）、「〈神Xが〉生んだ」という意味になるのであろう。

旧約聖書の記述によれば、モーセは両親がイスラエル人の子で、ファラオの宮殿で育ち（同2:1〜10）、荒れ野のミディアン地方へ逃亡し、ミディアンの祭司の娘と結婚した（同2:11〜22）。イスラエル人をエジプトから導き出すようにとのヤーウェの命を受けて（同3:1-4:17）、エジプトへ戻り、兄弟アロンとともに、ファラオにその出国を拒まれたイスラエルの民の代弁者となった（同4:18-6:1）。諸々の災厄を蒙ったファラオはイスラエル人のエジプト脱出を許可した（同7-13）。モーセの指導の下に、イスラエル人は、海辺で危機を救われ（同14）、荒れ野を彷徨し（同15:22-17:16）、――「神の山」のふもとでモーセと舅との再会があった後（同18）――シナイに到着する。そこでモーセはヤーウェの指示のもと、イスラエルの民に掟の言葉と祭儀の秩序を伝える（出エジプト記19-民数記9）。更に荒れ野を彷徨する間に（民数記10-21）、モーセはヤーウェから約束の地パレスチナに入ることが許されないと知らされる（同20:12）。そして、後継者にヨシュアが選ばれた後（同27:12〜23）、モーセはイスラエルの民に長い言葉を与えて彼らと別れ（申命記1-33）、ネボ山に登り、そこから約束の地を眺めて死んだ（同34）。

こうした描写は長く続いた多層な伝承過程の結果である。その経過の中でモーセの人物像は絶えず大きくなり、神に近づけられた。例えば、モーセは奇跡を行う人としてだけでなく（出エジプト記14:27）、比類なき預言者として（民数記12:8、申命記18:15、34:10）、またシナイで律法が与えられた際には、神とイスラエル人との仲保者として登場するのである。

モーセをイスラエルの古代救済期の卓越した人物として描き、ユダヤ教において、彼をモーセ五書（旧約聖書の最初の５書）の霊感に満ちた著者とみなすに至るこの大幅に広げた描写からは、歴史上のモーセ像をほとんど得ることができない。本当のところは、モーセがそのエジプト名にもよらずセム族であり、ヤーウェ信仰を知っており、これをエジプトの（前）イスラエル人にもたらし、彼らのエジプトからの出国に決定的な影響を与えたということであろう。

モツァ

①カレブ→①の息子（歴代誌上 2:46）。

②サウル王の子孫（歴代誌上 8:36〜、9:42〜）。

モリド

エラフメエル→①の子孫（歴代誌上 2:29）。

モルデカイ

『エステル記』に登場するエステルの後見人（同 2:7）。モルデカイの敵対者で、反ユダヤ主義者ハマンの失脚後、ペルシア帝国の大臣に任命された。

モルドカイ

バビロンから帰還したユダヤ人たちの指導者の一人（エズラ記 2:2、ネヘミヤ記 7:7）。

モレク（ギリシア語のモロクのヘブライ語形）

オリエントの神の名前。おそらくメレク〈王〉を歪曲した語である。モレク神のために子どもたちを、清めの儀式にのっとった譲渡の仕方で火の中を通らせ、捧げた（レビ記 18:21、列王記下 23:10、エレミヤ書 32:35）。単に生け贄として献じたのではない（レビ記 20:2〜5）。

ヤ

ヤアコバ（ヘブライ語、「彼〈神〉は守る」＝ヤコブ）

シメオンの子孫で、氏族の長（歴代誌上 4:36）。

ヤアサイ（ヘブライ語、ヤアジエルの短縮形）

エズラの勧めに従い、異民族の妻を離縁したイスラエル人（エズラ記 10:37）。

ヤアザンヤ（ヘブライ語、「ヤーウェは聞き届ける」）

①総督ゲダルヤ→①のもとに集まった軍の長の一人（列王記下 25:23、エレミヤ書 40:8）。

②レカブ人一族の家長（エレミヤ書 35:3）。

③④預言者エゼキエルの時代のエルサレムの指導的人物２人（エゼキエル書 8:11、11:1）。

ヤアシエル（ヘブライ語、「神が作る」）

①ダビデ王の軍の戦士（歴代誌上 11:47）。

②ベニヤミン族の指導者（歴代誌上 27:21）。

ヤアジエル（ヘブライ語、「神が養う」）

神殿の門衛であり、竪琴の奏者であるレビ人（歴代誌上 15:18・20、16:5）。アジエル、またエイエル③とも呼ばれる。

ヤアジヤ（ヘブライ語、「ヤーウェが養う」）

レビ人の一家系の長（歴代誌上 24:26〜）。

ヤアラ（ヘブライ語、「野生の山羊」）

ソロモン王の使用人一族の家長。その子孫がバビロン捕囚から帰還した（エズラ記 2:56、ネヘミヤ記 7:58）。ヤラとも呼ばれる。

ヤアレ・オルギム　→ヤイル③

ヤアレシュヤ（ヘブライ語、「ヤーウェは植える」）

ベニヤミンの子孫で、家系の長（歴代誌上 8:27）。

ヤイル（ヘブライ語、「彼〈神〉は輝き出づ」）

①マナセの息子。ヨルダン川東岸の「ハボト・ヤイル（ヤイルの天幕の村々）」は、そこを占領したヤイルに因んで名付けられたもの（民数記 32:41）。

②士師（士師記 10:3〜5）。

③エルハナン→①の父（サムエル記下 21:19、歴代誌上 20:5）。ヤアレ・オルギムとも呼ばれている。

④モルデカイの父（エステル記 2:6）。

ヤイロ（ヘブライ語のヤイルのギリシア語形）

ヤ

ガリラヤ地方の会堂長。イエスはヤイロの娘を死から蘇らせた（マルコによる福音書**5:21～24・35～43**）。

ヤーウェ

イスラエル人の神の固有名詞。ヘブライ語の旧約聖書では、「神」や「主」よりも遥かに頻繁に使われている言葉である。ただしヤーウェという名前は伝承されたものではなく、組み合わせを通して推定されたものである。ヘブライ語の旧約聖書のテキストはもともと子音字だけで成り立っており、神の名前は「Jhwh」と表されている。前300年頃から、神の名前を発音することを憚って、アドナイ（主）と読まれていた。それが、旧約聖書のヘブライ語のテキストに母音が付加されたとき、神の名前は子音「Jhwh」と「adonaj（アドナイ）」の母音を組み合わせた形として表現されたのである。こうして、今日もなお広く使われているエホバ（Jehowah）という形がヘブライ人以外の人たちのために生まれたのである。

おそらく、「ヤーウェ」については、旧約聖書の『出エジプト記**3-6**』における記述のとおり、モーセによってイスラエル人に知らされたものであろう。もしかするとモーセはミディアン人あるいはカイン人のヤーウェ信仰を受け継いだのかもしれない。『同**3:14**』に、ヤーウェという名前の意味は「わたしはある。わたしはあるという者だ」（＝わたしは〈わたしの崇拝者のもとに〉ある）と記されている。「わたしはあるという者」としてのヤーウェの名はヘブライ語の動詞ハーヤー「hjh」（ある、働きかける、起こる）から導き出されたものと解釈される。大半の聖書注解者はこの推論を適切だとしている。それゆえこの名前は、神が自らの崇拝者に対して働きかけ、その崇拝者のもとで力強く、また助けとなってその場に居合わせるということを表現しているのである。

「ヤーウェ」という名前は、固有名詞の中に度々使われている。例えば、名前の冒頭に「ヨ」の形で（ヘブライ語の「イェホ」の短縮形。例えばイェホアシャファト→ヨシャファト）、また語尾に「－ヤ」の形で（ヘブライ語の「－ヤフ」の短縮形、例えばエリヤフ→エリヤ）。

ヤエル（ヘブライ語、「野生の山羊、アイベックス」）

デボラとバラクの軍勢と戦って敗走したカナンの将軍シセラに、とどめを刺した女（士師記 4 : 17〜22、5 : 6・24）。

ヤカン

ガドの子孫（歴代誌上 5 : 13〜）。

ヤキム（ヘブライ語、「彼〈神〉は蘇らせる」）

①ベニヤミンの子孫（歴代誌上 8 : 19）。

②ダビデ王時代の祭司の一グループの長（歴代誌上 24 : 12）。

ヤキン（ヘブライ語、彼〈神〉は堅固にする））

①シメオンの息子の一人（創世記 46 : 10）。ヤリブ→①と同一人物（歴代誌上 4 : 24）。

②捕囚期後、エルサレムに住んだ祭司（歴代誌上 9 : 10、ネヘミヤ記 11 : 10）。

③ダビデ王時代の祭司の一グループの長（歴代誌上 24 : 17）。

ヤケ（ヘブライ語、「慎重な」）

アグルの父（箴言 30 : 1）。

ヤコブ

①イスラエルの族長の一人（創世記 25 : 21 - 35 : 29）。聖書の記述によれば、ヤコブはイサクとリベカの息子。ヘブライ語の名前ヤコブは、本来は「彼（即ち神）は保護する」という意味であるが、旧約聖書では通俗語源説的に「彼は足を引っ張り欺く」と理解されている（同 27 : 36）。そのため、ずる賢い策略をテーマにしているヤコブ物語が多い。ヤコブは自分の双子の兄エサウから策略によって長子の権利を、また欺瞞によって父親の祝福を奪い取る（同 25 : 27〜34、27）。彼はエサウの復讐を恐れてメソポタミア（ハラン）にいる伯父ラバンのもとへ逃げる。帰郷の際にも、ヤコブはエサウを欺いて難を逃れる（同 32 : 1〜22、33 : 1〜16）。ラバンのもとに滞在中も、策略と欺瞞がつきまとった。ヤコブはラバンの娘ラケルのために尽くすが、ラバンの計略でヤコブはまず姉娘レアを、次にラケルを娶ることとなる。後にヤコブは策をめぐらして、ラバンの一番良い家畜の群れを獲得し、自分の妻子たちを連れてラバンのもとから逃げるが、これもまた策略と欺瞞をもって行われた。ラバンはヤコブに追いつき、二人は互いに契約

を結んだ（同 **29 - 31**）。ヤコブとラバンの物語と関連して、ヤコブの12人の息子の誕生物語が記述されている（同 **29 : 31 - 30 : 24**、**35 : 16〜18**）。他の物語は、神からヤコブに約束された、あるいは与えられた祝福のテーマをめぐるものだ。それは、二度に及ぶ神の顕現、すなわちベテルにおける神の顕現と（同 **28 : 10〜22**、**35 : 1〜15**）、ヤボク川の渡しにおけるヤコブと神の格闘の話である（同 **32 : 23〜33**）。その折に神はヤコブに「イスラエル」という名前を与えた。ヤコブの死は『同 **49 : 29 - 50 : 14**』に語られている。――ヤコブに関する創世記中の物語は長い伝承経過の結果である。その過程の中で、様々な由来の物語が合体し、ヤコブがイサクの息子に、またイスラエルの12部族の始祖になったのである。歴史的にはヤコブはおそらくヨルダン川東側の家畜を連れた遊牧民であったと思われる。

②イエスの養父ヨセフ→⑩の父親（マタイによる福音書 **1 : 15〜**）。

③ゼベダイの息子で、ヨハネ→⑦の兄弟。イエスの12人の弟子の一人（マルコによる福音書 **1 : 19**）。また、イエスの最も信頼した弟子３人のうちの一人（同 **5 : 37**、**9 : 2**、**14 : 33**）。後44年にヘロデ王（→アグリッパ１世）によって処刑された（使徒言行録 **12 : 1〜**）。

④アルファイの息子で、やはり12人の弟子の一人（マルコによる福音書 **3 : 18**）。⑤とは区別すべきであろう。

⑤小ヤコブ（マルコ **15 : 40**）。→マリア③。

⑥イエスの兄弟（ガラテヤの信徒への手紙 **1 : 19**）。ヤコブはイエスの他の肉親と同様、イエスの復活以前の弟子グループには所属していなかったが、死後間もなく復活したイエスを目の当たりにして（コリントの信徒への手紙一 **15 : 7**）回心し、このときからエルサレムのユダヤ人キリスト教共同体の中心的な役割を演じた（ガラテヤ **1 : 19**、**2 : 9**）。そこでは西暦44年頃から64年の殉教死に至るまでの間、唯一の指導者だった。ヤコブは、ユダヤ教の徹底して律法主義的な見地とは意見を異にしていたようであるが（使徒言行録 **21 : 18〜26**）、異邦人キリスト教徒とユダヤ人キリスト教徒の間の紛争ではパウロの対蹠者だった（ガラテヤ **2 : 12**）。彼の絶大な権威は、彼が――誤って――『ヤコブの手紙（ユダヤ

人キリスト教徒のための訓戒の書簡で、神の掟への厳格な服従をイエスの精神において促している。A.C.70〜80頃に成立した。)』の著者だとされたことにも表れている。

⑦『ルカによる福音書 **6 : 16**』『使徒言行録 **1 : 13**』においてのみ言及されている12人の使徒の一人ユダ→⑬の父。

ヤジズ

ダビデ王の羊の群れを管理する責任者（歴代誌上 **27 : 31**）。

ヤシュブ（ヘブライ語、「彼〈神〉は向きを変える」）

①イサカルの息子（歴代誌上 **7 : 1**、創世記 **46 : 13**）。ヨブ→②とも呼ばれる。

②捕囚期後に、異民族の妻を離縁したイスラエル人（エズラ記 **10 : 29**）。

ヤショブアム（ヘブライ語、「おじは帰ってくる」）

①ダビデ王の軍の勇士で、『歴代誌上 **11 : 11**、**27 : 2**』ではヤショブアムと呼ばれているが、これは→イシュバアル（サムエル記下 **23 : 8**）を誤ったもの。

②サウル王から逃れるダビデの味方についた戦士（歴代誌上 **12 : 7**）。

ヤソン

① ユダ→⑧・マカバイがローマへ派遣した使者（マカバイ記一 **8 : 17**）。

② ローマへ派遣された使者の一人アンティパトロスの父（マカバイ記一 **12 : 16**、**14 : 22**）。

③『マカバイ記二』の著作の草案に用いられた歴史書の著者（同 **2 : 23**）。

④ エルサレムの大祭司オニア３世の弟で、大祭司職を賄賂で手に入れて兄を出し抜き、また、ユダヤ人をギリシア化させようとした（マカバイ記二 **4 : 7〜26**、**5 : 5〜10**）。

⑤ テサロニケの信徒で、パウロは彼の家に滞在していたことがある（使徒言行録 **17 : 5〜9**）。多分⑥と同一人物であろう。

⑥ コリントの信徒（ローマの信徒への手紙 **16 : 21**）。

ヤダ（ヘブライ語、「彼〈神〉は知っている」）

エラフメエル→①の孫（歴代誌上 **2 : 28・32**）。

ヤ

ヤダイ（ヘブライ語、「彼〈神〉は知っている」）

異民族の妻を離縁したイスラエル人の一人（エズラ記 10 : 43）。

ヤドア（ヘブライ語、「彼〈神〉は知っている」）

①捕囚期後、律法順守の誓約に捺印した民の頭（ネヘミヤ記 10 : 22）。

②大祭司（ネヘミヤ記 12 : 11・22）。

ヤトニエル

エルサレムの神殿の門衛（歴代誌上 26 : 2）。

ヤドン

エルサレムの城壁再建の際、修復に協力した人（ネヘミヤ記 3 : 7）

ヤナイ（ヘブライ語、「彼〈神〉は聞き入れる」）

①ガドの息子（歴代誌上 5 : 12）。

②イエスの先祖（ルカによる福音書 3 : 24）。

ヤハジエル（ヘブライ語、「神はご覧になる」）

①サウル王から逃れるダビデの側に付いた戦士（歴代誌上 12 : 5）。

②ダビデ王の時代の祭司（歴代誌上 16 : 6）。

③レビ人で、ヘブロンの息子（歴代誌上 23 : 19、24 : 23）。

④レビ人で、ゼカルヤ→⑫の息子（歴代誌下 20 : 14〜）。

⑤シェカンヤ→④の父（エズラ記 8 : 5）。

ヤハト

①ユダの子孫（歴代誌上 4 : 2）。

②レビ人。リブニ→①の息子で、ゲルションの孫(歴代誌上 6 : 5)。『同 6 : 28』ではゲルションの息子に、『同 23 : 10』ではシムイ→①の息子に挙げられている。

③ダビデ王の時代のレビ人。シェロモト→②の息子（歴代誌上 24 : 22）。

④ユダの王ヨシヤの時代のレビ人（歴代誌下 34 : 12）。

ヤバル

レメクとアダの息子（創世記 4 : 20）。ヤバルは家畜を飼い天幕に住む者の先祖となった。

ヤビン

『ヨシュア記 11 : 1〜15』では、ヨシュアの軍に敗北した北部カナン連合の主導者ハツォルの王。この人物は女預言者デボラ→②の戦いとも繫がりがある（士師記 4:2〜24、詩編 83:10）。

ヤフィア

①カナン地方の王たちの反イスラエル同盟に参加したラキシュの王。（ヨシュア記 10:3）。

②ダビデ王の息子の一人（サムエル記下 5:15）。

ヤフェト

ノアの三男（創世記 5:32）。小アジアとエーゲ海沿岸地方に住む民の先祖とされる（同 10:2）。

ヤフゼヤ（ヘブライ語、「ヤーウェはご覧になる」）

異民族の妻を離縁するようにとの勧告に反対したイスラエル人（エズラ記 10:15）。

ヤフゼラ（ヘブライ語、「用心深い」もしくは「利口な」）

捕囚期後のエルサレムに住んだ祭司→マサイの祖父（歴代誌上 9:12）。→アフザイ。

ヤフダイ（ヘブライ語、「ヤーウェは導く」）

カレブ→①の孫（歴代誌上 2:46〜）。

ヤフツェエル（ヘブライ語、「神は分配する」）

ナフタリの息子（創世記 46:24、民数記 26:48、歴代誌上 7:13）。

ヤ

ヤフディエル（ヘブライ語、「神は喜ばれる」）

マナセ族に属する氏族の長（歴代誌上 5:24）。

ヤフド（ヘブライ語、「彼〈神〉は喜ばれる」）

ガド族のアビハイル→②の先祖（歴代誌上 5:14）。

ヤフマイ（ヘブライ語、「彼〈神〉は護る」）

イサカルの孫（歴代誌上 7:2）。

ヤフレエル（ヘブライ語、「神は好意を表す」）

ゼブルンの息子（創世記 46:14、民数記 26:26）。

ヤフレト（ヘブライ語、「彼〈神〉は救い出す」）

アシェルの子孫（歴代誌上 7:32〜）。

ヤベシュ

シャルム王→①の父（列王記下 15:10・13〜）。

ヤベツ

ユダの子孫（歴代誌上 4:9～）。

ヤミン（ヘブライ語、「幸せな」、→ベニヤミンを参照）

①シメオンの息子（創世記 46:10）。

②エラフメエル→①の孫（歴代誌上 2:27）。

③律法を民に説明したレビ人（ネヘミヤ記 8:7）。

ヤムレク（ヘブライ語、「彼〈神〉が支配権を付与する」）

シメオンの子孫（歴代誌上 4:34）。

ヤラ　→ヤアラ、→ヨアダ

ヤラム

エサウの息子で、エドムの首長の一人（創世記 36:5・18）。同時に、エドムに住む一部族の祖。

ヤリブ（ヘブライ語、「彼〈神〉は闘う」）

①シメオンの息子（歴代誌上 4:24）。ヤキン→①と同一人物。

②エズラがイド→⑥のもとへ遣わした使者たちの一人（エズラ記 8:16）。

③エズラの勧めに従い、異民族の妻を離縁した祭司（エズラ記 10:18）。

ヤルハ

エラフメエル→①の子孫シェシャンのエジプト人召使い。後にシェシャンの娘婿になった（歴代誌上 2:34～）。

ヤロア

ガドの子孫（歴代誌上 5:14）。

ヤロブアム

①ヤロブアム 1 世（B.C.926～B.C.907）。北王国イスラエルの初代の王（列王記上 12:20 - 14:20）。ヤロブアムはソロモン王の下で労役の監督を務めていたが、王に反旗を翻して、エジプトへの逃亡を余儀なくされた（同 11:26～40）。ソロモン王の死後、帰国したヤロブアムは、ソロモンの王国の北部のイスラエル住民によって王に選ばれた（同 12:1～20）。当時の祭祀の中心地であったエルサレム神殿に北部イスラエル国民を依存させないために、ヤロブアムは、ベテルとダンにあったヤーウェの聖殿を国家の聖殿に格上げし、それぞれに金の子牛像を設置した。この措置は、

ヤ

聖書記者たちにより「ヤロブアムの罪」として、ヤロブアムやその後継者たちに対する非難の対象となった。

②ヤロブアム2世（B.C.787～B.C.747）。北王国イスラエルの最後の卓越した王だった。イスラエルの広大な地域を占領していたダマスコの王国が滅亡の危機にあったとき、ヤロブアム2世はイスラエルの旧領地を取り戻したばかりか、おそらくは拡大させることにも成功した（列王記下 **14:23～29**）。ヤロブアム2世の治世の下で、イスラエルは経済上の全盛期を経験したようである。

ヤロン

カレブ→②の子孫（歴代誌上 **4:17**）。

ヤワン

イオニアやイオニア人に対するヘブライ語の名称（イザヤ書 **66:19**、エゼキエル書 **27:13**）。この民族の始祖は、ヤフェト（ノアの子）の息子ヤワンとされる（創世記 **10:2・4**、歴代誌上 **1:5・7**）。後にこの名称は、アレキサンドロス大王の帝国や、セレウコス王朝にまで拡大されて使われた（ダニエル書 **8:21**、**10:20**、**11:2**、ヨエル書 **4:6**、ゼカリヤ書 **9:13**）。なお、ダニエル書とヨエル書では、ヤワンの代わりに、ギリシア、ギリシア人と訳されている。

ヤンネ

エジプトの魔術師。→ヤンブレと並んで名前が挙げられている（テモテへの手紙二 **3:8**）。

ヤンブリ

おそらくアラブ族の一つ（マカバイ記一 **9:36～38**）。

ヤンブレ（とヤンネ）

経典外の伝承によれば、『テモテへの手紙二 **3:8**』に記されたこれらの名前は、モーセに対抗してアロンの杖に制されたエジプトの魔術師たちを示唆している（出エジプト記 **7:11～22**）。

ユ

ユカル

ユダの王ゼデキヤの役人（エレミヤ書 37:3、38:1）。

ユシャブ・ヘセド

→ヨヤキン王の子孫（歴代誌上 3:20）。

ユスト（ラテン語、「公正な」）

①ヨセフ→⑭・バルサバの別名（使徒言行録 1:23）。

②コリントにいたパウロに宿を提供したティティオの別名（使徒言行録 18:7）。

③パウロの協力者イエス→②の別名（コロサイの信徒への手紙 4:11）。

ユダ（～族）

①イスラエルの12部族の一つ。ユダ族は、中部パレスチナの丘陵地帯の南部で、エルサレムとヘブロンの間の「ユダ山岳」と呼ばれる山地に住みついた。そこに主要都市ベツレヘムがあった。部族の名称は、おそらくその入植地に由来している。南部に定住していたシメオン族はユダ族に合併されていた。時の経過の中で、ユダ族は、南部の境界に接する様々な集団、例えばカレブ人（ヘブロン市の周囲）、ケナズ人、カイン人、エラフメエル人に対しても覇権を握った。彼ら皆が、首都ヘブロンを持つ「ユダの家」を形成したのである。ベツレヘム出身のユダ族のダビデが「ユダの家」を支配する最初の王になり（サムエル記下 2:1～4）、その後、イスラエルの残りの諸部族をも統一した（同 5:1～3）。ダビデ王の息子で後継者だったソロモン王が世を去ると、他の諸部族（→ベニヤミンを参照）は再びユダ族と分離した。ユダはその後も独自の国家として存続したが、前587年にバビロンの、次にペルシアのサマリア州の一部になった。その後、総督ネヘミヤが再び自立した地方とすることに成功した。――ユダ族の始祖はヤコブとレアの息子ユダとされる。ユダという名前は（創世記 29:35）

——通俗語源説であり、誤りであろうが——ヘブライ語の「感謝する（ヤダ）」であると解釈されている。

②エズラの勧告に従い、異民族の妻を離縁したレビ人（エズラ記 10 : 23）。

③捕囚期後のエルサレムの町の次官（ネヘミヤ記 11 : 9）。

④バビロン捕囚から帰還したレビ人（ネヘミヤ記 12 : 8）。

⑤⑥エルサレムの城壁奉献式の参加者２人（ネヘミヤ記 12 : 34・36）。

⑦イエスの先祖（ルカによる福音書 3 : 30）。

⑧ユダ・マカバイ。モディン村の祭司マタティア→①の三男。祭司たちの一部とシリア王アンティオコス４世とによるエルサレムの神殿祭儀のギリシア化に抵抗する闘争の指導者となった（B.C.167か166頃～）。前165年12月にエルサレム神殿におけるユダヤ教祭儀の復元を成し遂げた（聖所の奉献式）。更なる戦いで、同朋民族のために独立を勝ち得ようとしたが、前160年に戦死した（マカバイ記一 3 - 9、同二 8 - 15）。

⑨マカバイ家のヨナタン→⑰の軍の指揮官（マカバイ記一 11 : 70）。

⑩マカバイ家のシモン→②の息子（マカバイ記一 16 : 2～21）。

⑪→イスカリオテのユダ。イエスの12人の弟子の一人で、銀貨30枚でイエスを裏切った（マタイによる福音書 26 : 15～・48～、27 : 3～10、使徒言行録 1 : 15～20）。

⑫イエスの兄弟の一人（マルコによる福音書 6 : 3、マタイ 13 : 55）。伝承によれば、——といっても不正確であるが——『ユダの手紙』の執筆者とされることがある。

⑬ヤコブ→⑦の息子（ルカによる福音書 6 : 16、使徒言行録 1 : 13）。古代教会ではしばしばヤコブ→⑦と同一視される。

⑭ローマやユダヤの大地主に対する反乱を指導したガリラヤ人。『使徒言行録 5 : 37』によれば、その戦いで倒れた。

⑮パウロに宿を提供していたダマスコのユダ（使徒言行録 9 : 11）。

⑯ユダ・バルサバ→②。エルサレムの原始キリスト教団の重要な成員（使徒言行録 15 : 22～32）。暫くアンティオキアで活動した。

ユダヤ人

ユダヤ人とは、元来は南王国ユダに属する住民を（列王記下 **16 : 6**、**25 : 25**）、後にはユダヤ州の住民を指す（ネヘミヤ記 **1 : 2〜3**）。だがこの名称は、北王国イスラエルの滅亡後およびバビロン捕囚以降はイスラエル人全般に転用された。当初は非ユダヤ人によって用いられたものであろう（マタイによる福音書 **2 : 2**）。その一方で、より好まれた自称語「イスラエル人」はそのまま残った（ローマの信徒への手紙 **11 : 1**、フィリピの信徒への手紙 **3 : 5**）。新約聖書の中で、パウロによって名指される「ユダヤ人」とは、人種的、あるいは民族的なものではなく、宗教的な概念であり、それはモーセの律法に結びつけられた人々を指す（コリントの信徒への手紙一 **9 : 20**、ガラテヤの信徒への手紙 **2 : 14**）。だがここにもまた、『ヨハネの福音書』におけるように、この概念をきわめて否定的に強調する兆しがあったのである。例えば、ヨハネにとって「ユダヤ人」とは、律法への執心のためにイエスの教えに対して心を閉ざしたイスラエルの、かの面々たちのことである（同 **8 : 44〜59**、**9 : 22**）。

ユディ（ヘブライ語、「ユダヤ人」）

ヨヤキム王の宮廷の使いの人（エレミヤ書 **36 : 14・21・23**）。

ユディト（ヘブライ語、「ユダヤ女性」）

①エサウ（ヤコブの兄弟）の妻（創世記 **26 : 34**）。

②伝説的な物語『ユディト記』の女主人公。この物語は律法に忠実なユダヤ人のアッシリア人に対する抵抗をテーマにしている。美しく、敬虔で、裕福な未亡人ユディトは、敵の軍総司令官ホロフェルネスを籠絡して首を刎ね、同朋民族を救った。

ユニアス

本来の名前はユニア。パウロが『ローマの信徒への手紙』の中で挨拶を送る人たちのリストに「使徒たちの中で目立っている」としてアンドロニコとともに挙げている名前（同 **16 : 7**）。おそらくユダヤ人キリスト教徒の伝道師としてローマで活動していた婦人。後のキリスト教会の視点では、使徒たちの中に女性がいたとは考えられなかったため、伝承の中のこの名前をあらゆる文献学上の蓋然性に逆らって男性の名前ユニアスに解釈し直したのである。

ユバル

カインの子孫レメクとアダ→①の息子で、竪琴と笛の奏者の先祖(創世記 4:21)。

ユリア

ローマの教会にいた女性信徒（ローマの信徒への手紙 16:15)。

ユリウス

囚人パウロをローマへ移送したローマ軍の百人隊長（使徒言行録 27)。

ヨ

ヨア（ヘブライ語、「ヤーウェは兄弟」）

①ユダの王ヒゼキヤがアッシリア人たちのもとに送った３人の使者の一人（列王記下 18:18〜37、イザヤ書 36:3〜22)。

②ヒゼキヤ王の治世に、神殿を清めたレビ人（歴代誌上 6:6、同下 29:12)。

③ダビデ王の時代のエルサレム神殿の門衛（歴代誌上 26:4)。

④ユダの王ヨシヤの補佐官（歴代誌下 34:8)。

ヨアシュ（ヘブライ語、「ヤーウェが授けた」）

①ギデオンの父（士師記 6:11、8:32)。

②北王国イスラエルの王アハブの王家の王子（列王記上 22:26)。

③南王国ユダの王（B.C.840〜B.C.801)。幼いヨアシュは祖母アタルヤによる殺戮の難を逃れ、後に王位に就いた。その後、ダマスコのアラム王ハザエルに攻略され、大量の貢ぎ物を渡さねばならなかった。最後は、家臣の謀反に遭って暗殺された（列王記下 11 - 12)。

④北王国イスラエルの王（B.C.802〜B.C.787)。王は、父の代にアラム王に奪い取られたイスラエルの土地を取り戻し、また南王国ユダの王アマツヤ→①との戦いに勝利した（列王記下 13:10〜13・25、14:8〜14)。

⑤ユダの子孫（歴代誌上 **4:22**）。

⑥ベニヤミンの子孫（歴代誌上 **7:8**）。

⑦サウル王から逃れるダビデを支援した戦士（歴代誌上 **12:3**）。

⑧ダビデ王の財産管理の責任者の一人（歴代誌上 **27:28**）。

ヨアダ

サウル王の子孫の一人（歴代誌上 **8:36**、**9:42**）。ヤラとも呼ばれる。

ヨアダン（ヘブライ語、「ヤーウェは無上のよろこび」）

ユダの王アマツヤの母（列王記下 **14:2**、歴代誌下 **25:1**）。

ヨアハズ（ヘブライ語、「ヤーウェがとらえた」）

①北王国イスラエルの王（B.C.818～B.C.802）。その治世は、ダマスコのアラム王国の王→ハザエルとの戦いに決定づけられた。そのため、ヨアハズの軍備は極度に縮小した（列王記下 **13:1～9**）。

②南王国ユダの王（B.C.609）。『エレミヤ書 **22:10～**』『歴代誌上 **3:15**』ではシャルム→④と呼ばれている。王はその治世3か月後にエジプトのファラオ・ネコにより退位させられ、幽閉された（列王記下 **23:31～34**）。

③『歴代誌下 **21:17**、**25:23**』ではアハズヤ→②の代わりにヨアハズと記されている。

④ヨア→④の父（歴代誌下 **34:8**）。

ヨアブ（ヘブライ語、「ヤーウェは父」）

①ダビデの甥で、「ダビデの家臣」と呼ばれる傭兵隊の頭（サムエル記下 **2:13**）。後に軍の司令官となる（同 **8:16**）。ヨアブはアブサロム→①の蜂起の際にダビデの側についた（同 **18**）。また、自分のライバルになりうるアブネルとアマサ→①を殺害した（同 **3:22～27**、**20:8～10**）。アドニヤ→①の反逆の際に、ヨアブは彼に加担してソロモンに敵対し、ソロモンの命により打ち殺された（列王記上 **1:7**、**2:28～34**）。

②ユダの子孫の一人（歴代誌上 **4:14**）。

③バビロン捕囚から帰還した一族の家長（エズラ記 **2:6**、**8:9**）。

ヨエゼル（ヘブライ語、「ヤーウェは助け」）

サウル王から逃れるダビデを支援した戦士（歴代誌上 **12:7**）。

ヨエド（ヘブライ語、「ヤーウェは証人」）

ベニヤミン族の人（ネヘミヤ記 11:7）。

ヨエラ

サウル王から逃れるダビデを支援した戦士（歴代誌上 12:8）。

ヨエル（ヘブライ語、「ヤーウェは神なり」）

①預言者サムエルの長男。→アビヤ①（サムエル記上 8:2、歴代誌上 6:13・18、15:17）。

②シメオン族の一氏族の長（歴代誌上 4:35）。

③ルベン族の一氏族の長（歴代誌上 5:4・8）。

④ガドの子孫（歴代誌上 5:12）。

⑤ヒゼキヤ王の治世に、神殿を清めたレビ人の一人（歴代誌上 6:21、同下 29:12）。

⑥イサカルの子孫で、家系の長（歴代誌上 7:3）。

⑦ダビデ王の軍の戦士（歴代誌上 11:38）。イグアル→②と同一人物（サムエル記下 23:36）。

⑧契約の箱の運搬を手伝ったレビ人の一人（歴代誌上 15:7・11、23:8）。また神殿の宝物庫の責任者となった（同 26:22）。

⑨マナセの半部族の長（歴代誌上 27:20）。

⑩異民族の妻を離縁したイスラエル人（エズラ記 10:43）。

⑪捕囚期後にエルサレムに住んだベニヤミン人の監督（ネヘミヤ記 11:9）。

⑫預言者（ヨエル書 1:1、使徒言行録 2:16）。ヨエルは恐らく前 4 世紀の前半にエルサレムで活動していた。イナゴの大群来襲と干ばつの危機によって喚起された彼の預言は、敬虔な者たちには救いを（ヨエル書 3)、ユダ王国に向かって襲って来る諸国民の大軍には（同 2:1〜11）破滅をもたらす「主の日」をテーマとしている（同 4)。

ヨキム（ヘブライ語、ヨヤキムの短縮形）

ユダの子孫（歴代誌上 4:22）。

ヨクシャン

アブラハムとケトラの息子の一人で、アラブ諸民族の先祖とされる（創世記 25:2〜、歴代誌上 1:32）。

ヨクタン

セムの子孫の一人で、南アラビアの諸部族の先祖とされる（創世記10：25〜29、歴代誌上1：19〜23）。

ヨグリ

ダン族の指導者ブキ→①の父（民数記34：22）。

ヨケベド（ヘブライ語、「ヤーウェは栄光」）

アロン、モーセ及びミリアムの母（出エジプト記6：20、民数記26：59）。

ヨザバド（ヘブライ語、「ヤーウェは授けた」）

①ユダの王ヨアシュを殺害した家臣の一人（列王記下12：22、歴代誌下24：26）。

②〜④サウル王から逃れるダビデを支援した戦士3人（歴代誌上12：5・21）。

⑤ダビデ王の時代のエルサレム神殿の門衛（歴代誌上26：4）。

⑥ユダの王ヨシャファトの軍の隊長（歴代誌下17：18）。

⑦ユダの王ヒゼキヤの時代に、神殿の献納物の監督をしたレビ人（歴代誌下31：13）。

⑧ユダの王ヨシヤ王の時代のレビ人の指導者（歴代誌下35：9）。

⑨エズラの時代のレビ人（エズラ記8：33）。

⑩⑪異民族の妻を離縁した祭司およびレビ人（エズラ記10：22・23）。

⑫エズラの傍らで、律法を民に説明したレビ人（ネヘミヤ記8：7）。おそらく⑬と同一人物。

⑬ネヘミヤの時代のレビ人の頭（ネヘミヤ記11：16）。

ヨシェバ（ヘブライ語、「ヤーウェは豊穣、幸い」）

ユダの王ヨラム→③の娘（列王記下11：2〜、歴代誌下22：11）。

ヨシフヤ（ヘブライ語、「ヤーウェはつけ加えた」）

バビロンから帰還したシェロミト→⑤の父（エズラ記8：10）。

ヨシブヤ（ヘブライ語、「ヤーウェは住まわせる」）

イエフ→④の父（歴代誌上4：35）。

ヨシヤ

①南王国ユダの王（B.C.639〜B.C.609、列王記下22：1 - 23：30）。ヨシヤ王は当初アッシリアの臣下だったが、アッシリアの勢力が

崩れたため、独立することができた。そこで王はアッシリアの神々を象徴するもの、偶像や祭具などを一掃してエルサレムの神殿を清めた。また、ユダの国内のみならず、それまでアッシリアの一州だったサマリアも併合して、異教祭祀を排除した。更にヨシヤ王は国内のヤーウェの礼拝所を取り壊して、エルサレムの神殿に祭儀を集中させた。『同 **22 : 3 - 23 : 3**』によれば、これを王は神殿の中で見つけた「律法の書」の教示に従って実行した。それは旧約聖書の『申命記』であり、厳密に言えばその原本を指している筈だ。祭祀に関する王の措置は、聖書記者に絶賛された（列王記下 **23 : 25**）。また、これらの措置はその後の時代に大きな意味を残した。しかしヨシヤ王が、アッシリアを支援するために北へ向かうエジプト軍に抗戦して死亡したため、その外交活動は早くも頓挫した。

②バビロン捕囚からの帰還者（ゼカリヤ書 **6 : 10・14**）。

ヨシャ

シメオン族に属する一氏族の長（歴代誌上 **4 : 34**）。

ヨシャウヤ

ダビデ王の軍の戦士（歴代誌上 **11 : 46**）。

ヨシャファト（ヘブライ語、「ヤーウェは裁いた」）

①ダビデ王とソロモン王に仕えた補佐官（サムエル記下 **8 : 16**、列王記上 **4 : 3**）。

②ソロモン王の知事の一人（列王記上 **4 : 17**）。

③南王国ユダの王（B.C.868〜B.C.847）。北王国イスラエルのアハブ王と同時代の人。ヨシャファト王はユダとイスラエルの境界紛争を終結させ、また、長男ヨラム→③をアハブ王の娘アタルヤと結婚させた。ソロモン王が始めた海外交易を再開しようとする試みは失敗した（列王記上 **22 : 41〜51**）。『歴代誌下 **17 - 20**』に記述された様々な事績のほかに、ユダ王国の司法制度も整備した（同 **19 : 5〜11**）。

④イスラエルの王イエフ→②の父（列王記下 **9 : 2・14**）。

⑤ダビデ王の軍の戦士（歴代誌上 **11 : 43**）。

⑥祭司でラッパ奏者（歴代誌上 **15 : 24**）。

ヨシュア（ヘブライ語、「ヤーウェは救い」）

①聖書の記述では、ヨシュアの元の名前はホシェアであり（民数記13:8・16）、モーセの助手で従者であったが（出エジプト記17:8〜16、24:13）、後にモーセによって後継者に任命され（民数記27:15〜23）、ヨルダン川西岸の土地（カナン）の占領の際に（ヨシュア記1-12）、イスラエルの民を率いた。その後、イスラエル諸部族への土地配分（同13-21）、告別の言葉（同23）、ヨシュアにより召集された「シケムの集会」などの事績が続く（同24:1〜28）。『同24:29〜』には、ヨシュアの死と埋葬が報告されている。――ヨシュアをイスラエル人による土地取得の主導的人物とする聖書の記述は非歴史的なものである。『同2〜9』の国盗り物語はベニヤミン族の地域に限られるのである。歴史上のヨシュアは、エフライム族の出身であり、エフライム族とベニヤミン族による土地獲得の際の、カナンの諸都市との戦いにおいて、重要な役割を演じた戦士だったのであろう。

②ヨシヤ王の時代のエルサレムの長（列王記下23:8）。

③ペリシテ人から返還された契約の箱が一時置かれた畑の所有者（サムエル記上6:14・18）。

④イエシュア→③を参照

⑤イエスの先祖（ルカによる福音書3:29）。

ヨシュベカシャ

ダビデ王時代の詠唱者たちの一グループの長（歴代誌上25:4・24）。

ヨセ

『マルコによる福音書6:3、15:40・47』では、ヨセフ→⑪と⑫に代わる名として表記されている。

ヨセク

イエスの先祖（ルカによる福音書3:26）。

ヨセフ（ヘブライ語、「彼〈神〉はつけ加えてくださる」）

①ヤコブとラケルの息子（創世記30:22〜24）。エフライムとマナセの父（同41:50〜52、48）。創作風のヨセフ物語（同37、39-47、50）によれば、ヨセフは11人の兄たちによってエジプトへ売られたが、そこで最高の栄誉を得るに至った。飢饉のためエジプ

トへやって来た兄たちに会った時は、初め素知らぬ振りをしていたが、後で名乗って彼らと和解した。このヨセフは、パレスチナ中部の山岳地帯に住むイスラエル民族の一グループの祖とされる。このグループはしばしば「ヨセフの一族」または「ヨセフの家」と呼ばれる（申命記 33 : 13〜17、士師記 1 : 22〜、ヨシュア記 17 : 17）。彼らに属するのがエフライム族とマナセ族で、後の北王国イスラエルの重要な部族である。「ヨセフの家」がこの部族の合同体を表すのか、中で分裂したのかははっきりしない。——詩の用語ではヨセフという名前は北王国の呼称である（アモス書 6 : 6、詩編 80 : 2）。それどころかイスラエル民族全体を指すこともある（詩編 81 : 6）。

②イグアル→①の父（民数記 13 : 7）。

③ダビデ王の治世における神殿詠唱者たちの一グループの長（歴代誌上 25 : 2・9）。

④エズラの勧告に従い、異民族の妻を離縁したイスラエル人（エズラ記 10 : 42）。

⑤バビロンから帰還した祭司の家の家長（ネヘミヤ記 12 : 14）。

⑥ユディト→②の先祖（ユディト記 8 : 1）。

⑦マカバイの闘争時代の指揮官（マカバイ記一 5 : 18・56）。

⑧⑨イエスの先祖２人（ルカによる福音書 3 : 24・30）。

⑩イエスの父。信頼すべき伝承によれば、ヨセフはダビデの家系に属し、ガリラヤ地方のナザレの町の大工だった（マタイによる福音書 13 : 55、ヨハネによる福音書 1 : 45、6 : 42）。

⑪イエスの兄弟の一人（マタイ 13 : 55）。『マルコによる福音書 6 : 3』ではヨセと呼ばれているが、⑫とは別人であろう。

⑫『マタイ 27 : 56』でヨセフと呼ばれ、『マルコ 15 : 40・47』でヨセと呼ばれる人。マリア→③を参照。

⑬アリマタヤ出身のヨセフ。イエスの遺体を岩の墓に埋葬した議員（マルコ 15 : 43、ヨハネ 19 : 38〜42）。

⑭バルサバ→①とも、ユストとも呼ばれるヨセフ（使徒言行録 1 : 23）。

⑮→バルナバと呼ばれるヨセフ（使徒言行録 4 : 36）。アンティオキ

アの教会の指導者の一人で、パウロの協力者（同 **13 - 14**）。

ヨダ

イエスの先祖（ルカによる福音書 **3 : 26**）。

ヨタム（ヘブライ語、「ヤーウェは非のうちどころがない」）

①士師の時代の人。伝説によれば、ヨタムは兄アビメレク→②の王制を拒絶した（士師記 **9 : 1〜21**）。

②南王国ユダの王（B.C.756〜B.C.741、長期間、父ウジヤの共同統治者として国を治めた）。ヨタムの事績として、各種の建設工事とアンモン人に対する勝利が挙げられる（列王記下 **15 : 5・7・32**、歴代誌下 **27**）。

③カレブ→①の子孫（歴代誌上 **2 : 47**）。

ヨツァダク（ヘブライ語、「ヤーウェは公正だった」）

大祭司イエシュア→③の父（エズラ記 **3 : 2**、ハガイ書 **1 : 1**）。ハガイ書では、イエシュアはヨシュアと呼ばれる。

ヨナ（ヘブライ語、「鳩」）

北王国イスラエルのヤロブアム２世（B.C.787〜B.C.747）に王国の旧領域の回復を予告した預言者（列王記下 **14 : 25**）。このヨナはまた『ヨナ書』の主人公のようである。『ヨナ書』は、ヨナがニネベの都の人々に改悛を促す任務を神から与えられる内容の、非歴史的教訓物語。

ヨナダブ（ヘブライ語、「ヤーウェは寛大だった」）

①ダビデの甥で、アムノン→①の友人（サムエル記下 **13**）。

②レカブ人の一族の人（列王記下 **10 : 15**、エレミヤ書 **35**）。

ヨナタン（ヘブライ語、「ヤーウェは〈子を〉授けた」）

①ダン族の祭司（士師記 **18 : 30**）。

②ペリシテ人との戦いに参戦したサウル王の長男。ダビデと友情を結んだ。後にペリシテ軍との戦いで討死にした（サムエル記上 **13 - 14**、**18 : 1〜5**、**31 : 2**）。

③祭司アビアタルの息子で、アブサロム→①の反逆の際にダビデ王を支援した（サムエル記下 **15 : 27・36**）。

④ダビデ王の甥（サムエル記下 **21 : 21**、歴代誌上 **20 : 7**）。

⑤ダビデ王の軍の戦士（サムエル記下 **23 : 32**、歴代誌上 **11 : 34**）。

⑥エラフメエル→①の子孫（歴代誌上 2:32〜）。

⑦ダビデ王の財産の管理責任者の一人（歴代誌上 27:25）。

⑧ダビデ王の伯父で顧問（歴代誌上 27:32）。

⑨ヨシャファト王がユダの町々に律法を教えるために遣わしたレビ人の一人（歴代誌下 17:8）。

⑩エベド→②の父（エズラ記 8:6）。

⑪エズラの勧告に反対し、異民族の妻を離縁するつもりのなかったイスラエル人（エズラ記 10:15）。

⑫⑬バビロンから帰還した祭司の家の長２人（ネヘミヤ記 12:14・18）。

⑭ゼカルヤ→㉖の父（ネヘミヤ記 12:35）。

⑮ユダの書記官。自宅が牢獄として使われており、→エレミヤも監禁された（エレミヤ書 37:15・20）。

⑯エルサレムが陥落した当時の、ユダの軍の長の一人（エレミヤ書 40:8）。

⑰マタティア→①の五男。兄ユダ→⑧・マカバイの死後、前160年に、ヨナタンは兄弟シモン→②とともにマカバイの反乱の指揮を引き継いだが、前143年にシリア軍の司令官トリフォンに捕えられ、処刑された（マカバイ記一 9 - 13）。

⑱マカバイ家のシモン→②に仕えた軍の司令官（マカバイ記一 13:11）。

ヨナム

イエスの先祖（ルカによる福音書 3:30）。

ヨハ（ヘブライ語、ヨハナンの短縮形）

①ベニヤミンの子孫で、一家系の長（歴代誌上 8:16）。

②ダビデ王の軍の戦士（歴代誌上 11:45）。

ヨハナ（ギリシア語、ヨハネの女性形）

イエスの女弟子で、空の墓に居あわせた婦人たちの一人（ルカによる福音書 8:3、24:10）。

ヨハナン（ヘブライ語、「ヤーウェは慈悲深い」、→ヨハネを参照）

①エルサレムの陥落後に、総督ゲダルヤ→①と連携したユダの軍の長の一人（列王記下 25:23、エレミヤ書 40:8〜15、43:2〜5）。

②ユダの王ヨシヤの長男（歴代誌上 **3 : 15**）。
③→ヨヤキン王の子孫（歴代誌上 **3 : 24**）。
④大祭司（歴代誌上 **5 : 35**〜）。
⑤⑥サウル王から逃れるダビデに協力した戦士２人（歴代誌上 **12 : 5・13**）。
⑦ダビデ王の時代のエルサレム神殿の門衛（歴代誌上 **26 : 3**）。
⑧ヨシャファト王の軍の隊長（歴代誌下 **17 : 15**）。
⑨隊長イシュマエル→⑤の父（歴代誌下 **23 : 1**）
⑩エフライム人の頭アザルヤ→⑮の父（歴代誌下 **28 : 12**）。
⑪バビロン捕囚から帰還した人（エズラ記 **8 : 12**）。
⑫エルヤシブ→③の息子で、エルサレム神殿に祭司室を持っていた（エズラ記 **10 : 6**）。⑬とは同一人物ではないと思われる。
⑬エルヤシブ→④の息子で、大祭司（ネヘミヤ記 **12 : 23**）。『同 **12 : 11・22**』では誤ってヨヤダ→⑤の息子で、エルヤシブ→④の孫とされている。
⑭エズラの勧めで、異民族の妻を離縁したイスラエル人（エズラ記 **10 : 28**）。
⑮アンモン人トビヤ→③の息子（ネヘミヤ記 **6 : 18**）。
⑯⑰ネヘミヤの時代の祭司２人（ネヘミヤ記 **12 : 13・42**）。
⑱イエスの先祖（ルカによる福音書 **3 : 27**）。

ヨハネ（ヘブライ語のヨハナンのギリシア語形。『マカバイ記』ではヨハナンはヨハネと表記されている）
①マタティア→①の父（マカバイ記一 **2 : 1**）。
②マタティア→①の長男で、マカバイ軍の補給隊の長。アラブ人に殺害された（マカバイ記一 **2 : 2**、**9 : 35**〜**42**）。おそらく③と同一人物。
③リシアス→①長官のもとへ遣わされた使者（マカバイ記二 **11 : 17**）。
④ユダヤ人たちのために、ある程度の自由獲得に成功したユダヤ人（マカバイ記一 **8 : 17**、同二 **4 : 11**）。
⑤シモン→②の息子（マカバイ記一 **13 : 53**）。父シモンの死後、ユダヤ人の指導者となり（B.C.134〜B.C.104）、また大祭司となっ

た（同 **16**）。

⑥後28年頃、エリコの南のヨルダン川の辺りで活動した洗礼者ヨハネ。悔い改めを説く伝道者であり、終末の預言者であった（マルコによる福音書 **1 : 2〜8**）。『ルカによる福音書 **1**』によると、ヨハネは祭司の家系の出身で、イエスの親族だった。間近に迫った裁きのための神の到来（マタイによる福音書 **3 : 11** に「わたしの後から来る方」とあるが、おそらく元は「神」だったと思われる）を前にして改悛を呼びかけ、ヨルダン川で洗礼を授けた。迫り来る（マタイ **3 : 11** ――「炎の洗礼」の）審判に先行する意味があったのだろう。ナザレのイエスや多分その数人の弟子もまた（ヨハネによる福音書 **1 : 19〜39**）、ヨハネを中心とするこの運動の出身者だった。ヨハネによる洗礼でイエスは己の召命を悟り（マルコ **1 : 9〜11**）、ヨハネと別れた。ヨハネは、義妹ヘロディアと結婚したヘロデ・アンティパスを公に批判して、投獄され、斬首された（同 **6 : 17〜29**）。しかしヨハネの運動は更に長い間生き続け、その数多の似通った性格のため、原始キリスト教の危険なライバルとなった。そのため、新約聖書では度々イエスとヨハネの関係の定義づけをテーマとしている。すなわち、ヨハネは先駆者（マタイ **11 : 2〜**）、最後の預言者（ルカ **16 : 16**）、メシアの出現を準備し預言する者（ヨハネ **1 : 29〜34**）などとされている。ヨハネの弟子たちによる、それを超えた要求はすべて退けられた（ヨハネ **1 : 8・20**）。パウロもエフェソでヨハネの弟子たちと係わりがあった（使徒言行録 **18 : 25**、**19 : 3**）。

⑦ゼベダイの子ヨハネ。イエスに選び出された12人の弟子の一人（マルコ **3 : 17**）。兄弟のヤコブ→③やシモン・→ペトロと同様、ヨハネも元はガリラヤ湖の漁師だった（同 **1 : 14〜20**）。ペトロ、ヨハネ、そしてヤコブは、12人の弟子グループの中核を担った。彼らはイエスが信頼する人として福音書に度々登場する（同 **9 : 2**、**14 : 33**）。ヨハネはイエスの復活後も、一時期エルサレムの初代教会の指導に関与した。パウロは、ペトロとイエスの兄弟ヤコブ→⑥と並び、ヨハネを３本の「柱」（ガラテヤの信徒への手紙 **2 : 9**）の１本と評価している。後々の伝承によると、高齢のヨハネは小

アジアで活動し、エフェソで『ヨハネによる福音書』と『ヨハネの手紙一～三』を、パトモス島では流刑者として『ヨハネの黙示録』を著したとされる。だが、これはありそうにない。ヨハネは比較的早期にパレスチナで殉教したことを、多くの事象が物語っているからである（マルコ 10:39）。

⑧シモン・→ペトロの父。（ヨハネ 1:42）。『マタイ 16:17』ではヨナと呼ばれている。ヨナは多分ヨハネの短縮形であろう。

⑨ペトロとヨハネ→⑦の審問に立会った大祭司一族の一員（使徒言行録 4:6）。

⑩別名を→マルコと呼ばれるヨハネ（使徒言行録 12:12・25）。

⑪パトモス島で『ヨハネの黙示録』を書いた預言者で先見者のヨハネ（同 1:4）。この人物がヨハネ→⑦と同一人物であるとするのは困難だ。

ヨバブ

①ヨクタン（セムの子孫）の息子で、同時にアラビア南部の一部族または一地方の名称（創世記 10:29、歴代誌上 1:23）。

②エドムの２代目の王（創世記 36:33～、歴代誌上 1:44～）。

③マドンの王。ヨシュアの率いるイスラエル軍に対抗して連合したカナン地方の王たちの一人（ヨシュア記 11:1）。

④⑤ベニヤミンの子孫の２人（歴代誌上 8:9・18）。

ヨブ（ヘブライ語、「父は何処に」）

①『ヨブ記』の主人公。同書は韻文形式の討論で構成され（ヨブ記 3:1 - 42:6）、その前後を散文の序幕（同 1 - 2）と終幕（同 42:7～12）が挟む形式になっている。序幕では、敬虔なヨブが、神の承諾を得たサタンのもたらす不幸に次々と試され、それでも神から離れない様子や、また３人の友人が見舞いに来る次第が語られる。終幕では、ヨブの新たな幸せが語られる。ここでは、ヨブははるか昔の模範とすべき敬虔な人間として登場する。それは、『エゼキエル書 14:14・20』でも同様である。ヨブの故郷であるパレスチナ東部のウツの地の位置（ヨブ記 1:1・3）は未解明だが、この記述はヨブが本来はイスラエル人ではなかったことを示している。

古くからあった序幕と終幕の物語の間に、ヨブが自己の人生の意義について友人たちと論議する韻文詩が、前5～3世紀頃に挿入されたのである。ヨブ自身はなんの罪科もない身でありながら苦しんでいると確信しているが、一方、友人たちは、人間の幸不幸は行為の結果であり、ゆえにヨブは罪を犯した筈だとの原則を主張する。その際ヨブの弁論は神との対決にまで高まる（同 **31**）。そして神は応え、天地創造の偉大さと驚異とを指摘するのである（同 **38 - 39**）。神の答えは、ヨブの挑発に少しも応じていないように見えるため、多義的になる。この詩の作者は明らかに、神は自ら創造した世界に慈愛深い目を向けており、それゆえにヨブもまた神を信頼出来るのだと言いたいようだ。

②ヤシュブ→①を参照。

ヨヤキム（ヘブライ語、「ヤーウェは立ち上がらせる」）

①南王国ユダの王（B.C.608～B.C.598）。元の名前はエルヤキムだったが、彼を王に任命したエジプトのファラオ・ネコが名前もヨヤキムに改名させた。バビロン王ネブカドネツァルがファラオ・ネコとの戦いに勝利すると、ヨヤキムはネブカドネツァルに隷属したが、3年後に反逆した（列王記下 **23 : 34 - 24 : 5**）。ネブカドネツァルが懲罰にやって来る前にヨヤキムは死去した。懲罰軍が到着したのはヨヤキムの息子で後継者ヨヤキンの治世になってからのことだった。

②ネヘミヤの時代の大祭司（ネヘミヤ記 **12 : 10**）。

③『ユディト記』に登場する大祭司（ユディト記 **4 : 6**）。

④バビロンに住む裕福なユダヤ人（ダニエル書補遺スザンナ **1**）。

⑤大祭司（バルク書 **1 : 7**）。

ヨヤキン（ヘブライ語、「ヤーウェはしっかり立てる」）

南王国ユダの最後から2番目の王（B.C.598～B.C.597頃）で、ヨヤキム王→①の息子。わずか3か月の統治後にバビロン王ネブカドネツァルによって退位させられ、多くのエルサレム住民と共にバビロンに捕囚として連行され、監禁された。前561年にネブカドネツァルの息子エビル・メロダクが彼を出獄させ、王宮に引き取った（列王記下 **24 : 8～16**、**25 : 27～30**）。

ヨヤダ（ヘブライ語、「ヤーウェは〈私のことを〉気にかけてくださった」）

①軍の司令官ベナヤ→①の父（サムエル記下 **8 : 18**、列王記上 **2 : 35**）。

②エルサレムの大祭司。幼いヨアシュ王子→③の命を救い、後にユダ王国の王に擁立した（列王記下 **11 : 4 - 12 : 10**）。

③ダビデ王の顧問（歴代誌上 **27 : 34**）。

④エルサレムの城壁の再建を手伝った人（ネヘミヤ記 **3 : 6**）。

⑤ネヘミヤによってエルサレムから追放された祭司の父（ネヘミヤ記 **12 : 10**～、**13 : 28**）。

⑥神殿の祭司で監督だったが、交替させられた（エレミヤ記 **29 : 26**）。

ヨヤリブ（ヘブライ語、「ヤーウェは正義をもたらす」）

①ダビデ王時代の祭司の一グループの長（歴代誌上 **9 : 10**、**24 : 7**）。ヨヤリブ→②と同一人物かもしれない。

②バビロン捕囚から帰還した祭司（ネヘミヤ記 **11 : 10**、**12 : 6・19**）。

③マアセヤ→⑭の先祖（ネヘミヤ記 **11 : 5**）。

④マタティア→①の先祖（マカバイ記一 **2 : 1**、**14 : 29**）。

ヨラ

バビロンから帰還した一族の頭（エズラ記 **2 : 18**）。『ネヘミヤ記 **7 : 24**、**10 : 20**』ではハリフと呼ばれている。

ヨライ

ガド族に属する一氏族の長（歴代誌上 **5 : 13**）。

ヨラム（ヘブライ語、「ヤーウェは高貴」）

①ハドラム→②を参照

②北王国イスラエルの王（B.C.851～B.C.845）。南王国ユダのヨシャファト王と共にモアブの王と交戦し、アラムの王との戦いで負傷し、謀反を起こしたイエフに殺害された（列王記下 **3 - 10**）。

③南王国ユダの王（B.C.847～B.C.845）。北王国の王ヨラム→②の姉妹アタルヤを娶り、また、父ヨシャファト王の存命中に共同統治者となった。ヨラム王の治世中にエドムがユダの支配を脱した（列王記下 **8 : 16**～**24**）。

④レビ人。神殿の宝物の保管係（歴代誌上 **26 : 25**）。

⑤ヨシャファト王がユダの町々に律法を教えるために遣わした祭司の一人（歴代誌下 17 : 8）。

ヨリム

イエスの先祖（ルカによる福音書 3 : 29）。

ヨルコアム

ユダ族のカレブ→①の子孫として擬人化された土地名（歴代誌上 2 : 44）。

ラ

ラアムヤ

バビロン捕囚から帰還した民の指導者の一人（ネヘミヤ記 7 : 7）。レエラヤと同一人物（エズラ記 2 : 2）。

ライシュ（ヘブライ語、「獅子」）

サウル王の娘婿パルティエル→②、あるいはパルティ→②の父（サムエル記上 25 : 44、同下 3 : 15）。

ライファン

イスラエル人に崇められていた異教の星の神（使徒言行録 7 : 43）。

ラエル（ヘブライ語、「神のもの」）

エルヤサフ→②の父（民数記 3 : 24）。

ラグエル（ヘブライ語、「神の友」、レウエルと同義）

エドナの夫、サラ→②の父、トビアの舅（トビト記 6 : 11、7 : 1～）。

ラケル（ヘブライ語、「母羊」）

『創世記 29 - 31、35 : 16～18』によれば、ラバンの娘で、姉レアと同じくヤコブの妻となって、２人の息子（ヨセフとベニヤミン）をもうけ、また彼女の召使いビルハもヤコブとの間に２人の息子（ダンとナフタリ）を得た。この伝承には、ベニヤミン族と「ヨセフの家（→ベニヤミンを参照）」との緊密な結束が反映されている。ラケルの墓は、エルサレムの北のラマにあった。これは、北王国から連れ去られた子孫のことをラマの墓に眠る部族の母ラケルは泣き悲しんでいる、と預言者エレミヤが『エレミヤ書 31 : 15』に絵に見るように叙述していることからも分かることだ。ところが後の伝承＊は、『創世記 35 : 19』の誤った記述に基づき、ラケルの墓をベツレヘム近辺に探し求めている。

［＊例えばサムエル記上 10 : 2］

ラザロ（ヘブライ語名エレアザルのギリシア語短縮形、「神は助けた」）

①ベタニア出身のラザロ。マリア→④とマルタの兄弟。『ヨハネによる福音書 11 : 1〜46、12 : 1〜17』によれば、イエスによって死から生き返った。

②肢体の不自由な物乞いのラザロ。『ルカによる福音書 16 : 19〜31』のたとえ話の中の、背徳の金持ちに対比させた肯定的人物像。伝承におけるラザロ→①と②の間には、おそらく一つの繋がりがある。死から蘇った人物の名前が、『ルカ 16 : 30』を述べるために、初め名前のなかった物乞いの名前として二次的に転用されたものと思われる。

ラジス

前161年に潔く自死を選んで、逮捕を逃れたエルサレムの長老。「ユダヤ人の父」と呼ばれた（マカバイ記二 14 : 37〜46）。

ラシス人

ホロフェルネス将軍の軍隊が襲った未知の遊牧民（ユディト記 2 : 23）。

ラステネス

シリア王デメトリオス２世の大臣（マカバイ記一 11 : 32〜）。

ラダ

ユダの孫（歴代誌上 4 : 21）。

ラダイ（ヘブライ語、「彼〈神〉は君臨する」）

エッサイの息子で、ダビデの兄（歴代誌上 2 : 14）。

ラダン（ヘブライ語、「神のもの」）

①ヨシュアの先祖（歴代誌上 7 : 26）。

②レビ人（歴代誌上 23 : 7〜9、26 : 21）。リブニ→①と同一人物。

ラハド（ヘブライ語、「ゆっくりとした」）

ユダの子孫（歴代誌上 4:2）。

ラハブ

①（ヘブライ語のラッハブ）。

エリコの町が陥落したとき、家族とともに死を免れた遊女（ヨシュア記 2、6:17〜25）。新約聖書では、ラハブはその信仰のために（ヘブライ人への手紙 11:31）、またイスラエル人の斥候２人に対する親切な行いのために（ヤコブの手紙 2:25）報われたとされる。後にボアズの母、イエスの先祖となる（マタイによる福音書 1:5）。

②（ヘブライ語のラハブ「荒々しさ、沸き立つ」）。

原始時代にヤーウェが征服したという伝説上の海の怪物のこと（ヨブ記 9:13、26:12、詩編 89:11、イザヤ書 51:9）。またエジプトを指して言うこともある（イザヤ書 30:7）。

ラハム（ヘブライ語、「彼〈神〉は憐れまれた」）

カレブ→①の子孫（歴代誌上 2:44）。

ラバン（ヘブライ語、「白い」）

ヤコブ物語に登場する人物。ラバンは、一方では、→ヤコブのメソポタミア地方に居住する親族として、他方ではヤコブとヨルダン川東部に相互の領域契約を結び、外国語を話すアラム人として描かれている（創世記 29 - 31）。

ラピドト

デボラ→②の夫（士師記 4:4）。

ラフ（ヘブライ語、「癒された」）

カナンの土地偵察に遣わされたパルティ→①の父（民数記 13:9）。

ラファ（ヘブライ語、レファエルまたはレファヤの短縮形）

①伝説的な「ラファの子孫」の先祖（サムエル記下 21:20・22、歴代誌上 20:6・8）。「ラファの子孫」は→レファイム人とも呼ばれる。

②ベニヤミンの息子（歴代誌上 8:2）。

③サウル王の子孫（歴代誌上 8:37）。レファヤ→④と同一人物（同 9:43）。

ラファイン

ユディト→②の先祖（ユディト記 8:1）。

ラファエル（ヘブライ語、「神が癒した」、レファエルと同義）
アザリア→①の名前で、トビアに悟られずして、付き添った天使（トビト記 5:4・13）。また、悪魔に取りつかれたトビアの花嫁サラ→②を救い出し（同 8:2〜）、トビアの父トビトの視力を回復させた（同 11:7）。最後に本名と本性を明かした（同 12:15）。

ラブ・サリス（アッシリア・バビロニア語、「侍従長」）
『列王記下 18:17』では、アッシリア軍の司令官の称号であるが、後から文につけ加えられたもののようだ。

ラブ・シャケ（アッシリア語、「献酌官の長」）
アッシリア帝国の高位司令官の称号（列王記下 18:17〜39）。

ラフミ（ヘブライ語、ベトラフミ「ベツレヘム人」の短縮形）
ゴリアトの兄弟（歴代誌上 20:5）。

ラマ
クシュ→①の息子で、ハムの孫（創世記 10:7、歴代誌上 1:9）。また、南アラビアの一地域、あるいは一種族の名称（エゼキエル書 27:22）。

ラム（ヘブライ語、「高い」）
①ユダのひ孫（ルツ記 4:19、歴代誌上 2:9〜）。アラム→③と同一人物（マタイによる福音書 1:3〜）。
②エラフメエル→①の息子（歴代誌上 2:25・27）。
③ブズ族→①に属する一氏族（ヨブ記 32:2）。

ラムヤ
エズラの勧告により、異民族の妻を離縁したイスラエル人（エズラ記 10:25）。

リ

リ

リクヒ
『歴代誌上 7:19』のリクヒは、おそらく→ヘレクの（文字の置換による）誤形であろう。

リサニア

シリアのアビレネの四分領主（ルカによる福音書 **3:1**）。

リシアス

①マカバイ家による反乱を鎮圧しようとしたシリアの長官（マカバイ記一 **4:27**、同二 **11:1**）。

②クラウディウス・リシア。エルサレムでパウロを捕縛したローマ軍の千人隊長（使徒言行録 **23:26**、**24:22**）。

リシマコス

①『エステル記』の翻訳者（同〈ギリシア語版〉**F:11**）。

②大祭司メネラオスの兄弟。自らも暫定的に大祭司になったが、祭具類を盗み、群衆に殺害された（マカバイ記二 **4:29・39〜42**）。

リツパ（ヘブライ語、「赤熱した石炭」）

サウル王の側女だったが、後にアブネルと関係を持った（サムエル記下 **3:7**）。処刑され野ざらしになった息子たちの遺体を鳥獣からけなげに守り通した（同 **21:8〜11**）。

リツヤ（ヘブライ語、「快い」）

アシェルの子孫（歴代誌上 **7:39**）。

リディア（ラテン語、「リディア人」）

ティアティラ市出身で、フィリピに暮らす裕福な、紫布を商う婦人。パウロを通して改宗した（使徒言行録 **16:14・40**）。

リ

リノス

ローマの教会の信徒（テモテへの手紙二 **4:21**）。

リバイ（ヘブライ語、「彼〈神〉は闘う」）

ダビデ王の軍の勇士イタイ→②の父（サムエル記下 **23:29**、歴代誌上 **11:31**）。

リビア人

エジプト人の援軍としてリビアから来ていた人たち（歴代誌下 **12:3**、**16:8**、ダニエル書 **11:43**、ナホム書 **3:9**）。

リファト

ハムの孫（創世記 **10:3**、歴代誌上 **1:6**）。また、詳細の不明な種族の名称でもある。ディファトとも呼ばれている。

リブニ（ヘブライ語、「白い」）

①レビの孫（出エジプト記**6:17**、歴代誌上**6:5**）。ラダン→②と同一人物。

②レビのひ孫（歴代誌上**6:14**）。

リベカ

ベトエルの娘リベカは、アブラハムが息子イサクの嫁探しのために故郷に遣わした僕によって、父ベトエルと兄ラバンの承諾を得て連れて来られ、イサクの妻となった（創世記**24**）。リベカは双子の息子エサウとヤコブを産んだ（同**25:21〜26**）。ヤコブがリベカのお気に入りの息子だったため（同**25:28**）、父イサクを欺いて祝福を得るようにとヤコブを説得し、そのためエサウによる復讐を案じて、ヤコブをラバンの許へ逃がした（同**27**）。リベカは死後マクペラの洞穴に埋葬された（同**49:31**）。

リベルテン（ラテン語、「解放された者」）

『使徒言行録**6:9**』に記されている言葉で、ローマ人の戦時捕虜になったのち 、釈放されたユダヤ人たち、もしくはその子孫を指す。リベルテンは、単に「解放された奴隷」と表記されることもある。

リモン

①イシュ・ボシェト王を暗殺したバアナ→①とレカブ→①の父（サムエル記下**4:2・5**）。

②アッシリアの神ラマンのヘブライ語形。またアラム人にも、通常ハダドという名のもとに、崇められた（列王記下**5:18**）。

リンナ（ヘブライ語、「歓呼」）

ユダの子孫たちの中に名を挙げられている人（歴代誌上**4:20**）。

ル

ルカ

異邦人キリスト教徒。おそらくアンティオキア出身の医者であり（コロサイの信徒への手紙 **4:14**)、またパウロの協力者で宣教旅行の同行者だった(フィレモンへの手紙 **24**、テモテへの手紙二 **4:11**)。２世紀以降は、『ルカによる福音書』と『使徒言行録』の著者とされている。

ルキウス(ラテン語、「日中に〈夜明けに〉生まれた」)

ローマの執政官(B.C.142、マカバイ記一 **15:16・22**)。

ルキオ(ラテン語、「日中に〈夜明けに〉生まれた」)

①キレネ人のルキオ。預言する者であると同時に、アンティオキアの教会の教師(使徒言行録 **13:1**)。

②パウロの宣教旅行の同行者(ローマの信徒への手紙 **16:21**)。

ルツ

『ルツ記』の主人公。これは、士師の時代に、ナオミという名の女性がベツレヘム出身の夫とモアブに移住し、息子２人をそれぞれモアブ人の女性と結婚させる話で、その嫁の一人がルツだった。ナオミは夫と息子たちの死後、ベツレヘムに帰った。ルツが義母ナオミに付き従い、落ち穂拾いによって、義母と自らの暮らしを立てていた。そこで、ボアズという名の裕福な親族に出会う。彼は、ナオミの家庭の「後見人」であり、同時に寡婦ルツとの間に、義務的結婚の定まりが適用されうる立場の人だった。ボアズは喜んでルツを娶った。彼らの子孫から、ひ孫のダビデ王が出る。――『ルツ記』は巧みに語られた短編小説であり、すべてに良き結末をもたらす神の導きについて述べている。おそらくダビデをモアブの出身とする伝承が、この物語の書かれる動機だったのであろう。

ルド(リディア人)

『イザヤ書 **66:19**』に登場するルドという語は、セムの息子の名前であるが、ここでは、小アジアの民リディア人を指すようだ。一方、『創世記 **10**』ではアフリカの一民族に(同 **10:13**、エレミヤ書 **46:9**、エゼキエル書 **30:5**)、他方ではセム族に(創世記 **10:22**)分類されている。それらがすべて同じ民族を意味するのか否かについては未解明。

ルフォス(ラテン語、「赤毛の」)

①キレネ人シモン→⑨の息子で、アレクサンドロの兄弟(マルコに

よる福音書 15 : 21)。

②ローマの教会の一信徒(ローマの信徒への手紙 16 : 13)。

ルベン(〜族)

イスラエルの12部族の一つ。旧約聖書によれば、ルベン族はガド族と一緒に死海の北東の山岳地帯に定住していた。最初、ルベン族はパレスチナ中部に住んでいたが、そこを追われたものと推測される。ルベン族の始祖は、ヤコブとレアの息子ルベンとされる(創世記 29 : 32)。ルベンは父の側女と過ちを犯し、非難を受けた(同 35 : 22、49 : 4)。

レ

レア(ヘブライ語、「雌牛」)

『創世記 29 - 30』によれば、ラバンの娘。レアは美しい妹→ラケルと同じくヤコブの妻となり、6人の息子を産み(ルベン、シメオン、レビ、ユダ、イサカル、ゼブルン)、彼女の召使いジルパもヤコブとの間に息子2人(ガド、アシェル)と娘ディナを産んだ。この伝承では、レアに直接さかのぼる6つの部族がイスラエルの諸部族内で特殊なグループを形成していたという事実が反映されている。おそらく「レア系の諸部族」のグループは、他の諸部族の土地獲得より前にすでにパレスチナ中部に定住していたが、他の諸部族が後から移動して来た時にばらばらにひき裂かれたのであろう。

レアヤ(ヘブライ語、「ヤーウェは見ていた」)

①カレブ(ユダのひ孫)の子孫(歴代誌上 4 : 2、2 : 52)。ハロエとも呼ばれる。

②ルベンの子孫(歴代誌上 5 : 5)。

③バビロン捕囚から帰還した神殿の使用人一族の先祖(エズラ記 2 : 47、ネヘミヤ記 7 : 50)。

レイ

ダビデ王の後継をめぐる争いが起きたとき、ソロモンの側についた人（列王記 1:8）。

レウ

アブラハムの先祖の一人（創世記 11:18・20、歴代誌上 1:25、ルカによる福音書 3:35）。

レウエル（ヘブライ語、「神の友」、ラグエルと同義）

①エサウ（ヤコブの兄弟）の息子の一人で、エドム人の先祖の一人（創世記 36:4〜17、歴代誌上 1:35・37）。

②モーセの舅（出エジプト記 2:18、民数記 10:29）。→エトロ

③ベニヤミン人、メシュラム→⑥の先祖（歴代誌上 9:8）。

レウマ

アブラハムの兄弟ナホル→②の側女（創世記 22:24）。

レウミム人

アブラハムとケトラの子孫のアラブ族（創世記 25:3）。

レエラヤ

バビロンでの捕囚から帰還した民の指導者の一人（エズラ記 2:2）。ラアムヤと同一人物（ネヘミヤ記 7:7）。

レカ

本来は、おそらく人名ではなく、地名であろう（歴代誌上 4:12）。ベト・レカブと同一名（同 2:55）。

レカブ（ヘブライ語、「騎手」）

①兄弟バアナ→①と共謀して、イシュ・ボシェト王を暗殺したベニヤミン人（サムエル記下 4:2・5〜）。

②→レカブ人の共同体をうち立てたヨナダブ→②の父または父祖（列王記下 10:15・23、エレミヤ書 35:6〜19）。地名ベト・レカブ（歴代誌上 2:55）との関連性については疑問がある。

③マルキヤ→⑧の父（ネヘミヤ記 3:14）。

レカブ人

遊牧民風に暮らす、厳格なヤーウェ崇拝者たちの共同体（エレミヤ書 35:2〜・5・18）。

レケム

①モーセの指導下のイスラエル人部隊に打ち殺されたミディアンの

王たち５人の一人（民数記 31 : 8、ヨシュア記 13 : 21）。

②カレブ→①の子孫（歴代誌上 2 : 43〜）。

③マナセの子孫（歴代誌上 7 : 16）。

レゲム

カレブ→①の子孫（歴代誌上 2 : 47）。

レゲム・メレク

『ゼカリヤ書 7 : 2』のヘブライ語文によれば、断食に関する質問のために、サルエツェル→②とともにベテルの町から預言者ゼカリヤのもとへ遣わされた人。だが多くの聖書注解者は、この名前「レゲム・メレク」をバビロン宮廷の高位高官を表す「王のラブ・マグ」という称号に置き換えて解釈している。

レサ

イエスの先祖（ルカによる福音書 3 : 27）。

レシェフ

ヨシュアの先祖（歴代誌上 7 : 25）。

レゾン

ダビデ王の軍に敗れたツォバの王ハダドエゼルの軍司令官。ダビデ王の死後、レゾンはダマスコの王になった（列王記上 11 : 23〜25）。

レツィン（ヘブライ語、「満足」）

ダマスコの王。イスラエルのペカ王と組んで、ユダのアハズ王に対しアッシリアに抵抗して共に連合するよう要求した（列王記下 15 : 37、イザヤ書 7 : 1〜8）。

レトシム人

アブラハムとケトラの子孫のアラブ族（創世記 25 : 3）。

レバ

モーセの指導下のイスラエル人部隊に打ち殺されたミディアンの王たち５人の一人（民数記 31 : 8、ヨシュア記 13 : 21）。

レバナ（ヘブライ語、「白い」）

バビロン捕囚から帰還した神殿の使用人一族の祖（エズラ記 2 : 45、ネヘミヤ記 7 : 48）。

レハビム人

エジプト由来の民族の一つ（創世記 10 : 13、歴代誌上 1 : 11）、リビア人であろう。

レハブアム

ソロモン王の息子。レハブアムは、ソロモンの統一王国の南の部分であるユダの王として後を継いだ（B.C.926～B.C.910）。北の部分イスラエルは、ソロモンによってイスラエル人に課せられたくびきの軽減をレハブアムが拒否したため、レハブアムから離反した（列王記上 **12：1～19**）。その後、レハブアムは、エルサレムに攻めて来たエジプト王シシャクに神殿や宮殿の財宝をすべて奪い取られたが、首都の破壊は免れた（同 **14：21～31**、歴代誌下 **12**）。『歴代誌下 **11：5～12**』によれば、レハブアムは砦の町々を建てることによって王国を堅固にした。

レハブヤ（ヘブライ語、「ヤーウェが広げた」）

レビ人。モーセの孫（歴代誌上 **23：17**、**24：21**、**26：25**）。

レビ（～人）

①ヤコブの息子で（創世記 **29：34**、**35：23**）、レビの部族の（創世記 **49：5～7**、**34** を参照）、また同時にレビ人の祭司・祭儀の職グループの始祖とされる。彼らはヤーウェ崇拝の導入の際に決然としてモーセの側に付いた（出エジプト記 **32：25～29**、申命記 **33：8～**）。イスラエルの12部族制度の中でレビ人は土地を所有しない部族とされる（ヨシュア記 **13：33**）。彼らはその特段な神聖さと、ヤーウェの近くにあることから、祝福された者として特別扱いされた。また宗教的な任務に殊に適していた（士師記 **17**）。後のレビ人は、エルサレム神殿で、ツァドク→①とアロンの家系の祭司たちに従属する神殿従業者となった（例えば民数記 **3**）。

②イエスに召命された徴税人（マルコによる福音書 **2：14**、ルカによる福音書 **5：27・29**）。

③④イエスの先祖２人（ルカ **3：24・29**）。

レビ人　→レビ

レビヤタン

海に住む伝説上の多頭の生き物で、ヤーウェが太古に滅ぼしたか（詩編 **74：14**）、慣らしたと言われる（詩編 **104：26**、ヨブ記 **3：8** を参照）。このヘブライ語の言葉は、ワニの名称にも使われている（ヨブ記

40 : 25)。黙示録は、レビヤタンをヤーウェの世界終末時の敵としている（イザヤ書 27 : 1)。

レファ（ヘブライ語、「裕福な」）
ヨシュアの先祖（歴代誌上 7 : 25)。

レファイム人
伝説的な巨人の一族、あるいは種族で、イスラエル人より以前にパレスチナに定住していたと言われる（創世記 14 : 5、15 : 20、申命記 2 : 20、ヨシュア記 12 : 4、17 : 15)。なお『サムエル記下 21 : 16・18』では→「ラファの子孫」と呼ばれている。

レファエル（ヘブライ語、「神が癒してくださった」、ラファエルと同義）
エルサレムの神殿の門衛（歴代誌上 26 : 7)。

レファヤ（ヘブライ語、「ヤーウェが癒してくださった」）
①ヨヤキン王の子孫（歴代誌上 3 : 21)。
②シメオンの子孫（歴代誌上 4 : 42)。
③イサカルの孫（歴代誌上 7 : 2)。
④サウル王の子孫（歴代誌上 9 : 43)。ラファ→③と同一人物（歴代誌上 8 : 37)。
⑤エルサレムの城壁の修復作業を手伝った人（ネヘミヤ記 3 : 9)。

レフム（ヘブライ語、「彼〈神〉は憐れまれた」）
①バビロン捕囚から帰還した民の指導者の一人（エズラ記 2 : 2、ネヘミヤ記 7 : 7)。ネフムとも呼ばれている。
②サマリアの行政官（エズラ記 4 : 8・17・23)。
③エルサレムの城壁の修復を手伝った人（ネヘミヤ記 3 : 17)。
④律法順守の誓約に捺印した民の頭（ネヘミヤ記 10 : 26)。

レホブ
①ツオバの王ハダドエゼルの父（サムエル記下 8 : 3・12)。
②捕囚期後、律法の順守の誓約に捺印した人（ネヘミヤ記 10 : 12)。

レマルヤ
北王国イスラエルの王ペカの父（列王記下 15 : 25、イザヤ書 7 : 1)。

レムエル（ヘブライ語、「神のもの」）
北アラビアの部族マサの王。『箴言 31 : 1・4』に、母が息子のレムエル王にあてた諭しの言葉が記載されている。

レメク（ヘブライ語、「屈強な男」）

太古の人物。『創世記 4 : 19〜22』ではヤバル、ユバル、トバル・カインの父。『同 5 : 28〜』ではノアの父。

ロ

ロ・アンミ（ヘブライ語、「わが民でない者」）

預言者ホセアが次男に名付けた象徴的名称（ホセア書 1 : 9、2 : 25）。

ロイス

パウロの弟子テモテの祖母（テモテへの手紙二 1 : 5）。

ロシュ

ベニヤミンの息子（創世記 46 : 21）。

ロダニム

ノアのひ孫。ロドス島の住民は恐らくその子孫（創世記 10 : 4、歴代誌上 1 : 7）。

ロタン

セイルの息子で（創世記 36 : 20・22・29、歴代誌上 1 : 38〜）、エドム（セイル）の一部族の首長。

ロデ（ギリシア語、「薔薇」）

ヨハネ・マルコの母マリア→⑤の家の女中（使徒言行録 12 : 13）。

ロト

アブラハムの兄弟の息子。カナン地方へアブラハムに同行し、ソドムに定住したが、滅びに定められたその町から逃れて難を免れた（創世記 11 : 27・31、12 : 4〜、19 : 1〜29）。その際、ロトの妻は後ろを振り向いたため塩の柱となった（創世記 19 : 26）。他の伝承では、ロトは、「ロトの子孫」（申命記 2 : 9・19）と呼ばれるモアブ人とアンモン人の始祖とされる（創世記 19 : 30〜38）。

ロドコス

敵に情報を漏らし、監禁されたマカバイの軍の戦士（マカバイ記二

13:21)。

ロフガ

アシェルの子孫(歴代誌上 7:34)。

ローマ人

ローマ帝国は、遅くとも前190年のシリア王アンティオコス3世に対する勝利以降、地中海地域の明白な支配権力であり、また前67～前64年ポンペイウス将軍の指揮の下にシリアとパレスチナを併合したにも拘らず、聖書はローマ帝国をそれほど話題にしていない(ダニエル書 11:18・30 では間接的に記述)。ユダ→⑧・マカバイ(マカバイ記一 8:1～29)、および兄弟で後継者のヨナタン→⑰(同 12:1～18)、その兄弟で後継者のシモン→②(同 14:16～24、15:15～24)たちが、ローマ人と友好同盟を結んでいる。新約聖書の場合、『ヨハネによる福音書 11:48』ではユダヤ人を支配する権力として、『使徒言行録 16:21・37～』ではローマ市民権の所有者として、また『同 25:16、28:17』ではパウロが法廷で申し開きせねばならない権力として、ローマ人に言及している。

ロマムティ・エゼル

ダビデ王時代の神殿詠唱者の一グループの長(歴代誌上 25:4・31)。

ロ・ルハマ(ヘブライ語、「憐れまれぬ者」)

預言者ホセアが娘に名付けた象徴的名称(ホセア書 1:6・8、2:25)。

ロンパ →ライファン

ワ

ワイザタ

ユダヤ人迫害者ハマンの息子(エステル記 9:9)。

ワシュティ

ペルシアの王クセルクセスの王妃だったが、王の客たちの前に姿を現すことを拒んだため、王妃の位を追われた(エステル記 1:9-2:

17)。

ワンヤ

エズラの勧めに従い、異民族の妻を離縁したイスラエル人（エズラ記 10 : 36)。

著者　ハンス・シュモルト（Hans Schmoldt）

1938年ドイツ生まれ。ハンブルク大学で古典哲学および神学を学ぶ。博士。著書に『聖書固有名詞小事典』（1990年／2003年改定版）、『聖書の歴史』（2000年）、『レクラム版聖書聖句事典』（2002年）など（いずれも未邦訳）。また、ドイツのロングセラー『レクラム版聖書事典』（1978年、未邦訳）編集者の一人。

訳者　高島市子（たかしま・いちこ）

翻訳家。東京教育大学文学部仏文科卒、ベルリン自由大学独文学専攻。白百合学園仏語講師、ベルリン・フンボルト大学日本学科教員、アジア・アフリカ学科非常勤講師などを歴任。訳書に、クラウセン『キリスト教のとても大切な101の質問』（創元社）、ユンゲ『私はヒトラーの秘書だった』（草思社、共訳）、シュナイダー『黙って行かせて』（新潮社、共訳）など。また、ユング『赤の書』（創元社）の翻訳協力者の一人。

レクラム版《ばん》 聖書人名小《せいしょじんめいしょう》辞《じ》典《てん》

2014年９月20日　第１版第１刷発行

著　者　ハンス・シュモルト
訳　者　高島市子
発行者　矢部敬一
発行所　株式会社 創元社
〈本　　社〉〒541-0047 大阪市中央区淡路町4-3-6
Tel.06-6231-9010　Fax.06-6233-3111
〈東京支店〉〒162-0825 東京都新宿区神楽坂4-3 煉瓦塔ビル
Tel.03-3269-1051
http://www.sogensha.co.jp/

印　刷　太洋社
装　丁　濱崎実幸

ISBN978-4-422-14392-7　C0516